U0524757

# Globalization and Populism

田野 著

# 全球化与民粹主义

中国社会科学出版社

# 图书在版编目（CIP）数据

全球化与民粹主义／田野著．—北京：中国社会科学出版社，2024.5
ISBN 978 - 7 - 5227 - 3285 - 5

Ⅰ.①全… Ⅱ.①田… Ⅲ.①全球化—研究②民粹派—研究
Ⅳ.①C913②D091

中国国家版本馆 CIP 数据核字（2024）第 055308 号

| 出 版 人 | 赵剑英 |
|---|---|
| 责任编辑 | 赵 丽 |
| 责任校对 | 刘 念 |
| 责任印制 | 王 超 |

| 出　　版 | 中国社会科学出版社 |
|---|---|
| 社　　址 | 北京鼓楼西大街甲 158 号 |
| 邮　　编 | 100720 |
| 网　　址 | http://www.csspw.cn |
| 发 行 部 | 010 - 84083685 |
| 门 市 部 | 010 - 84029450 |
| 经　　销 | 新华书店及其他书店 |

| 印　　刷 | 北京明恒达印务有限公司 |
|---|---|
| 装　　订 | 廊坊市广阳区广增装订厂 |
| 版　　次 | 2024 年 5 月第 1 版 |
| 印　　次 | 2024 年 5 月第 1 次印刷 |

| 开　　本 | 650×960　1/16 |
|---|---|
| 印　　张 | 21.5 |
| 字　　数 | 291 千字 |
| 定　　价 | 86.00 元 |

凡购买中国社会科学出版社图书，如有质量问题请与本社营销中心联系调换
电话：010 - 84083683
**版权所有　侵权必究**

# 目　录

|  | | | |
|---|---|---|---|
| 1 | 第一章 | | 导论 |
| 1 | | 一 | 全球化波动中的民粹主义 |
| 8 | | 二 | 民粹主义兴起的研究视角 |
| 20 | | 三 | 回到马克思：国际政治经济学中的阶级分析 |
| 32 | 第二章 | | 全球化与美国第一波民粹主义的兴起 |
| 33 | | 一 | 美国人民党运动的兴起及其既有解释 |
| 37 | | 二 | 镀金时代美国对国际贸易的参与 |
| 42 | | 三 | 美国国内不同要素所有者的分化 |
| 50 | | 四 | 保护主义政策对贸易分配效应的干扰 |
| 56 | | 五 | 人民党运动与美国第一波民粹主义的兴起 |
| 70 | | 小　结 | |
| 73 | 第三章 | | 全球化与欧洲的民粹主义浪潮 |
| 76 | | 一 | 全球化、要素禀赋与政策偏好：对罗戈夫斯基模型的修正 |
| 82 | | 二 | 劳动要素所有者分化与欧洲主流左翼政党的选民重组 |
| 87 | | 三 | 新自由主义全球化与欧洲中左政党的选民分裂 |
| 91 | | 四 | 产业工人与欧洲民粹主义政党的兴起 |
| 99 | | 小　结 | |

· 1 ·

| | | |
|---|---|---|
| 102 | 第四章 | 全球化与法国右翼民粹主义的兴起 |
| 103 | 一 | 法国国民阵线的兴起及其既有解释 |
| 110 | 二 | 区域分化、要素禀赋与参与全球化的政策偏好：一个分析框架 |
| 116 | 三 | 全球化与法国的区域分化 |
| 126 | 四 | 法国的区域分化与国民阵线兴起 |
| 132 | 五 | 21世纪以来五次总统选举中国民阵线得票的区域分布 |
| 151 | | 小 结 |
| 153 | 第五章 | 全球化与德国右翼民粹主义的兴起 |
| 154 | 一 | 德国选择党的崛起及其既有解释 |
| 159 | 二 | 德国参与全球化的要素禀赋 |
| 164 | 三 | 全球化与德国国内要素所有者的分化 |
| 171 | 四 | 债务与难民危机中德国不同要素所有者的偏好 |
| 176 | 五 | 德国政党体系的回应性危机 |
| 183 | | 小 结 |
| 185 | 第六章 | 全球化与意大利混合民粹主义的兴起 |
| 186 | 一 | 意大利五星运动的崛起及其既有解释 |
| 194 | 二 | 全球化双重冲击下的混合民粹主义：一个分析框架 |
| 199 | 三 | 需求侧：意大利的经济/阶层分野和种族/国族/文化分野 |
| 214 | 四 | 供给侧：五星运动的话语叙事与互联网直接民主 |
| 230 | | 小 结 |

|  |  |
|---|---|
| 233 | **第七章　全球化与美国右翼民粹主义的兴起** |
| 234 | 一　特朗普右翼民粹主义的兴起及其既有解释 |
| 243 | 二　美国的经济地理变迁与要素所有者的区域分化 |
| 251 | 三　美国参与全球化的要素禀赋与政策偏好的区域分化 |
| 260 | 四　2016年大选特朗普选民基础的区域分化 |
| 266 | 五　2020年大选特朗普选民基础的区域分化 |
| 273 | 小　结 |
| 275 | **第八章　民粹主义与全球政治经济的变迁** |
| 275 | 一　民粹主义与国际经济秩序 |
| 288 | 二　民粹主义与全球经济治理 |
| 304 | **参考文献** |
| 338 | **后　记** |

# 第一章　导论

## 一　全球化波动中的民粹主义

作为世界不同部分结合为一个整体的过程，全球化至少从资本主义生产方式产生之日就已经开始。马克思和恩格斯早在19世纪中叶就对当时的全球化作出了生动的描述：

> 资产阶级，由于开拓了世界市场，使一切国家的生产和消费都成为世界性的了。使反动派大为惋惜的是，资产阶级挖掉了工业脚下的民族基础。古老的民族工业被消灭了，并且每天都还在被消灭。它们被新的工业排挤掉了，新的工业的建立已经成为一切文明民族的生命攸关的问题；这些工业所加工的，已经不是本地的原料，而是来自极其遥远的地区的原料；它们的产品不仅供本国消费，而且同时供世界各地消费。旧的、靠本国产品来满足的需要，被新的、要靠极其遥远的国家和地带的产品来满足的需要所代替了。过去那种地方的和民族的自给自足和闭关自守状态，被各民族的各方面的互相往来和各方面的互相依赖所代替了。[①]

---

[①] 《马克思恩格斯选集》（第1卷），人民出版社2012年版，第404页。

19世纪中叶以来，越来越多的国家和地区主动或被动地融入世界市场中，商品、服务和资本、劳动力等生产要素的流动不仅跨越了国家间的政治疆界，而且将不同的大洲深度联系起来，从而形成了可达致全球规模的生产和交换网络。

全球化到底是什么？众说纷纭。[①] 根据罗伯特·基欧汉和约瑟夫·奈的观点，对全球化的定义应该从"全球性"（globalism）开始。全球性是世界各大洲之间存在的相互依赖网络，它们通过资本、商品、信息等要素和人的流动与影响连接在一起。作为相互依赖的一种表现形式，全球性具有以下两个特征：第一，全球性指的是连接网络，并不仅仅指单一联系。第二，如果一种关系被视为全球性的，则它必须包括洲际距离，而非简单的区域网络。[②] 全球性可能会增加，即由弱全球性变为强全球性，这就是全球化。但全球性还可能会减少，即由强全球性变为弱全球性，也就是逆全球化（de-globalization）。从逻辑上看，全球化并非不可逆转的进程。从历史上看，全球化也发生过逆转。杰夫里·弗兰克就指出："全球化既不是什么新现象，它远未完成，也并不是不可逆转的。"[③] 李琮也指出，经济全球化具有波动性，有可能从高潮转向低潮。[④]

从19世纪中叶到20世纪中叶，人们就目睹了第一轮经济全球化由盛转衰的过程。在19世纪中叶，随着英国工业革命的完成和《谷物法》的废除，英国在全球范围内推动自由贸易，第一轮经济全球化的浪潮由此掀起。从全世界来看，1870—1913年，几乎所

---

[①] 张宇燕等：《全球化与中国发展》，社会科学文献出版社2007年版，第28—57页。

[②] ［美］罗伯特·基欧汉、约瑟夫·奈：《权力与相互依赖：转变中的世界政治》，门洪华译，北京大学出版社2002年版，第275页。

[③] ［美］杰夫里·弗兰克：《经济全球化》，载［美］约瑟夫·奈、约翰·唐纳胡主编《全球化世界的治理》，王勇等译，世界知识出版社2003年版，第51页。

[④] 李琮：《经济全球化的波动和前景》，《世界经济与政治论坛》2004年第5期。

有国家的贸易增长速度都快于它们的收入增长。① 因为与其他国家保持一致的货币安排有利于国际贸易和国际借贷的达成，欧美大多数国家相继实行了金本位制，从而形成了第一个国际货币体系。② 约翰·梅纳德·凯恩斯曾形象地描绘了这一轮全球化鼎盛时的景象：

> 伦敦居民早上一边可以在床上喝早茶，一边用电话订购世界各地的商品，这些商品质量优异，并且会一大早就被送到顾客的家门口；同时，他们也可以用同样的方法来投资于世界各地的自然资源和新企业，不用费力甚至不用承担什么风险就可以获得预期的成果和收益；或者他一时高兴，或得到什么信息，就可以把他的财产托付给那个洲大都会的市民。如果他愿意，他可以立刻乘坐舒适又廉价的交通工具去任何国家或地区，并且不需要护照或其他手续。③

但随着第一次世界大战的爆发，凯恩斯所描绘的这一景象烟消云散。由于世界大战和"大萧条"，1914—1945年发生了经济全球化的收缩，国际贸易额急剧下跌，国际资本流动迅速减少。各国转向以邻为壑的保护主义政策，大多数国家放弃了金本位制，贸易战、货币战此起彼伏，单一的世界经济体系分崩离析。作为这段历史的亲历者，爱德华·卡尔写下了经典之作《20年危机（1919—1939）：国际关系研究导论》。④

---

① ［英］安格斯·麦迪森：《世界经济千年史》，伍晓鹰等译，北京大学出版社2003年版，第93页。

② ［美］巴里·艾肯格林：《资本全球化：国际货币体系史》，彭兴韵译，上海人民出版社2009年版，第13页。

③ ［英］约翰·梅纳德·凯恩斯：《和约的经济后果》，张军、贾晓屹译，华夏出版社2008年版，第9页。

④ Edward Carr, *The Twenty Years' Crisis, 1919-1939: An Introduction to the Study of International Relations*, London: Macmillan, 1939.

第二次世界大战结束后,特别是20世纪70年代以来,随着信息革命的发生、美欧的新自由主义改革和冷战的终结,世界经济的地理屏障和政治藩篱被迅速打破,经济全球化重新启动并加速前行。无论是在贸易、金融还是投资领域,全球化都成为最引人瞩目的现象。这一时期的贸易增长远远超过了历史上的任何时期,并且大大超过了生产的增长,商品出口占国内生产总值(GDP)的百分比显著增加。1960年到1980年,在绝大多数经济合作与发展组织(OECD)国家中,贸易在GDP中所占的比例几乎翻了一倍,从22.8%增长到41.4%。即使对于落后经济体而言,它们的贸易也更加开放。① 20世纪80年代以后,随着贸易自由化的发展,国际贸易的增速进一步加快。金融体系自20世纪70年代起具有了真正的全球性,当时因1973年石油涨价而致富的沙特阿拉伯等石油输出国把大笔盈余资金投到欧洲美元市场上。到20世纪90年代末,外汇交易量大约每天达1.5万亿美元,自1986年以来增加了8倍。1997年金融危机从东亚开始,蔓延到世界上许多国家和地区。与以前局限于某些国家或地区的金融危机相比,冷战结束后国际资本的快速流动和巨大规模,以及信息同样的快速流动已经导致了这样的局势:只要一按按钮,数十亿美元就能从一个国家转移到另一个国家,全球很快就会卷入金融崩溃之中。② 从20世纪60年代晚期起,跨国公司的对外直接投资明显增加。由于在生产和服务两个方面都已实现了国际化,跨国公司成为全球经济的主要行为体。不仅对外直接投资的增长快于国际贸易的增长,而且公司内贸易占了国际贸易中的大部分。这种人类经济活动的空间扩展几乎遍及地球的每个角落,以致托马斯·弗里德曼这样告诉人

---

① [英]安格斯·麦迪森:《世界经济千年史》,伍晓鹰等译,北京大学出版社2003年版,第115页。

② [美]罗伯特·吉尔平:《全球资本主义的挑战:21世纪的世界经济》,杨宇光、杨炯译,上海人民出版社2001年版,第130—138页。

们:"世界是平的。"①

2008年全球金融危机成为这一轮经济全球化的拐点。随着美国金融危机和欧洲债务危机的相继爆发,全球经济持续低迷、复苏缓慢,国际贸易和投资增速放缓。2009—2016年,国际贸易年均增速仅为3%,远低于1990—2008年的年均7%,而且2012年之后连续5年国际贸易增速低于全球GDP增速。外商直接投资存量相对于全球GDP仍在增长,但2012年以后连续3年全球投资增速低于全球GDP增速,2016年全球投资增速比2007年低95%左右。金融危机后,一些国家采取贸易保护、投资审查、移民限制等举措来控制产品、人员和生产要素的自由流动。2016年英国脱欧公投通过、2017年特朗普就任美国总统后退出《跨太平洋伙伴关系协定》(TPP)等一系列事件表明,主要发达国家都在不同程度上开始转向逆全球化政策。2018年中美贸易战的爆发和2020年新冠疫情的蔓延则对全球产业链、供应链造成了重大冲击,使逆全球化思潮获得更大的动能。无论是从经济数据还是政策选择上看,第二轮经济全球化已经呈现了从扩张向收缩转变的迹象。

这一轮经济全球化的波动蕴含着两个属性:第一,逆全球化思潮的起源地和核心区恰恰是此前数十年间不遗余力地推进全球化的主要发达国家;第二,逆全球化思潮在发达国家有着相当坚实的民意基础,而绝非个别政治家或少数边缘群体促成的偶发现象。② 实际上,正是近年来发达国家民粹主义的兴起推动了逆全球化思潮的出现与蔓延。

民粹主义的历史可谓源远流长,往前可追溯至19世纪第一轮经济全球化时期。在农奴制走向危机并最终废除的俄国,民粹派知

---

① [美]托马斯·弗里德曼:《世界是平的:21世纪简史》,何帆等译,湖南科学技术出版社2006年版。
② 孙伊然:《逆全球化的根源与中国的应对选择》,《浙江学刊》2017年第5期。

识分子崇尚和信仰"人民",企图通过保存农村公社使俄国的发展绕过资本主义阶段。① 在南北战争后的美国,农民以"人民"自居,担负着反对精英及其主导下的政治经济制度的使命,展开了轰轰烈烈的人民党运动。② 但民粹主义在西方世界的政治发展中长期处在边缘地位,直到近些年来才由政治潜流变为不可忽视的政治浪潮。2016年6月,英国举行脱欧公投,支持离开欧盟的选民以51.9%比48.9%的微弱优势战胜了留欧派,使英国成为《里斯本条约》中"选择性退出"条款诞生以来首个宣布脱离欧盟的国家。2016年11月9日,右翼民粹主义者特朗普在美国大选中以304∶227的选举人票的优势击败建制派候选人希拉里,当选美国第45任总统。2017年以来,法国国民阵线、德国选择党、奥地利自由党、意大利五星运动等多个民粹主义政党成为各国选举中的赢家,民粹主义浪潮席卷欧洲大陆。可以说,民粹主义的兴起是近年来美欧政治变局的最集中体现。

民粹主义将社会区分为"纯粹的"人民和"腐败的"精英两个对立的群体,并且认为政治应当是人民普遍意志的表达。③ 由于民粹主义将社会简单地划分为人民大众与精英,并认为无权无势的前者与把持权力的后者之间存在着根本的分歧,民粹主义将反精英、反建制、反多元作为基本诉求。扬—维尔纳·穆勒就提出,民粹主义是一种反精英、反建制且反多元的身份政治。④ 但除了反精英、反建制、反多元之外,当前美欧的民粹主义还表现出了反自由

---

① 马龙闪、刘建国:《俄国民粹主义及其跨世纪影响》,广西师范大学出版社2013年版,第3—5页。
② [美]罗彻斯特:《美国人民党运动》,马清文译,生活·读书·新知三联书店1957年版。
③ Cas Mudde, "The Populist Zeitgeist", *Government and Opposition*, Vol. 39, No. 4, 2004, p. 543.
④ Jan-Werner Müller, *What Is Populism?*, Philadelphia: University of Pennsylvania Press, 2016.

贸易、反移民、反欧洲一体化的倾向，从广义上讲就是反全球化。贸易和移民是经济全球化的重要组成部分，而欧洲一体化所秉承的"四大自由"（商品、服务、资本和劳动力的自由流动）也在很大程度上代表了全球化的发展方向。这样我们就不得不思考为什么民粹主义把反全球化当作他们的主要诉求了。

盖尔森基辛市，一个处于德国传统煤铁工业区鲁尔区的小城镇，揭示出问题的冰山一角。在 1840 年第一次发现煤矿时，这里还是一个只有 600 名居民的小村落，而丰富的煤炭资源吸引了大量来自东普鲁士和波兰的淘金者，大量的高炉、炼焦炉和钢铁厂拔地而起，给这个小镇带来了"千火之城"的名号。自 20 世纪 60 年代开始，石油逐渐取代煤炭在工业中的地位，来自东欧的廉价煤炭进一步削减了该市煤矿工业的利润，大量煤炭和钢铁企业破产、工人失业，城市人口骤减了五分之一。近年来，由于受到全球化的冲击和经济结构调整的影响，盖尔森基辛市的失业率仍在 10% 左右徘徊，是全德平均水平的 2.5 倍。该市的居民对执政党表示了诸多不满，排外情绪严重。在 2017 年联邦议会选举中，17% 的参选选民将选票投给了打着反全球化旗号的右翼民粹主义政党——德国选择党。①

习近平总书记指出："反全球化的呼声，反映了经济全球化进程的不足，值得我们重视和深思。"② 发达国家民粹主义浪潮的兴起，在很大程度上显示了经济全球化对发达国家国内政治的深刻影响。深入研究经济全球化与发达国家民粹主义兴起的关系，不仅有助于全面认识经济全球化的政治效应，准确理解逆全球化思潮的形成机制，预判全球化的发展趋势，还有助于向世界提供解决全球问题的中国方案，承担推动新型全球化的中国责任，使经济全球化更

---

① Carl C. Berning, "Alternative für Deutschland (AfD)—Germany's New Radical Right-wing Populist Party", *Ifo DICE Report*, Vol. 15, No. 4, 2017, p. 19.
② 习近平：《共担时代责任，共促全球发展》，《求是》2020 年第 24 期。

具活力、更加包容、更可持续。

## 二 民粹主义兴起的研究视角

随着民粹主义这个术语被广泛使用于多个情境里,民粹主义的概念具有了多重维度。保罗·塔格特就指出:"民粹主义不仅在不同的时间、地点出现,而且以不同的形式出现。作为一个表述性的术语,民粹主义适用于运动、领导者、政体、观念和风格。"① 依据不同的情境,民粹主义可以被界定为一种意识形态、一种政治话语或政治表达风格和一种政治策略。②

首先,民粹主义可以被界定为一种意识形态。卡斯·穆德在研究欧洲民粹主义政党时将民粹主义界定为一种薄的意识形态,即民粹主义"认为社会最终将分裂成两个内部同质但相互敌对的群体——'纯粹的人民'反对'腐败的精英'"③。这一界定反映出民粹主义的内核是人民与精英的对立。丹尼勒·阿尔伯塔兹和邓肯·麦克多尼尔将民粹主义界定为"一类有道德的相似人群用来反对一类精英和危险的'他者'人群的意识形态,因为这些人被认为是剥夺(试图剥夺)本国人民的权利、价值、繁荣、认同和发表意见的机会"④。在他们看来,新时期的民粹主义相对19世纪末20世纪初而言,除了坚持人民价值至上外,还具有"反他者"的属性。

其次,民粹主义可以被看作一种政治话语或政治表达风格。理查德·霍夫施塔特在其著作中提出民粹主义是美国政治家的"一种

---

① [英]保罗·塔格特:《民粹主义》,袁明旭译,吉林人民出版社2005年版,第6页。

② 参见董经胜《民粹主义:学术史的考察》,《当代世界与社会主义》2020年第5期;杨倩《比较政治学视野中的民粹主义》,当代世界出版社2020年版,第10—18页。

③ Cas Mudde, *Populist Radical Right Parties in Europe*, Cambridge: Cambridge University Press, 2007, p. 23.

④ Daniele Albertazzi, Duncan McDonnell, *Twenty-first Century Populism: The Specter of Western European Democracy*, New York: Palgrave Macmillan, 2008, p. 3.

表达方式"或"花言巧语"①。米歇尔·卡辛将民粹主义定义为那些宣称为大多数美国人说话的人所使用的一种修辞风格,这种风格建立在"我们"和"他们"的二分法上。但他强调,这种政治表达方式是由左翼和右翼、自由主义者和保守主义者选择性、战略性地运用的,具有流动性而非一成不变。②

最后,民粹主义可以被理解为一种政治策略。在库尔特·韦兰德对拉丁美洲民粹主义兴起的分析中发现,民粹主义是政治领导人的一种政治策略,以这种策略可以获得来自大量的、无组织的追随者的直接支持,从而争取和行使政府权力。③ 劳尔·马德里认为,民粹主义采取了特定的经济政策和大规模动员的模式。他将民粹主义政策定义为旨在实现经济利益再分配和自然资源国有化的政策,民粹主义动员则基于反建制的呼吁。④ 这里的民粹主义强调了政治领导人通过反精英的经济政策和政治口号吸引民众支持的企图。

每种界定的学术传统不同,但这并不意味着民粹主义的概念没有相对确定的内涵。作为各种界定的"最大公约数",民粹主义将社会分为人民大众和精英两个部分,并且强调两者之间的对立。在这一共识的基础上,政治学家、社会学家和经济学家解释了近年来新一波民粹主义兴起的原因。

## (一) 经济利益的视角

很多政治学家和经济学家从经济利益的视角来解释民粹主义的

---

① Richard Hofstadter, *The Paranoid Style in American Politics and Other Essays*, New York: Vintage Books, 1964.
② Michal Kazin, *The Populist Persuasion: An American History*, Ithaca: Cornell University Press, 1995.
③ Kurt Weyland, "Clarifying a Contested Concept: Populism in the Study of Latin American Politics", *Comparative Politics*, Vol. 34, No. 1, 2001, p. 14.
④ Raúl L. Madrid, "The Rise of Ethnopopulism in Latin America", *World Politics*, Vol. 60, No. 3, 2008, pp. 475–508.

起因。他们聚焦于全球化、新自由主义、技术变革等经济因素，认为这些因素使工人阶级和一部分中产阶级的生活更不安全，使受教育程度高的人和城市居民比受教育程度低的人和农村居民获得更多的优待，由此在公民中间产生了不满和分裂。① 由此，工人阶级、受教育程度较低的人和农村居民更容易支持民粹主义。这种从经济利益出发解释政治分化的路径可以追溯到更早期的一些研究。比如，根据李普塞特—拉坎定理，随着工业化进程中工人阶级的出现及其对自身境遇的不满，大量的劳工组织和社会主义政党应运而生。工人阶级出于这种天然并且传统的联系，倾向于支持左翼政党。②

托马斯·皮凯蒂的《21世纪资本论》是这一解释视角最具代表性的成果。皮凯蒂基于系统的历史数据，发现居收入前10%的人群在20世纪初拥有45%—50%的国民收入，到了20世纪40年代末降到了30%—35%，并在随后的1950—1970年稳定在该水平上，但到了80年代以后其所占有的比例迅速增加，到了2000年，在美国已经回到了20世纪初的45%—50%的比例。③ 对于过去几十年不平等程度的迅速增加，皮凯蒂用 r＞g 的逻辑来解释，即资本收益率大于经济增长率。在这种情况下，相对于那些劳动一生积累的财富，继承的财富在财富总量中将不可避免地占绝对主导地位，资本的集中程度也将维持在很高的水平上。④ 财富和收入不平等的加剧将威胁民主价值观，破坏既有政治秩序的稳定。

财富和收入不平等带来的不满会在进口竞争、金融危机、债务

---

① Sheri Berman, "The Causes of Populism in the West", *Annual Review of Political Science*, Vol. 24, No. 1, 2021, p. 73.

② Seymour Martin Lipset and Stein Rokkan, *Party Systems and Voter Alignments: Cross-National Perspectives*, New York: Free Press, 1967, pp. 1–64.

③ [法]托马斯·皮凯蒂：《21世纪资本论》，巴曙松等译，中信出版社2014年版，第26页。

④ [法]托马斯·皮凯蒂：《21世纪资本论》，巴曙松等译，第27页。

危机和难民危机的冲击下变为更大的不安全感，进而为民粹主义的兴起提供了温床。克里斯蒂安·迪佩尔等人认为，劳动力市场对开放贸易的反应非常剧烈：进口竞争会导致激进的政治立场，而出口增加则会促进温和的政治立场。他们发现，至少65%的投票行为可以被开放贸易对劳动力市场的影响所解释。① 戴维·奥特尔等人对美国劳动力市场的研究显示，来自外部的经济竞争尤其是外国进口冲击是工人大规模失业的重要原因。受到外国进口品冲击越强烈的地区越有可能发生工人失业以及一系列社会问题。② 曼纽尔·芬克和克里斯托夫·特雷贝施提出金融危机是右翼民粹主义的催化剂，欧洲多个右翼民粹主义政党都是"金融危机的产物"，正是在金融危机后它们在国家政治中取得了突破。③ 蔡斯·福斯特和杰弗里·弗里登发现，欧洲债务危机严重削弱了公民对本国政府和欧盟的信任；债务国公民对公共机构的不信任度比非债务国公民要高；劳动力技能低、受教育程度低的人更容易遭受失业的冲击，因此他们更不信任本国政府和欧盟。④ 路易·吉吉索等学者在分析了欧洲个人层面投票行为的调查数据后，发现来自进口和移民的竞争所带来的经济不安全感在推动民粹主义政党的兴起上发挥了重要

---

① Christian Dippel, Robert Gold and Stephan Heblich, "Globalization and its (Dis-) Content: Trade Shocks and Voting Behavior", *NBER Working Paper*, No. w21812, 2015.

② David Autor, David Dorn and Gordon Hanson, "The China Syndrome: Local Labor Market Effects of Import Competition in the United States", *American Economic Review*, Vol. 103, No. 6, 2013, pp. 2121 – 2168; Daron Acemoglu, David Autor, David Dorn, Gordon Hanson and Brendan Price, "Import Competition and the Great US Employment Sag of the 2000s", *Journal of Labor Economics*, Vol. 34, No. S1, 2016, pp. 141 – 198; David Autor, David Dorn, Gordon Hanson and Kaveh Majlesi, "Importing Political Polarization? The Electoral Consequences of Rising Trade Exposure", *NBER Working Paper*, No. 22637, 2017.

③ Manuel Funke and Christoph Trebesch, "Financial Crises and the Populist Right", *Ifo DICE Report* 4, Vol. 15, No. 4, 2017.

④ Chase Foster and Jeffery Frieden, "Crisis of Trust: Socio-economic Determinants of Europeans' Confidence in Government", *European Union Politics*, Vol. 18, No. 4, 2017, pp. 511 – 535.

作用。① 蒙克提出，专用型技能在行业间的迁移性很低，此类工人迫切需要降低失业风险。由于选择性移民政策带来大量海外技术劳工，专用型技能工人更可能支持保守排外的民粹主义政党。② 这些研究表明，特定群体经济利益受损进而产生不满是民粹主义兴起的重要起因。

### （二）社会文化的视角

与经济利益的视角强调过去几十年经济不平等加剧的趋势不同，社会文化的视角强调过去几十年的社会和文化趋势，特别是移民的增加、传统价值观的衰落和妇女及少数群体的动员。不少政治学家和社会学家认为，这些趋势向传统种族和性别不平等发起的挑战产生了反作用力，导致了白人男性对右翼民粹主义的支持。③ 这种反作用力包括两种情况：一是对外来文化冲击的抵制；二是对社会自由主义和后物质主义价值观的反弹。

塞缪尔·亨廷顿在其晚年的著作《谁是美国人？——美国国民特性面临的挑战》中列举了近几十年来对以盎格鲁——新教文化为核心的美国国民特性提出挑战的六大趋势：一是来自拉丁美洲和亚洲的移民浪潮；二是学术界和政界流行的多元文化主义；三是西班牙语有成为美国第二语言之势；四是一些群体强调立足于人种和族群属性及性别的特征；五是移民社群及其原籍国政府对美国社会施加的影响；六是精英人士日益强调其世界主义的和跨国的特征。④ 面对这些社会和文化趋势，不少美国白人男性特别是中下

---

① Luigi Guiso, Helios Herrera, Massimo Morelli and Tommaso Sonno, *Demand and Supply of Populism*, CEPR Discussion Paper, DP 11871, 2017.

② 蒙克：《"双重运动"的大转型：专用型技能劳工、选择性移民政策和民粹主义政党的崛起》，《清华大学学报》（哲学社会科学版）2019 年第 2 期。

③ Sheri Berman, "The Causes of Populism in the West", *Annual Review of Political Science*, Vol. 24, No. 1, 2021, p. 75.

④ ［美］塞缪尔·亨廷顿：《谁是美国人？——美国国民特性面临的挑战》，程克雄译，新华出版社 2010 年版，第 2 页。

层白人男性愈发感到不满。阿莉·拉塞尔·霍赫希尔德用"本土的陌生人"来描述他们的自我感觉。① 在近两届美国大选中，中下层白人男性更多地将选票投给右翼民粹主义候选人特朗普。欧洲也出现了类似的社会和文化趋势，特别是大批移民和难民的到来对欧洲人的传统生活方式产生了冲击，强化了欧洲人的身份归属感，具有强烈排外主义色彩的右翼民粹主义政党由此赢得大量选票。林雨晨和席天扬以欧洲各地区接收难民的规模衡量文化冲击，发现难民冲击虽不会增加强调贸易保护主义的右翼政党的支持率，但会增加以文化和移民限制为主诉的右翼政党的支持率。②

皮帕·诺里斯和罗纳德·英格尔哈特提出了文化反弹理论来解释特朗普当选、英国脱欧和右翼民粹主义兴起。他们认为，后工业社会的长期社会结构发展——不断增长的繁荣、受高等教育的机会增加、更平等的性别角色和城市化进程——导致了社会自由主义和后物质主义价值观的"静悄悄的革命"。自20世纪60年代末70年代初以来，这种深刻的文化变革在社会层面上开始外显化。持有传统价值观和信仰的保守主义者则越来越多地感受到经济、社会和文化快速变革所带来的威胁。作为一种最强烈的防御性反应，这些保守主义者拒绝非常规的社会习俗和道德规范，寻求政治强人在捍卫传统价值观和信仰的同时表达不符合"政治正确"的观点。③ 何晴情认为，文化反弹理论夸大了社会自由主义和后物质主义价值观的冲击。她辨析了西欧右翼民粹主义政党获得支持的两种文化基础，即对全球化过程中移民所带来的文化冲击的抵制和传统保守主义者对自由主义文化价值观的反弹，通过定量分析检测出前者的影响力

---

① Arlie Russell Hochschild, *Strangers in Their Own Land: Anger and Mourning on the American Right*, New York: The New Press, 2016.
② 林雨晨、席天扬：《右翼民粹主义的政治经济学——来自进口贸易和难民冲击的影响》，《经济学》（季刊）2020年第4期。
③ Pippa Norris and Ronald Inglehart, *Cultural Backlash: Trump, Brexit, and Authoritarian Populism*, Cambridge: Cambridge University Press, 2019, pp. 15–16.

明显强于后者的影响力。①

拉法尔·潘科夫斯基则强调了民粹主义政党有意识地运用文化资源来争取选民支持。他将民粹主义看作一种帮助行为体解释政治现实和引导政治行动的"心理框架",强调了文化资源在使给定群体产生共鸣和增强组织能力方面的重要性。这里的文化资源可被理解为"那些可以合法化特定政治行动的传统"。潘科夫斯基认为,如果民粹主义者将某种文化资源与其运动联系起来,就更容易取得成功。② 因此,民粹主义者会基于传统文化而尽力抓住文化抵制或者文化反弹为其提供的政治机会窗口。

### (三)政治制度的视角

前面两种视角分别关注民粹主义的经济起因和社会文化起因,政治制度的视角则将关注点拉回到政治体系的内部,认为经济、社会和其他结构性趋势经过政治制度的过滤后才能转化为政治结果。在这一视角下,民粹主义的主要起因在于政治制度的回应性和有效性的下降。③

这种视角可以追溯到塞缪尔·亨廷顿在1968年出版的《变革社会中的政治秩序》一书。在亨廷顿看来,政治动乱是政治制度化的发展落后于社会和经济变革的结果。社会的急剧变革破坏了传统的政治权威,新的社会集团被迅速动员起来卷入政治,而政治的组织化和制度化却步履蹒跚,其结果必然是发生政治动荡和骚乱。④ 不

---

① 何晴倩:《文化抵制还是文化反弹?——西欧右翼民粹主义政党兴起的因果效应比较》,《世界经济与政治》2017年第12期。
② Rafal Pankowski, *The Populist Radical Right in Poland: The Patriots*, London: Routledge, 2010.
③ Sheri Berman, "The Causes of Populism in the West", *Annual Review of Political Science*, Vol. 24, No. 1, 2021, p. 78.
④ [美]塞缪尔·亨廷顿:《变化社会中的政治秩序》,王冠华等译,上海人民出版社2008年版,第287页。

过,政治学家长期以来主要以此解释发展中国家的政治秩序和政治衰败,直到近些年才开始以此解释发达国家的政治秩序和政治衰败。曾提出"历史终结论"的弗朗西斯·福山认为,美国政治体制随着时间的推移也会走向衰败。"由于政治极端化越趋尖锐,这个去中心化的体制越来越无法代表大多数人的利益,却让利益集团和活跃组织拥有过度影响,它们加起来并不等于代表最高权力的美国人民。"① 有意思的是,福山提出这个判断没几年,特朗普就以"人民"的名义夺取了美国的最高行政权力。

当代西方政治制度的标准形式是代议制民主。保罗·塔格特认为,民粹主义发展的动力来自选民对代议制的不满。当选民认为自己的利益诉求没有被政府或主流政党回应时,他们就会从民粹主义政党或候选人中选择自己的政治代表。塔格特就此指出:"民粹主义是一张晴雨表,透过它,我们可以诊断代议制政治体系的健康状况。作为天生的政治厌恶者,哪里有民粹主义者以运动或政党的方式进行动员,哪里就有充分的理由对代议制政治的功能进行检视,哪里就有充分的理由怀疑它的某些环节可能出了故障。"② 民粹主义复兴的直接原因在于国家治理危机,并且突出地表现为国家治理能力不足和民主政治失序。③ 林红认为,代议制民主出现的种种弊端成为左翼与右翼民粹反精英、反建制的共同政治诱因,是激发当今民粹主义两极化趋势的制度根源。④ 政治学家已经深入揭示了金

---

① [美]弗朗西斯·福山:《政治秩序与政治衰败:从工业革命到民主全球化》,毛俊杰译,广西师范大学出版社2015年版,第458页。
② [英]保罗·塔格特:《民粹主义》,袁明旭译,吉林人民出版社2005年版,第156页。
③ 吴宇、吴志成:《全球化的深化与民粹主义的复兴》,《国际政治研究》2017年第1期。
④ 林红:《当代民粹主义的两极化趋势及其制度根源》,《国际政治研究》2017年第1期。

权政治①、否决者政治②和技术官僚政治③阻碍了代议制民主的回应性，使选民对建制派和政治现状日益不满。

代议制是由一系列制度构成的制度体系，其中选举制度和政党制度至关重要。关于欧洲民粹主义政党的研究表明，比例代表制比多数制更有利于民粹主义政党进入国家政治。④ 但周强发现，民粹主义带来的逆全球化喧嚣主要发生在其选举制度秉持多数主义原则的发达国家，而在选举制度为比例代表制的发达国家，逆全球化潮流受到了相当程度的遏制。⑤ 林德山提出，新自由主义的观念已经通过制度化方式反映在欧盟的机制中，左翼的社会民主党被该机制绑架不得不维护体现新自由主义原则的制度和政策。民粹主义的蔓延不过是这一政治生态失衡的结果。⑥ 谢里·伯曼和玛丽亚·斯内戈瓦亚也认为，社会民主党没有能力或不再愿意扮演保护弱势群体的角色，为民粹主义政党提供了发展的机遇。⑦

---

① Lee Drutman, *The Business of America is Lobbying*, Oxford: Oxford University Press, 2015.

② George Tsebelis, *Veto Players: How Political Institutions Work*, Princeton: Princeton University Press, 2002; Francis Fukuyama, "America in Decay: The Sources of Political Dysfunction", *Foreign Affairs*, Vol. 93, No. 5, 2014, pp. 3-26.

③ Heather Grabbe, *The EU's Transformative Power: Europeanization through Conditionality in Central and Eastern Europe*, New York: Palgrave Macmillan, 2006; Paul Tucker, *Unelected Power: The Quest for Legitimacy in Central Banking and the Regulatory State*, Princeton: Princeton University Press, 2019; Nicole Scicluna and Stefan Auer, "From the Rule of Law to the Rule of Rules: Technocracy and the Crisis of EU Governance", *West European Politics*, Vol. 42, No. 7, 2019, pp. 1420-42.

④ Elisabeth Carter, *The Extreme Right in Western Europe: Success or Failure?* Manchester: Manchester University Press, 2005; Stijn van Kessel, *Populist Parties in Europe: Agents of Discontent?*, New York: Palgrave Macmillan, 2015.

⑤ 周强:《逆全球化压力下国家反应的异同——从政治制度角度的分析》,《教学与研究》2018 年第 10 期。

⑥ 林德山:《新自由主义的政治渗透与欧洲危机》,《欧洲研究》2016 年第 6 期。

⑦ Sheri Berman and Maria Snegovaya, "Populism and the Decline of Social Democracy", *Journal of Democracy*, Vol. 30, No. 2, 2019, pp. 5-19.

## （四）不同视角间的简要比较

从总体上看，既有文献为近年来西方国家民粹主义的兴起提供了不同的解释路径。毫无疑问，民粹主义浪潮的出现是多因素综合作用的结果，任何单一的解释路径都有其片面之处。但相对而言，经济利益的视角比其他两种视角更能触及民粹主义兴起的根源。

首先，相对于政治制度的解释，经济利益和社会文化的解释可以更好地说明民粹主义兴起的动力。经济利益的视角和社会文化的视角属于对民粹主义兴起的需求侧解释，而政治制度的视角则是对民粹主义兴起的供给侧解释。当然，只有需求和供给相结合才能为民粹主义的兴起提供完整的解释。但从因果逻辑的先后顺序上说，首先是经济和社会环境的变化使特定群体提出了经济利益或社会文化的诉求，然后才是现有政治制度是否回应这些诉求。而政治制度回应哪些群体的诉求，不回应哪些群体的诉求，和政治制度本身的"非中性"有关。张宇燕提出，任何制度都具有"非中性"的特点："在同一制度下不同的人或人群所获得的往往是各异的东西，而那些已经从既定制度中，或可能从未来某种制度安排中获益的个人或集团，无疑会竭力去维护或争取之。"[①] 拉里·巴特尔斯对美国国会参议院的分析有力地证明：参议员对选区富裕选民的意见比对选区中等收入选民的意见做出了更多的回应，对选区处于分布后三分之一位置的选民总体上无回应。[②] 因此，政治制度的功能需要结合经济和社会分化才能加以透彻分析。

其次，相对于文化抵制和文化反弹，新一波民粹主义浪潮的最重要起因仍在于经济利益受损群体的不满。即使社会文化因素发挥

---

① 张宇燕：《利益集团与制度非中性》，《改革》1994年第2期。
② ［美］拉里·巴特尔斯：《不平等的民主——新镀金时代的政治经济学分析》，方卿译，上海人民出版社2012年版，第273页。

了重要作用，也常常和经济利益结合起来诱发了特定群体对民粹主义的支持。移民的增加、传统价值观的衰落等社会文化趋势已经持续了几十年，但民粹主义浪潮自2016年起才以前所未有的规模和力量迸发和蔓延开来。众所周知，2008年全球金融危机是世界政治经济的重要分水岭。金融危机后，不仅新兴经济体的崛起开始引发了全球经济重心的移动，而且西方国家长期以来掩盖或抑制的内部矛盾开始全面暴露和激化。面对经济衰退，政策争论导致社会联盟的分化组合。①

就文化抵制而言，政治学家已取得共识，即在经济困难时期，特别是当收入低、受教育程度低的公民担心失业和未来的就业前景，并担心稀缺公共资源（如住房或福利）上的竞争时，仇外心理、反移民情绪、对外群体的怨恨等往往会上升。② 拉斐拉·丹西吉尔在研究欧洲的外来移民与社会冲突的关系时就发现："当每个群体都面临经济短缺时，本地人更有可能反对他们的移民邻居，移民更容易与国家行为体发生冲突。资源稀缺而不是族群差异是引发移民冲突的关键因素。"③ 外来文化在经济运行情况良好时一般不会对社会造成巨大的冲击，在经济下行时才会让众多本土公民感到恐惧，从而为"反他者"的民粹主义提供了机会窗口。

就文化反弹而言，社会自由主义和后物质主义价值观所凸显的身份政治问题与物质利益也相互联系。南茜·弗雷泽提出社会正义包括两个方面：其一是追求资源和财富更公正的"再分配正义"，其二是要求允许并促进价值和认同多样性的"承认正义"。而身份政治的问题在于，在再分配正义的需求依然存在的情况下用"承

---

① Miles Kahler and David A. Lake, eds., *Politics in the New Hard Times: The Great Recession in Comparative Perspective*, Ithaca: Cornell University Press, 2013.

② Sheri Berman, "The Causes of Populism in the West", *Annual Review of Political Science*, Vol. 24, No. 1, 2021, p. 77.

③ Rafaela Dancygier, *Immigration and Conflict in Europe*, Princeton: Princeton University Press, 2010, p. 7.

认正义"完全替代"再分配正义"①。多元文化主义者强调认同和承认，淡化和抹杀了再分配的正当性，将少数群体的文化利益凌驾于在经济上并未得到满足的人民的现实经济利益和人身安全之上，从而导致了右翼民粹主义的反弹。

  基于以上理由，本书将主要在经济利益的视角下分析经济全球化与新一波民粹主义浪潮兴起的关系。全球化对经济利益具有重要的分配效应。王正毅在《反思全球化：理论、历史与趋势》一书中明确指出，在国家间，有些国家是全球化的受益者，有些国家是全球化的受损者；在同一个国家内，一些群体成为全球化的受益者，另一些群体成为全球化的受损者。② 由于全球化带来的分配效应，全球化成为新的时代条件下政治争论的主要焦点，也成为新一波民粹主义的重要起因。但是，鉴于经济与政治之间互动的复杂性，全球化作用于国内政治分化进而引发民粹主义的因果链条仍有待明确。正如蔡拓所评论的："关于全球化与本轮民粹主义兴起之间的关系，还远未清晰，认为全球化的弊病导致本轮民粹主义兴起的观点缺乏足够的解释力，有待更深入的梳理与探究。"③ 作为对民粹主义研究的权威总结，《牛津民粹主义手册》所包含的研究议题涉及民粹主义与政党、民粹主义与社会运动、民粹主义与技术、民粹主义与民族主义、民粹主义与法西斯主义、民粹主义与对外政策、民粹主义与身份、民粹主义与性别、民粹主义与宗教、民粹主义与媒体等。④ 遗憾的是，这一清单并没有包含民粹主义与全球

---

① Nancy Fraser, "Social Justice in the Age of Identity Politics: Redistribution, Recognition and Participation", in B. Peterson, ed., *The Tanner Lectures on Human Values*, Vol. 18, Salt Lake City: University of Utah Press, 1998.
② 王正毅主编：《反思全球化：理论、历史与趋势》，社会科学文献出版社 2023 年版，第 32 页。
③ 蔡拓：《被误解的全球化与异军突起的民粹主义》，《国际政治研究》2017 年第 1 期。
④ Cristóbal Rovira Kaltwasser, Paul A. Taggart, Paulina Ochoa Espejo and Pierre Ostiguy, eds., *The Oxford Handbook of Populism*, Oxford: Oxford University Press, 2017.

化。鉴于全球化对理解民粹主义起因的重要性，本书将回归马克思主义政治经济学的阶级分析，深入揭示全球化与民粹主义兴起之间的逻辑机制，系统说明全球化如何塑造主要发达国家民粹主义政党或候选人的选民基础。

## 三 回到马克思：国际政治经济学中的阶级分析

马克思和恩格斯从其辩证唯物主义和历史唯物主义的基本方法出发，把政治经济学既作为一门对社会关系进行抽象的理论学科，又把它作为"一种历史的科学"①。他们从资本主义时代最一般的经济范畴——商品入手，以劳动价值论为基础，以剩余价值论为核心，揭示了资本主义经济现象背后所隐含的各种政治、经济及社会关系。正如马克思所指出的："经济范畴只不过是生产的社会关系的理论表现，即其抽象……人们按照自己的物质生产率建立相应的社会关系，正是这些人又按照自己的社会关系创造了相应的原理、观念和范畴。"② 政治经济学的任务就是"研究人类各种社会进行生产和交换并相应地进行产品分配的条件和形式"③。

生产力决定生产关系、经济基础决定上层建筑是马克思主义分析社会政治经济现象的基本逻辑。基于这一逻辑，马克思和恩格斯认为，资本主义经济的发展变化，必然带来其政治结构的变化。

> 资产阶级日甚一日地消灭生产资料、财产和人口的分散状态。它使人口密集起来，使生产资料集中起来，使财产聚集在

---

① 《马克思恩格斯选集》（第3卷），人民出版社2012年版，第874页。
② 《马克思恩格斯选集》（第1卷），人民出版社2012年版，第222页。
③ 《马克思恩格斯选集》（第3卷），第528页。

少数人的手里。由此必然产生的结果就是政治的集中。各自独立的、几乎只有同盟关系的、各有不同利益、不同法律、不同政府、不同关税的各个地区，现在已经结合为一个拥有统一的政府、统一的法律、统一的民族阶级利益和统一的关税的统一的民族。①

也就是说，资本主义政治制度是以资本主义经济的发展为基础确立的。当资本主义政治制度不适应资本主义经济的发展变化时，它或早或晚会进行调整。

阶级是马克思和恩格斯分析社会政治经济现象的基本单位。恩格斯指出："至今的全部历史都是阶级斗争的历史，在全部纷繁复杂的政治斗争中，问题的中心仅仅是社会阶级的社会和政治的统治，即旧的阶级要保持统治，新兴的阶级要争得统治。"② 正是基于阶级分析，马克思深刻揭示了资本主义社会中自由贸易政策和贸易保护政策的根源：

在当今社会条件下，到底什么是自由贸易呢？这就是资本的自由。排除一些仍然阻碍着资本自由发展的民族障碍，只不过是让资本能充分地自由活动罢了。③

保护关税制度不过是某个国家建立大工业的手段，也就是使这个国家依赖于世界市场，然而，一旦它对世界市场有了依赖性，对自由贸易也就有了或多或少的依赖性。此外，保护关税制度也促进了国内自由竞争的发展。因此，我们看到，在资产阶级开始以一个阶级自居的那些国家（例如在德国），资产阶

---

① 《马克思恩格斯选集》（第1卷），人民出版社2012年版，第405页。
② 《马克思恩格斯文集》（第3卷），人民出版社2009年版，第458页。
③ 《马克思恩格斯选集》（第1卷），第373页。

级便竭力争取保护关税。保护关税成了它反对封建主义和专制政权的武器,是它聚集自己的力量和实现国内自由贸易的手段。①

无论自由贸易还是贸易保护,都是资产阶级维护自身利益的手段。随着资产阶级利益的变化,资产阶级所支持或争取的贸易政策也会相应改变。

马克思和恩格斯的上述思想为理解国际体系中经济与政治的相互影响提供了逻辑基础。作为第一轮经济全球化的亲历者,马克思和恩格斯还提出资本主义是一个完整的世界体系,这是之前的政治经济学家从没有论及的一个问题。早在19世纪40年代至50年代,马克思和恩格斯就指出,资本主义的发展已经把整个世界联结成为一个有机的整体,使各个国家不仅在经济上,而且在政治、文化等各个领域相互联系、相互作用、相互依存。

> 事情已经发展到这样的地步:今天英国发明的新机器,一年之内就会夺去中国千百万工人的饭碗。这样,大工业便把世界各国人民互相联系起来,把所有地方性的小市场联合成为一个世界市场,到处为文明和进步作好了准备,使各文明国家里发生的一切必然影响到其余各国。②

> 单是大工业建立了世界市场这一点,就把全球各国人民,尤其是各文明国家的人民,彼此紧紧地联系起来,以致每一国家的人民都受到另一国家发生的事情的影响。③

由此可见,机器大工业所造就的世界市场进一步促成了世界各

---

① 《马克思恩格斯选集》(第1卷),人民出版社2012年版,第375页。
② 《马克思恩格斯选集》(第1卷),第299页。
③ 《马克思恩格斯选集》(第1卷),第306页。

国的普遍交往，从而塑造了世界历史。

不过，马克思和恩格斯在国际政治经济学方面未能给我们留下系统的论著，特别是马克思原来计划写作的《政治经济学批判》第2—6册未能完成，其中即包括国家（人口、殖民地、外国移民等）、生产的国际关系（如国际分工、国际交换、输出和输入、汇率等）、世界市场和危机等内容。[1] 尽管如此，我们仍可以在马克思和恩格斯上述思想的基础上具体辨析国际经济如何影响国内政治中的分化联合。

中国传统的贸易理论"淮南子—司马迁定理"和现代经济学的赫克歇尔—俄林模型都已表明，不同国家要素禀赋的差异会推动商品、服务和生产要素的跨国流动。[2] 这种跨国流动在增进各国总体福利的同时也会加剧一国之内的不平等、深化各种社会裂痕。[3] 根据斯托尔珀—萨缪尔森定理，产品相对价格的变动对要素所有者的相对收入有很大的影响，而国际贸易导致了相对价格的改变，所以国际贸易具有很强的收入分配效应：一个国家充裕要素的所有者从贸易中获利，而稀缺要素的所有者从贸易中受损。[4] 在这一收入分配模型基础上，罗纳德·罗戈夫斯基的《贸易与联盟》一书为分析国际贸易如何影响国内阶级分化提供了一个简约的理论分析框架。[5]

罗戈夫斯基采用了国际经济学中传统的三要素：土地、劳动力和资本。他首先假设土地与劳动力的比例充分揭示了任何

---

[1] 《马克思恩格斯全集》（第46卷上），人民出版社1979年版，第46页。
[2] 张宇燕：《中国对外开放的理念、进程与逻辑》，《中国社会科学》2018年第11期。
[3] Dani Rodrik, "Populism and the Economics of Globalization", *Journal of International Business Policy*, Vol. 1, No. 1, 2018, p. 23.
[4] Wolfgang F. Stolper and Paul A. Samuelson, "Protection and Real Wages", *Review of Economic Studies*, Vol. 9, No. 1, 1941, pp. 58–73.
[5] Ronald Rogowski, *Commerce and Coalitions: How Trade Affects Domestic Political Alignments*, Princeton: Princeton University Press, 1989.

国家这两种要素的禀赋。这一假设意味着没有国家在劳动力和土地上同时都是丰富的，或者同时都是稀缺的。土地与劳动力的比例较高，就意味着土地充裕和劳动力稀缺。土地与劳动力的比例较低，就意味着土地稀缺和劳动力充裕。此外，罗戈夫斯基将先进经济体定义为资本充裕的国家，将落后经济体定义为资本稀缺的国家。这样就形成了2×2列表分析法所显示的四种情况。

如表1-1所示，国际贸易的扩张将会导致以下情况的政治分化：（1）先进经济体劳动力充裕但土地稀缺。贸易扩张将会使资本家和劳工受益，而使土地所有者和密集使用土地的畜牧业者、农业企业家遭受损失。无论是资本所有者还是劳工都偏好自由贸易，而农业集团整体上偏好保护贸易。在这种情况下，资本家和劳工会彼此协调来扩大他们的政治影响。他们可能会寻求公民权的扩张、议席的重新分配、减少上院或贵族精英的权力或者发动资产阶级革命。（2）先进经济体土地充裕但劳动力稀缺。因为资本和土地是充裕的，资本家、资本密集型行业和农业集团将会支持自由贸易。因为劳动力是稀缺的，劳工和劳动密集型产业将会寻求贸易保护。在这种情况下，资本家和农业集团将会削弱劳工的经济权利并限制工人组织的发展。（3）落后经济体土地充裕但劳动力稀缺。由于资本和劳动力都是稀缺的，资本家和劳工会受到贸易扩张的伤害。而土地是充裕的，因此农业集团将会从自由贸易中获益。在这种情况下，农民和畜牧业者通过民粹主义运动或者反城市运动来扩张他们的影响。（4）落后经济体土地稀缺但劳动力充裕。在这种情况下，劳工将会追求自由贸易并扩展其政治权力，甚至可能会发动无产阶级革命。而土地所有者、资本家和资本密集型产业将联合起来支持贸易保护、帝国主义和排外政策。

表 1-1　　　　　　　　　贸易扩张的政治效应

|  | 土地/劳动力比 ||
| --- | --- | --- |
|  | 高 | 低 |
| 先进经济体 | 土地、资本所有者支持自由贸易<br>劳工争取贸易保护 | 资本所有者、劳工支持自由贸易<br>土地所有者争取贸易保护 |
| 落后经济体 | 土地所有者支持自由贸易<br>劳工、资本所有者争取贸易保护 | 劳工支持自由贸易<br>资本、土地所有者争取贸易保护 |

资料来源：Ronald Rogowski, *Commerce and Coalitions: How Trade Affects Domestic Political Alignments*, Princeton: Princeton University Press, 1989, p.8.

当国际贸易收缩时，每种情况的获益者和损失者刚好和上面的情况相反。政治分化的结果如表 1-2 所示，具体情况不再赘述。

表 1-2　　　　　　　　　贸易收缩的政治效应

|  | 土地/劳动力比 ||
| --- | --- | --- |
|  | 高 | 低 |
| 先进经济体 | 土地、资本所有者争取自由贸易<br>劳工支持贸易保护 | 资本所有者、劳工争取自由贸易<br>土地所有者支持贸易保护 |
| 落后经济体 | 土地所有者争取自由贸易<br>劳工、资本所有者支持贸易保护 | 劳工争取自由贸易<br>资本、土地所有者支持贸易保护 |

资料来源：Ronald Rogowski, *Commerce and Coalitions: How Trade Affects Domestic Political Alignments*, Princeton: Princeton University Press, 1989, p.12.

罗戈夫斯基随后又放宽土地劳动力之比的假设，承认两者都充裕或都稀缺。由于土地、劳动力、资本三种要素不可能都充裕或者都稀缺，在放宽土地劳动力之比的假设后只有两种可能性：(1) 发达经济体土地和劳动力都稀缺。贸易扩张只符合资本家的利益，受损的农民和劳工将联合起来形成红绿联盟来支持保护主义，而受益的资本家则可能建立专制政权来追求自由贸易。当贸易收缩时，土地和劳动力作为稀缺要素将会获益，由其构成的红绿联盟将要求大规模的政治参与。（2）落后经济体劳动力和土地都充裕。贸易扩张动员了红绿联盟，农民和工人将会从自由贸易中受益，他们会联合起来支持自由贸易并限制资本家的权力。而贸易收缩的唯一受益者将是资本家，资本家与其他要素所有者将会发生大规模冲突，其结果要么是资产阶级建立专制政权，要么是发生反资产阶级的革命。

通过上述理论模型，罗戈夫斯基有力地论证了国际贸易对国内政治分化所产生的深刻影响。在罗戈夫斯基模型中，国内政治分化是以阶级为基础的，即劳动力要素所有者——劳工，资本要素所有者——资本家，以及土地要素所有者——地主、农场主和拥有土地的农民。在这个意义上，罗戈夫斯基对政治分化的分析和马克思、恩格斯的阶级分析一脉相承，但为其增加了国际经济的变量，从而明确地提出了国内阶级分化的国际经济根源。

在马克思和恩格斯阶级分析的基础上，本书将罗戈夫斯基模型应用于民粹主义的起因分析上。实际上，罗戈夫斯基在《贸易与联盟》一书中对第一波民粹主义浪潮中的美国人民党运动已经进行了简略的讨论。罗戈夫斯基指出，这一时期美国土地充裕，资本和劳动力稀缺，政治冲突发生在追求自由贸易的农民与信奉关税作用的资本家和劳工之间。19 世纪八九十年代，美国农民经过格兰奇运动、绿背纸币运动，最终建立了人民党，其主要目标就是通过铁路和航运设施的公有化、提高通货膨胀率以及自由贸易的方式使其直接接触市场。① 不过，罗戈夫斯基认为，读者

---

① Ronald Rogowski, *Commerce and Coalitions: How Trade Affects Domestic Political Alignments*, Princeton: Princeton University Press, 1989, p. 44.

对美国的经验再熟悉不过，就没有必要对其进行深入的探讨。① 但对于我们来说，作为世界民粹主义浪潮的早期源头之一，美国人民党运动与当时如火如荼的第一轮经济全球化的关系仍有加以深入探讨的价值。

当然，本书的主要任务是说明当今世界中的全球化与民粹主义兴起的关系。罗戈夫斯基模型为本书的分析提供了微观基础，但罗戈夫斯基在《贸易与联盟》一书中主要讨论的是1840—1914年、两次世界大战之间以及第二次世界大战后到20世纪80年代初期的国际贸易与国内分化的情况。鉴于当今世界相较于之前的历史时期所发生的重要变化，我们只有在对罗戈夫斯基模型加以改造或扩展后才能全面分析全球化对民粹主义兴起的影响。

第一，以人力资本要素取代土地要素确立起新的三要素模型。20世纪70—80年代以后，罗戈夫斯基模型中的传统三要素越来越难以解释当今世界经济对国内政治的影响。随着工业化进程的加快，土地要素在一国经济结构和国际贸易中的重要性不断下降。值得注意的是，罗戈夫斯基在《贸易与联盟》中已发现其三要素无法解释英国在两次世界大战之间的阶级冲突，为此提出了一个推测，即随着农业在发达经济体逐渐式微，一个新的三要素模型将有助于对问题的理解：劳动力、人力资本和物质资本。② 不过，罗戈夫斯基认为这仍然只是推测而已。③ 实际上，作为最早实现现代化

---

① Ronald Rogowski, *Commerce and Coalitions: How Trade Affects Domestic Political Alignments*, Princeton: Princeton University Press, 1989, p. 43.

② Ronald Rogowski, *Commerce and Coalitions: How Trade Affects Domestic Political Alignments*, Princeton: Princeton University Press, 1989, p. 82.

③ 罗戈夫斯基在最新的研究中又引入了不同程度的天赋来区分劳动力的异质性。他提出劳动力密集型商品的相对价格下降，无论是由全球化还是由技术引起的，不仅会降低低技能工人的工资，而且会将几乎所有由此产生的收益分配给一小撮高素质人才，导致高技能但天赋较差的工人的收入停滞或下降（参见 Thomas M. Flaherty and Ronald Rogowski, "Rising Inequality as a Threat to the Liberal International Order", *International Organization*, Vol. 75, No. 2, 2021, pp. 495–523）。

的发达经济体，英国率先培育了新的要素作为比较优势的来源，即人力资本。在第二次世界大战后，特别是在20世纪70年代以后，人力资本要素在重要性上不断增长。人力资本要素已经从传统的劳动力要素中分离出来，使劳动者分为熟练工人、半熟练工人和不熟练工人。弗兰克·科弗斯和安德列斯·格力浦就将高级熟练工人和普通劳动工人区分开来，解释了高等熟练劳动力和技术知识两种人力资本要素如何影响要素同质化程度高的发达国家间国际贸易的流向。[1] 达龙·阿西莫格鲁和詹姆士·罗宾逊也指出：

> 在现代经济中，技能收益的提高，以及更一般地说，人力资本的更重要的作用，可以在我们的三阶级模型中进行更有意义的分析。在这一模型中，我们可以将熟练工人视为中产阶级的重要组成部分。这意味着贸易开放和技能倾斜型技术的转移一起，增加了中产阶级的收入。[2]

因此，本书在对新一波民粹主义兴起原因的分析中将罗戈夫斯基原来的土地、劳动力和资本的三要素模型修正为新的三要素模型，即物质资本所有者、人力资本要素所有者和非熟练/半熟练劳动力之间的分化。

第二，引入经济地理因素说明民粹主义的选民区域分布。罗戈夫斯基模型的分析单位是阶级，但国际贸易导致的社会分化也可能会以城乡之间的区域分化呈现出来。在2×2列表分析法所显示的四种社会分化类型中，以资本和土地所有者为一方、以劳工为另一

---

[1] Frank Corvers and Andries de Grip, "Expaining Trade in Industrialized Countries by Country-specific Human Capital Endowments", *Economic Modelling*, Vol. 14, No. 3, 1997, pp. 395–416.

[2] [美] 达龙·阿西莫格鲁、詹姆士·罗宾逊：《政治发展的经济分析——专制和民主的经济起源》，马春文等译，上海财经大学出版社2008年版，第295页。

方的两种分化是典型的阶级分化,而以资本所有者和劳工为一方、以土地所有者为另一方的两种分化属于城乡分化。① 不过,罗戈夫斯基对区域分化的认识并没有充分反映在其经验研究中。但正如王正毅所指出的,世界经济体系影响了国内经济活动的空间分布,特别是反映在产业布局上,造成了区域间发展不平衡。② 随着工业化的完成,城乡分化在发达国家逐渐淡化,但随着人力资本要素的增长,人力资本要素所有者和非熟练/半熟练劳动力在不同区域的集聚产生了新的区域分化,即专业化经济区之间的分化、城市中心区与城市外围区的分化和不同规模城市之间的分化。不同层次的选举是社会行为体主要的政治参与渠道,也是其影响政策制定最为制度化的渠道。这样,原本以阶级分化为基础的收入分配效应将进一步呈现为以地理区域分化为基础的形式,从而为考察各政党的选民基础提供了一种路径,即以地理区域分化为基础的联盟。比如,贸易政策会在美国内部不同行为体之间产生利益分配效应,日益凸显的产业集聚现象则进一步导致这种贸易收入分配在区域间的分化;同时,由于美国的民主制度主要体现为以选区为基础的代议制,选举制度和选举过程将不同地域的利益和价值传达到联邦层面,并通过联邦政府的政策加以实现。③ 杰弗里·弗里登等学者认为,发达国家制造业就业的下降导致受影响社区的社会和经济状况恶化,加剧了萧条的农村地区和小城镇与繁荣的大都市之间的不平等。2008 年的全球金融危机催化了这些分裂,因为已经衰落的社区遭受了比大都市地区更深、更长期的经济衰退。他们发现,民粹主义政党或候选人在经历了长期经济和社会衰退的社区中获得了

---

① Ronald Rogowski, *Commerce and Coalitions: How Trade Affects Domestic Political Alignments*, Princeton: Princeton University Press, 1989, p. 8.
② 王正毅:《边缘地带发展论:世界体系与东南亚的发展》,上海人民出版社1997 年版,第 162 页。
③ 李巍、赵莉:《产业地理与贸易决策——理解中美贸易战的微观逻辑》,《世界经济与政治》2020 年第 2 期。

最有力的支持。① 考虑到经济地理和选举地理之间在相当程度上的对应关系，本书在辨析全球化对民粹主义兴起的影响机制时将进一步凸显全球化如何塑造一国内部的区域分化，从而塑造民粹主义政党或候选人的选民基础。

第三，增加对政党回应选民偏好的供给侧分析。罗戈夫斯基对国际贸易中受益者和受损者偏好的分析实际上只是对不同贸易政策选择的需求侧分析。只有政策需求而没有政策供给，就无法说明政治分化最终带来的政策结果。罗戈夫斯基明确承认，他无法确定政治冲突的结果："由于贸易而在经济上遭受损失的集团可能在政治上取得相当长时期的胜利。因此我这里关注的只是社会分化而不是结果。"② 在罗戈夫斯基看来，胜利或失败既取决于集团的相对规模，也取决于制度与文化。因此，要素所有者分化本身不足以解释全球化所造成的国内政治结果。实际上，作为国际政治经济学的主要研究范式，"开放经济政治学"（Open Economy Politics，OEP）就强调经济利益和政治制度在经济政策的制定中都重要。③ 尽管本书主要着眼于不同群体的经济利益，但需要适当说明政治制度特别是政党制度是如何回应选民偏好的。在第二次世界大战后，随着代议民主制在发达国家趋于稳定，政党在很大程度上成为各种社会经济利益聚合的容器。作为连接公民和政府的桥梁，政党对选民的利益诉求做出回应既是代议制民主的关键所在，也是其正当性和合法

---

① J. Lawrence Broz, Jeffry Frieden, and Stephen Weymouth, "Populism in Place: The Economic Geography of the Globalization Backlash", *International Organization*, Vol. 75, No. 2, 2021, pp. 464–494.

② Ronald Rogowski, *Commerce and Coalitions: How Trade Affects Domestic Political Alignments*, Princeton: Princeton University Press, 1989, p. 20.

③ David Lake, "International Political Economy: An Emerging Interdiscipline", in Barry Weingast and Donald Wittman, eds., *The Oxford Handbook of Political Economy*, Oxford: Oxford University Press, 2006, pp. 757–777.

性的基础。① 在国家经济向世界经济开放的过程中，在参与世界经济中受益或受损的社会行为体会要求政党回应他们的诉求，满足他们的偏好。如果代表精英和建制派的主流政党或候选人对他们的诉求做出了回应，他们就会继续支持这些政党或候选人。但如果代表精英和建制派的主流政党或候选人没有做出回应，而民粹主义政党或候选人做出了回应，这些社会行为体就会把选票投给反精英、反建制的民粹主义政党或候选人。因此，解释民粹主义的兴起，不仅需要分析需求侧的选民偏好，也需要分析供给侧的政党回应性。

---

① ［瑞士］西蒙·伯恩斯切尔：《民主化与拉美回应性政党制度的出现》，靳呈伟译，《国外理论动态》2012年第2期。

# 第二章　全球化与美国第一波民粹主义的兴起

18世纪末至19世纪中叶的工业革命启动了第一轮真正意义上的全球化浪潮，19世纪下半叶至20世纪初的第二次工业革命则进一步加速了经济全球化进程。内战结束后的美国乘着第二次工业革命的东风飞速发展，进出口贸易额大幅增长。在生产要素上，美国土地充裕，劳动力和资本在19世纪末期之前都处于稀缺状态。根据斯托尔珀—萨缪尔森定理，19世纪下半叶全球贸易的扩张本应有助于土地要素所有者即农业集团的壮大，但事实上，内战后农业集团经历了一段相当漫长的艰难时期。由于工业资本集团把持着美国的政治权力，工业成为美国政府全力保护的对象。保护性关税导致玉米、小麦和棉花等农产品过度生产而缺乏销路，农业集团的产出能力反而成为政府推脱责任的借口。在高关税政策的保护下，美国的垄断公司逐步成长，银行资本急剧扩张。农产品投机、中间商过度贪婪、运输费用过高和高额利率对农民造成新的伤害，令他们的农业生产销售雪上加霜。农民非但没有从国际贸易扩张中享受本应获得的巨大利好，反而因美国政府的干预而受损。面对侵害其利益的法律和政策，农民开始出现权利意识的觉醒，希望实现经济政治体制的改革。一系列反对高关税、反对垄断铁路企业、反对通货紧缩政策的运动在农民的组织下以"人民"的名义开展起来。随着人民党运动的兴起，美国迎来第一波民粹主义浪潮。

## 一 美国人民党运动的兴起及其既有解释

美国民粹主义起源于19世纪末的人民党运动。人民党运动是美国历史上第一场具有全国性影响的群众运动，为后来的美国政治发展确立了一套民粹主义的传统。正如保罗·塔格特所说的："纵观美国的政治，人民党的历史为民粹主义自下而上的群众运动的动员提供了一个最为生动的案例。"① 美国内战结束后，主导美国政治的共和党和民主党沉浸在美国工业和金融业的繁荣中，对农民遭遇的苦难视而不见。为了维护自身的经济利益和政治权利，农民在19世纪七八十年代陆续发动了格兰奇运动、绿背纸币运动等社会运动，最终在1892年成立了人民党。作为最早出现的民粹主义政党，人民党肩负起了反对上层精英及其主导下的美国制度的使命。以下这首人民党的竞选运动歌生动地反映了人民党自我肩负的使命：

> 我做过压迫人的工具，
> 那时我像个吃奶的小孩，天真烂漫。
> 垄断资本勾结起来
> 打击我们这些庄稼汉。
>
> 铁路和老党的头子
> 串通一气，
> 他们以为操纵我们这些庄稼汉

---

① ［英］保罗·塔格特：《民粹主义》，袁明旭译，吉林人民出版社2005年版，第34页。

不费吹灰的气力。

但现在我已觉醒，
看透了他们的腐化、贪婪。
明年十一月的候选人名单上，
将都是我们这些庄稼汉。①

人民党甫一成立就参加了1892年的大选。人民党推出的总统候选人詹姆斯·韦弗在总统选举中获得了8.5%的选票，令两大党感到意外。在国会的选举中，10名人民党的代表当选国会众议院议员，5名人民党的代表当选国会参议院议员。在州长的选举中，人民党的州长候选人在科罗拉多州、堪萨斯州、北达科他州和怀俄明州四个州当选为州长。在州议会选举中，人民党在19个州的议会中共有345名代表。② 人民党一举成为共和党和民主党之外的第三大党。但在1896年的大选中，人民党在民主党的分化下支持民主党候选人威廉·简宁斯·布赖恩参选总统。随着布赖恩在大选中败北，人民党陷入困境，最终走向瓦解。人民党的历史虽然短暂，但为美国民粹主义的发展打下了基础。

在对美国第一波民粹主义的研究中，最有影响力的学者是约翰·希克斯。他早在20世纪30年代就提出，美国第一波民粹主义相较于政治理想更多的是经济实用主义，尤其是农民与东部工商业精英的二元经济利益冲突成为人民党运动勃兴的主要成因。19世纪末，美国迅速发展的工商业带动了美国经济的快速增长，但中西部腹地的农业地区和农业居民无法分享到工业文明带来的成果，被

---

① ［美］罗彻斯特：《美国人民党运动》，马清文译，生活·读书·新知三联书店1957年版。

② ［美］罗彻斯特：《美国人民党运动》，马清文译，第86—87页。

视为东部工业化副作用的受害者,还要遭受工商业精英的经济剥削和压迫。[1] 无能为力的农民要求公平地分享美国经济活动所创造的财富,而这些财富正在被非生产性的投机者和垄断集团所榨取,民粹主义由此爆发。[2] 希克斯提供的经济解释为后来的不少学者所继承。查尔斯·波斯特认为,美国第一波民粹主义的崛起主要是回应19世纪晚期的经济萧条和交通、工业生产、通信和全球贸易的技术创新。人民党是由农民组成的联盟,他们共同挑战那个时代严酷的经济和政治现实。在波斯特看来,民粹主义的兴起不是对现代性的反动,也不是对民主的排斥,这一过程提高了美国民主质量。人民党动员了数以百万计被边缘化的公民,尽管它的意识形态给少数族群权利留下了很小的空间,但依旧对民主政治的发展做出了巨大的贡献。[3] 汉斯·格奥尔格·贝茨也指出,19世纪90年代的民粹主义运动直接来源于紧张时期经济困难和日益减少的机会,以及既有党派为普通人提供救济的失败。[4] 詹姆斯·特纳对此总结道:"美国民粹主义是那些被抛弃的人们的避难所。"[5] 黄仁伟也从经济视角分析了美国人民党运动的起因。他强调,1870—1890年,美国经济结构发生了历史性转变,美国农业深深卷入世界市场,农业集团内部产生分化。这种趋势同日益走向集中的工业金融资本并存、对流和发生冲突。农民在产品运输、市场销售、资本来源和土地资源等方面越来越受到垄断资本的控制和掠夺,这是人民党运动

---

[1] John D. Hicks, *The Populist Revolt*, Minneapolis: University of Minnesota Press, 1931.

[2] Martin Ridge, "Populism Revolt: John D. Hicks and the Populist Revolt", *Reviews in American History*, Vol. 13, No. 1, 1985, pp. 142 – 154.

[3] Charles Postel, *The Populist Vision*, Oxford: Oxford University Press, 2007.

[4] Hans-Georg Betz, "A Distant Mirror: Nineteenth-Century Populism, Nativism, and Contemporary Right-Wing Radical Politics", *Democracy and Security*, Vol. 9, No. 3, 2013, pp. 200 – 220.

[5] James Turner, "Understanding the Populism", *The Journal of American History*, Vol. 67, No. 9, 1980, pp. 354 – 355.

产生的最深刻动因。①

与希克斯所开辟的经济视角的解释不同，一些学者侧重从思想意识出发为人民党运动的兴起提供政治视角的解释。一种观点认为，这些民粹主义者是反动派，试图重返田园诗般乌托邦式的旧时代，试图重组美国人的生活，相反的观点则认为，他们是具有前瞻性的自由主义改革派。20世纪50年代，理查德·霍夫斯塔特将民粹主义者判定为阴谋主义的、本土主义的、反犹主义的。他指出，世纪交替中的美国中西部农民群体因经济和社会地位的迅速滑落而产生了严重的地位焦虑症，他们自发组织起抵御代表工业文化的东部城市文明，歧视和反对外来移民和要求实施贸易壁垒。在霍夫斯塔特的笔下，人民党运动实质上乃是"向后看"的变革运动，是反资本主义现代化的政治象征。② 到了20世纪60年代，美国学者开始从新社会史角度挖掘民粹主义者思想意识的根源，拓展通常意义上的民粹主义者形象。新左派史学家劳伦斯·格什温在其著作中把民粹主义者刻画为被东部精英阶层所扼杀的大众民主改革运动的先驱和牺牲者。他指出，在一系列社会运动进程中产生了一种民粹主义文化，这促使美国农民进入政治。民粹主义者寻求科技知识的传播，形成了高度集权的组织，发起了大规模的社会运动，并推动了一系列以国家为中心的改革。③ 还有学者从批判当时美国社会物质进步观的角度来定义人民党运动。④ 哈西娅·迪纳就指出："美国的民粹主义者认为，国际金融家的政策破坏了小型家庭农场，并带来了和美国原本价值观对立的腐败思想。"⑤ 这种分歧孕育了民

---

① 黄仁伟：《论美国人民党运动的历史地位》，《世界历史》1989年第1期。
② Richard Hofstadter, *The Age of Reform*, New York: Knopf, 1955.
③ Lawrence Goodwyn, *Democratic Promise: The Populist Moment in America*, Oxford: Oxford University Press, 1976, pp. 612–614, 387–492.
④ Steven Hahn, *The Roots of Southern Populism*, Oxford: Oxford University Press, 1983.
⑤ Hasia R. Diner, *The Jews of the United States, 1654 to 2000*, California: University of California Press, 2004, p. 170.

粹主义生成的思想土壤。原祖杰强调，农民将代表工业金融资本的大企业看作美国社会中的"他者"。尽管农民在数量上已不足全体人口的一半，他们自己却以"人民"自诩，其目标则是寻求对自身的政治、经济保护。①

对美国第一波民粹主义兴起的两种解释分别将民粹主义兴起的根源归因于经济利益或政治意识，但两者之间的逻辑关联并没有清晰地呈现出来。在这些研究的基础上，我们将镀金时代②美国参与国际贸易的情况作为分析起点，基于罗戈夫斯基模型，将经济变量与政治变量以合理的因果机制连接起来，从而说明全球化对美国第一波民粹主义兴起的影响。

## 二 镀金时代美国对国际贸易的参与

从18世纪末到19世纪中叶的工业革命为国际贸易空前发展提供了坚实的物质基础：纺织机、蒸汽机吹响了机器大工业时代的号角，大大提高了劳动生产率；纵横的铁路河网将世界相连，通信技术和工具的进步为贸易提供了优良的环境，世界市场逐渐形成；以农业生产为主的经济体系向以工业制造为重心的经济体系转变，工业产品种类和功能的丰富令单一国家难以回到农业社会封闭的"自给自足"的生产模式上，国际分工和交换成为经济运行必不可少的环节。19世纪下半叶的第二次工业革命诞生了更多的新的发明创造，进一步改变了交通运输和通信工具领域的面貌。遍布世界的铁路线路和海洋航线，以及纵横交错的海底电缆，使劳动生产率迅速提高，生产规模显著扩大，专业化分工得到强化。国际贸易由

---

① 原祖杰：《对美国平民党运动的再思考》，《美国研究》2009年第4期。
② 镀金时代（Golded Age）特指南北战争之后，1870年至1900年即19世纪末美国国内经济飞速发展的历史时期，在1896年美国大选中格罗弗·克利夫兰的卸任与威廉·麦金莱的上台通常被史学家认定为镀金时代结束和进步时代的开始。

此被推向新的高潮，不仅交易的地理范围愈发广阔，交易数量和种类也有了明显增长。

对比整个18世纪贸易额的数据可以发现，19世纪国际贸易的发展的确令人瞩目。在1700—1800年这100年的时间里，世界贸易额一共增长了1倍有余，而"1800—1870年之间的70年之间，世界贸易额一共增长了6.7倍还多，平均年增长率超过9%"①。如果扣除价格下跌的因素，1800—1870年实际贸易量增长了9.6倍。从1870年到第一次世界大战前的1913年，尽管除英国以外的主要欧美国家开始实行贸易保护主义的政策并先后出现了几次经济衰退，世界出口总额仍然从51.3亿美元增加到184亿美元，增长了将近2.6倍，年平均增长率达6%。② 在考察价格波动的情况下，国际贸易在1800—1840年40年间增长了135%到150%，而在1840—1870年这30年间增长了三倍多，从1870年到19世纪末，又增长了一倍多，从1901年到1913年则增长了约50%。③ 以上数据足以表明，19世纪下半叶是国际贸易的扩张期。

美国参与国际贸易的程度与日俱增。如表2-1所示，美国进出口贸易额占世界贸易的比重自1830年以来节节攀高，至19世纪末期几乎稳定在10%左右，是1800年的2倍左右。加之世界贸易额本身就在飞速增长，美国的进出口贸易额呈现出可观的增长量。表2-2展示了美国自1820年至1900年期间的商品进出口数额的具体情况。1866年美国商品进出口仍处于逆差状态，进口额为4.35亿美元，出口额为3.38亿美元。到了1880年出口额翻了一番还多，而且超过进口额，令进出口贸易呈现出顺差状态。由此可

---

① 海闻、P.林德特、王新奎：《国际贸易》，上海人民出版社2003年版，第7页。
② [英]安格斯·麦迪森：《世界经济二百年回顾（1820—1992）》，李德伟、盖建玲译，改革出版社1997年版，第57页。
③ Ronald Rogowski, *Commerce and Coalitions: How Trade Affects Domestic Political Alignments*, Princeton: Princeton University Press, 1989, p.21.

见，19 世纪下半叶美国更深刻地参与到国际贸易扩张中。

表 2-1　19 世纪美国对外贸易占世界贸易的比重　　（%）

| 年份 | 比重 |
| --- | --- |
| 1800 | 5.3 |
| 1820 | 6.5 |
| 1830 | 5.8 |
| 1840 | 7.2 |
| 1850 | 7.8 |
| 1860 | 9.7 |
| 1870 | 8.2 |
| 1880 | 10.7 |
| 1889 | 9.7 |

资料来源：Robert E. Lipsey, "U. S. Foreign Trade and the Balance of Payments, 1800 - 1913", NBER Working Paper, No. 4710, April 1994.

表 2-2　　　　　　美国商品进出口额　　　　　（百万美元）

| 年份 | 出口额 | 进口额 |
| --- | --- | --- |
| 1820 | 52 | — |
| 1840 | 112 | 98 |
| 1866 | 338 | 435 |
| 1880 | 842 | 668 |
| 1890 | 845 | 789 |

资料来源：根据 U. S. Department of Commerce Bureau of the Census, *Historical Statistics of the United States, Colonial Time to* 1970（Washington D. C.：Government Printing Office, 1975, pp. 889 - 890）中的数据加总，小数省略；出口额不包括复出口和贵金属。

· 39 ·

在美国对外出口迅速增长的过程中，不同产业占进出口的比重也发生着调整，尤其是制造业在美国进出口贸易中的地位发生了翻天覆地的变化。19世纪70年代，美国制造业进口额占总进口额的一半以上，出口额则不到总出口额的五分之一，此后制造业出口额占总出口额的比重基本上呈现出稳步上升的态势，而制造业进口额占总进口额的比重则缓慢下降。[①] 由此可见，美国制造业进出口额的结果发生着动态的变化，制造业出口额的比重逐渐增加，进口额的比重逐渐减小。在美国参与国际贸易的进程中，国内产业结构发生了变动。

据统计，美国的进口关税率在1857年还不到20%，1863年约为33%。[②] 从1870年开始，美国进入了历史上时间最长的贸易保护时期，保护壁垒每年为联邦财政贡献了大量的关税收入。从表2-3可知，1870—1894年美国不断提高关税保护水平，由保护贸易政策走向超保护贸易政策。这一时期美国颁布了一系列重要的税则，1890年，国会通过的《麦金利关税法》（McKinley Tariff Act）使进口关税达到内战后最高点，并居世界各国之首，许多项目比平均数还要高得多，如棉纺织品的进口税率由35%提高到50%，棉线进口税率从35%提高到60%，亚麻税率从30%增加到60%。该法还规定了限制外国工业品向美倾销的措施。《威尔逊—戈尔曼关税法》（Wilson-Gorman Tariff Act）、《丁利关税法》（Dingley Tariff Act）和《安德伍德关税法》（Underwood Tariff Act）虽然使关税略有降低，但没有扭转贸易政策中的保护主义倾向，仍将关税税率维持在40%以上的高水平。

---

① Douglas A. Irwin, "Explaining America's Surge in Manufactured Exports, 1880 - 1913", *Review of Economics & Statistics*, Vol. 85, No. 2, 2003, pp. 364 - 376.
② 何薇：《美国关税政策的政治经济分析》，21世纪初世界经济格局与中美经贸关系《中美经济学会会长扩大会议暨"21世纪初世界经济格局与中美经贸关系高级论坛"论文集》，2004年，第335页。

表 2-3　　　　1870—1909 年美国课税商品的平均税率

| 年份 | 课税商品的平均税率（％） |
| --- | --- |
| 1870—1872 | 44.2 |
| 1873—1883 | 42.3 |
| 1884—1890 | 45.3 |
| 1891—1894 | 48.9 |
| 1895—1897 | 41.6 |
| 1898—1909 | 47.3 |

资料来源：U. S. Department of Commerce Bureau of the Census, *Historical Statistics of the United States, Colonial Time to* 1970, Washington D. C.：Government Printing Office, 1975, Series U, pp. 207 – 212.

关税是美国政府财政收入的主要来源之一。内战时期，美国便采用战时关税保护政策，用以扩大财政收入和支持军费开支。在内战结束后，特别是在阿瑟总统和哈里森总统任内，联邦财政平均每年都有 1 亿多美元的盈余，这些盈余有一半以上来自关税收入。这些财政盈余不仅用于扩大对联邦退伍战士发放抚恤金和提供其他帮助，还被用来支持工业、交通运输业等行业的发展。19 世纪后期，高关税仍然是政府收入的主要来源之一，而且对解决政府的财政赤字具有重要作用。1897 年《丁利关税法》出台前，联邦政府的财政赤字高达 1800 万美元，提高关税税率后，不仅马上就消除了财政赤字，还使联邦政府出现了财政盈余。[①]

高关税政策还是美国工业发展的要求。制造业虽然在内战期间获得一些发展，但由于国内的劳动力价格偏高，以及生产效率低下、生产技术落后等原因，美国的工业产品还无法与欧洲工业强国，特别是英国的产品进行竞争。美国面临英国廉价工业产品的冲

---

① Douglas A. Irwin, "Tariffs and Growth in Late Nineteenth Century America", *World Economy*, Vol. 24, No. 1, 2010, pp. 15 – 30.

击，如果开放国门，刚刚获得发展的制造业就面临着大批企业破产的危险。高关税政策这时候可以有效地保护美国的市场，使美国工业产品免受欧洲廉价工业产品的竞争，给美国工业提供足够的生存和发展空间。随着19世纪后期多国贸易保护主义的兴起，各国关税税率不断提高，美国工业产品面临的竞争压力变大。为了保护国内市场，保证工业的发展，扩大出口，美国只能在提高关税的同时，打着"互惠"的旗号抢占国际市场。这些因素在客观上促进了美国贸易保护程度的提高。

## 三 美国国内不同要素所有者的分化

在镀金时代，美国的主要生产要素是土地、劳动力和资本。在《贸易与联盟》中，罗戈夫斯基用每平方公里土地的人口数量（人口密度），辅之以每平方公里生产用地上的人口数量来衡量一国的劳动力和土地要素充裕、稀缺程度。[①] 我们将沿用这一方法考察有关国家的土地—劳动力比，据此衡量有关国家土地要素和劳动力要素的相对充裕与稀缺状况。参考世界主要国家19世纪人口密度与每平方公里生产用地上的人口数量可以发现，这一时期的美国属于典型的土地要素充裕、劳动力要素稀缺的国家。

表2-4 　　　　人口密度与每平方公里生产用地上人口数量

| 国家 | 1846年人口密度<br>（人/平方公里） | 1896年每平方公里生产<br>用地的人口数量（人） |
| --- | --- | --- |
| 英国 | 107 | 277 |
| 法国 | 63 | 105 |

---

① Ronald Rogowski, *Commerce and Coalitions: How Trade Affects Domestic Political Alignments*, Princeton: Princeton University Press, 1989, pp. 25–27.

续表

| 国家 | 1846年人口密度（人/平方公里） | 1896年每平方公里生产用地的人口数量（人） |
|---|---|---|
| 奥地利帝国 | 56 | 126 |
| 普鲁士（德国） | 48 | 148 |
| 日本 | 68 | 缺 |
| 中国 | 45 | 缺 |
| 印度（1881） | 63 | 缺 |
| 俄国 | 3.5 | 44 |
| 美国 | 3.2 | 49 |

资料来源：［英］安格斯·麦迪森《世界经济千年史》，伍晓鹰等译，北京大学出版社2003年版，第91页。Ronald Rogowski, *Commerce and Coalitions: How Trade Affects Domestic Political Alignments*, Princeton: Princeton University Press, 1989, p. 27.

罗戈夫斯基依据拜罗克的人均工业化指数来衡量资本要素的充裕程度。[1] 徐康宁和王剑在《要素禀赋、地理因素与新国际分工》一文中用人均GDP来衡量国家的资本要素禀赋状况。[2] 我们采用这两种方法来考察19世纪美国及英法等欧洲国家资本要素的充裕程度。如表2-5和表2-6所示，19世纪初期美国不及英法等欧洲国家，南北战争后还未赶超英国。在镀金时代，美国资本要素增速明显，但依旧不及英国，处于相对稀缺状态。

表2-5　　　　　　　　人均GDP　　　　　　　（1990年国际元）

| 国家＼年份 | 1820 | 1870 |
|---|---|---|
| 法国 | 1230 | 1876 |

---

[1] Ronald Rogowski, *Commerce and Coalitions: How Trade Affects Domestic Political Alignments*, Princeton: Princeton University Press, 1989, pp. 27–30.

[2] 徐康宁、王剑：《要素禀赋、地理因素与新国际分工》，《中国社会科学》2006年第6期。

续表

| 年份<br>国家 | 1820 | 1870 |
|---|---|---|
| 德国 | 1058 | 1821 |
| 意大利 | 1117 | 1499 |
| 英国 | 1707 | 3191 |
| 美国 | 1257 | 2445 |

资料来源：[英] 安格斯·麦迪森《世界经济千年史》，伍晓鹰等译，北京大学出版社2003年版，第179页。

表2-6　　　　　　　　拜罗克人均工业化指数

| 年份<br>国家 | 1860* | 1913* |
|---|---|---|
| 英国 | 64 | 115 |
| 美国 | 21 | 126 |
| 法国 | 20 | 59 |
| 德国 | 15 | 85 |
| 意大利 |  | 26 |
| 俄国 | 20 | 20 |
| 日本 | 20 | 20 |

\* 100＝英国1900年时的水平。

资料来源：Paul Bairoch, "International Industrialization Levels from 1750 to 1980", *Journal of European Economic History*, Vol. 11, 1982, pp. 281, 333.

美国的相关历史数据也验证了上述分析结果。在1860年之前，美国还是一个农业国：从人口分布来看，美国农村人口占总人口的比重几近八成；从收入份额来看，农业收入占私人收入的比重接近三分之一，是制造业收入的三倍左右；[1] 从出口结构来看，棉花、

---

[1] [美] 吉尔伯特·C. 菲特：《美国经济史》，司徒淳译，辽宁人民出版社1981年版，第167、364页。

粮食和木材雄踞出口排行榜前三名。① 在林肯当选总统前的60年里，代表工商业利益集团的辉格党仅主政过8年，维护种植园主和农民利益的民主党还牢牢掌握着国家政权。农业神话直到19世纪末才被打破，制造业开始腾飞，美国开始从农业大国转型成为工业强国，钢铁产量占世界总产量的份额迅速提升，19世纪70年代尚不及英法等国，90年代已产出世界总产量的三分之一，将英法甩在身后。制成品和半制成品占对外贸易的比重由1866年的16%上升到1914年的48%；1899年工业所占的私人收入已接近50%；1920年城市人口首次超过农村人口，占总人口的51.4%。②

### （一）工业资本集团

在美国，土地的充裕以及劳动力和资本的稀缺使整个美国社会自建国初期开始就更倾向于农业生产。尽管进入19世纪后，美国政府出台了鼓励制造业发展的政策，对制造业发展起到了推动作用，但是美国的制造业在南北战争之前仍处于起步阶段。

19世纪初，美国的经济规模仍远远落后于主要欧洲国家。1820年，美国的GDP为125.48亿国际元（1990年价格），仅相当于同期英国的34.63%、法国的35.38%、德国的46.79%。③ 从制造业规模来看，美国制造业产出在19世纪初仅占全世界份额的0.8%，1830年提高到2.4%，1860年提高到7.2%，直到19世纪末才超过英国位居世界第一。④ 从生产率来看，1870年，英国的生

---

① 陆镜生：《美国社会主义运动史》，天津人民出版社1986年版，第25页。
② [美]吉尔伯特·C.菲特：《美国经济史》，司徒淳译，辽宁人民出版社1981年版，第167—439页。
③ [英]安格斯·麦迪森：《世界经济千年统计》，伍晓鹰等译，北京大学出版社2009年版，第41—42、83页。
④ Paul Kennedy, *The Rise and Fall of the Great Powers: Economic Changes and Military Conflict from 1500 to 2000*, New York: Random House, 1987, p.149.

产率水平仍比美国高4%。① 从经济结构来看，美国依旧是农业主导，在美国的商品产出中，农业占56%，制造业仅占33%，矿业为12%。② 因劳动力为稀缺要素，美国国内劳动力价格呈现偏高态势，生产工业制成品的成本也随之提升。相较于英国等欧洲国家，刚从南北战争中涅槃重生的美国无论是生产效率还是生产成本都处于落后态势。如此一来，美国的工业产品在国际市场上自然无法与欧洲强国尤其是英国进行竞争。一方面，自由贸易的扩张必然会大幅便利欧洲工业制成品源源不断地输入美国市场，从而干扰美国刚刚开始起步的工业制造业的发展，令原本弱小的制造业更加不堪一击，损害为工业发展注资的资本家、经营工厂的工厂主的利益。另一方面，自由贸易的扩张还会压低工人的工资，令付出劳动的工人深受打击。资本家、制造商和工人产生了共同的利益诉求，渴求高关税政策的保护以避免更大的经济损失。他们联合起来形成工业资本集团，主要包括钢铁制造商和投资商、毛纺织工业工厂主、糖料农作物的种植者、羊毛生产者等。

在工业资本集团和农业集团之间的社会矛盾不断激化的背景下，工业资本集团开始积极影响政府的政策，一批相关的行业性协会建立起来，如全国毛纺织业与羊毛生产商协会、全国制造商协会、新英格兰地区棉纺织业协会、美国钢铁业协会等。它们收集支持其立场的信息，并能有效地将其传递给政治家，赞助政党和单个候选人的竞选活动，有时它们也会直接将自己的观点公之于众以尽力赢取选民的支持。19世纪后期，它们除了影响选举之外，也采

---

① Moses Abramovitz and Paul A. David, "Convergence and Deferred Catch-up: Productivity Leadership and the Waning of American Exceptionalism", in Ralph Landau, Timothy Taylor, and Gavin Wright, eds., *Growth and Development: The Economics of the 21st Century*, Stanford: Stanford University Press, 1995, p. 5.

② R. Gallman, "Commodity Output: 1839 – 1899", in Robert Galirnari, ed., *Trends in the American Economy in the Nineteenth Century*, Princeton: Princeton University Press, 1960.

用其他方式影响美国政治，包括从由企业家向个别政客进行贿赂转为由大企业、大集团，甚至行业或者地区利益集团向政党提供捐助。

1854年以工业资产阶级为领导力量的共和党成立了，为工业资本集团影响美国政治奠定了坚实的基础。1860年，共和党候选人林肯成功当选总统，开始了共和党持续执政时期。南北战争北方取得胜利，成功将联邦的政治权力从南方种植园主转移到了北方工业资产阶级。新获取的政治权力赋予了北部工业资本家采取相应关税政策的制度基础，为后来多项经济改革铺设了道路。①

### （二）中西部农业集团

国际贸易扩张的趋势带给美国农业集团发展壮大的契机。随着19世纪下半叶世界贸易的急剧扩张和动荡的经济萧条期，作为充裕要素所有者的美国农业集团在规模、收入、工作技能、政治观念的觉醒和组织能力上都有明显的进步。

这一时期的西进运动促进了中西部的农业开发，美国耕地面积空前扩大。在1867—1900年的23年间，农民扩大的耕地比1607—1867年这200年增加的土地还要多，尤其是西部地区。② 1866年至1900年，全美耕地面积翻了1倍，由4.07亿英亩增加到8.79亿英亩。③ 1880年至1900年，西北地区1000英亩以上的大农场由2.9万个增至4.7万个，全美国农场数总计约为643万个。④ 同时，

---

① Bennettd Baack, "The Political Economy of Tariff Policy: A Case Study of the United. States", *Explorations in Economic History*, Vol. 20, No. 1, 1983, p. 75.

② [美] J. T. 施莱贝克尔：《美国农业史（1607—1972年）》，高田等译，农业出版社1981年版，第168页。

③ Bureau of the Census, *America Historical Statistics*, Washington, D. C: Government Printing Office, p. 228.

④ Bureau of The Census, *America Historical Statistics*, Washington, D. C: Government Printing Office, p. 467.

1862年《宅地法》的实施和横贯大陆铁路的修筑鼓励了移民涌向密西西比河以西的大平原和落基山麓进行垦荒拓殖：1870年大平原地区的人口约为148万人；1880年约为355万人；1890年达到605.35万人。① 潮水般的移民扎根于农场，成家立户，逐渐成为西部重要的群体。庞大的人口数量令他们确信自己足以代表美国最广大人民的利益。

由于耕地面积的迅速扩大，大农场的机械化程度急剧提升。新型农业机械和农具层出不穷。各种播种机、中耕机、除草机、自动收割机以及将收割和打谷同时进行的联合收割机纷纷问世，使田间作业在19世纪90年代基本实现机械化，将农民从劳动的束缚中解放出来。机械化改变的不仅是美国农村地区的景观，而且通过效率的提高增加了耕种面积、单位面积产量和单位时间产量。"美国农业曾经只能依靠劳动力和劳动时间来解决的问题，一台机械就能解决，并且能做得更多更好。"② 与此同时，基础设施条件获得巨大改善，进一步增加了农业的总生产率并提高了农业生产的商品化程度。而商品化程度的提高则丰富了农业生产的类型和品种，提升了农业产值，同时为东北部农业集团密集使用劳动力和资本要素提供了客观物质条件，造成了农业集团内部的进一步分化。

伴随着经济实力的增强，农民的政治观念与组织形式一并应运而生。农业阶层中的有识之士意识到现代性带来的对农村未来发展的双重影响，认识到这种转变需要农业阶层内部进行变革。从19世纪70—80年代开始，美国各州的农民开始自发组建起许多团体组织，互相扶持帮助，长此以往形成了跨越州界的农民联盟。跨州

---

① ［美］J. T. 施莱贝克尔：《美国农业史（1607—1972年）》，高田等译，农业出版社1981年版，第156页。

② 原祖杰：《美国工业化转型时期农民状况研究》，商务印书馆2023年版，第376页。

农民联盟的建立构成这一时期美国农民运动的高潮，席卷了整个中西部和南部地区，并波及了东北部地区，对美国19世纪90年代的全国政治经济形势产生了深刻影响。其中以"全国农民联盟"（即北方联盟）和"全国农民联盟和产业联合会"（即南方联盟）最为有名。

### （三）东北部农业集团

随着中西部农业迅速开发，东北部地区根据自然条件相应调整农业生产格局以应付竞争，包括减少谷物和肉类的大宗生产，转向经营乳制品、饲养家禽、种植水果、蔬菜和花卉等商品化农业领域，由此在东北部形成了多种经营农业区。

北部（主要包括新英格兰、大西洋中部各州和大湖区东部）是工业发达地区。这里集中了全国工业的六分之五，从而为当地农业提供了市场潜力和资金来源，促使北部农业朝着集约型农业不断发展。北部农业表现出鲜明的资本化特征，充分使用资本要素和劳动力要素，成为全美最发达的资本主义农业区，构成了美国农业资产阶级的另一个重要组成部分。东北部的市场条件较好，资金来源较为充足，运输费用和消费品价格相对稳定，较少受大宗农产品价格猛跌的影响。

此外，在工业化进程中，一种新的农业组织形式——企业化农场在美国东北部悄然兴起。那些生活在东北部，亲眼见证工业化发展所创造的奇迹的农民在商业化和资本化的过程中，接受了商人、投资者和银行家的思维方式。在工业化的过程中，他们向企业家学习他们所不具备的特质。正如德布拉·菲茨杰拉德所说："农业的工业化是由传统向现代化转变的复杂过程，个体家庭农场主、农业科学家、制造商、银行家甚至政府，都在企业化农场的发展过程中扮演着不同的重要角色。"① 在生产的目的方面，农业生产是为了创造利润，而并非维持基本的生计，保持长久的经济安全；在土地所有制方面，拥有完全所有权的农场仍是第一选择，但是租佃也同样可以接受，因为农民看重的是农场的经营权，以达成农业生产的目的；在融资方面，更加大胆也更加灵活，举债或抵押虽然需要承担一定的风险，但风险往往意味着高额的回报；最重要的是，从事农业生产是一种商业行为而不再是生活方式。大部分东北部农场都具备了这些特征，并在这些特征的基础上向完全的企业化农场发展。

## 四 保护主义政策对贸易分配效应的干扰

美国经济在高关税政策的保护下走向世界经济舞台的中央。正如托马斯·麦格劳所指出的："在长达一个多世纪的时间里……美国国会中那些旨在保护美国新兴产业、成长期工业以及弱小工业的政治势力常常获得胜利。因此美国经济是在30%进口关税的铜墙铁壁的保护中步入成年期的。"② 关税保护政策的最终成形与巩固是美国贸易保护联盟在国会政治中全面获胜的结果。在南北战争后，美国政治权力从传统上支持自由贸易的农业流向支持贸易保护的工商业，这决定性地改变了国会中贸易政治联盟的力量对比。贸易保护联盟战胜了自由贸易联盟，推动美国的关税政策走向全面的贸易保护主义。

共和党建立起的"关税保护墙"为美国工业资本集团提供了人为的保护伞。作为稀缺要素的所有者，美国的工业资本集团能在

---

① Deborah Fitzgerald, *Every Farm a Factory: The Industrial Ideal in American Agriculture*, New Haven: Yale University Press, 2003, p. 188.

② [美] 托马斯·K. 麦格劳：《现代资本主义：三次工业革命中的成功者》，赵文书、肖锁章译，江苏人民出版社2000年版，第348页。

美国工业区保持着比欧洲还要高的工资和收入，并稳步扩大规模甚至形成垄断态势，主要就是受到了高关税政策的保护，因此它们一直是贸易保护主义的最大支持者。"关税减少了美国的进口，这又导致了食品出口的减少。于是，关税的成本就落在了土地这个食品生产的主要要素上。西部和南方都是制造业保护主义的主要牺牲品。"[1] 工业资本集团和农业集团之间的鸿沟不断扩大，两大阵营正在迅速地形成并彼此割裂。

### （一）工业资本集团因高关税政策而获利

1854年，北部和西部各种反奴隶制的政治力量联合起来成立了共和党，其组成的政治基础主要是工业发展较快的东北部和中西部的工业州，其背后支持者包含原买办商业集团、金融集团和少部分东北部农民。1860年总统大选以共和党候选人林肯获胜而告终，这使共和党迅速成为执政大党，开创了美国向工业大国迈进的黄金时代。南北战争中北部取得胜利而南部投降的结果进一步巩固了美国工业资产阶级在联邦政府的主导权，共和党开启了长期执政阶段，直到1913年之前的半个多世纪，共和党仅丢过两届总统席位。在国会中，共和党也基本维持住了优势地位。共和党人背后的社会力量充分考虑了国际贸易对自身利益的影响，利用执政地位控制了贸易政策的走向。

工商业企业家和金融资本家十分清楚，如果基于土地要素禀赋的比较优势而制定贸易政策，农业集团将愈发壮大，工业资本集团的发展将非常不利。因此，在美国农业部门拥有非常明显的比较优势的状况下，美国国内政策制定者坚持通过保护性关税暂时扭曲要素价格来培育具有战略性意义的工业部门，重构要素市场和培育国

---

[1] C. K. Harley, "The Antebellum American Tariff: Food Exports and Manufacturing", *Explorations in Economic History*, Vol. 29, No. 4, 1992, p. 398.

内市场。工业集团和资本集团通过游说共和党政府来实现贸易保护的目的，令高关税税率在内战后仍被保持下来，用以保护它们免于欧洲的产业竞争，并帮助其在国内相应行业形成垄断局面。

同时，保护主义政策也成为共和党的"护官符"，为他们稳固政治联盟提供了基础。沙特施耐德认为："1932年以前共和党的主导地位可以归咎于该党成功地利用关税，作为依靠保护体系并意图延续它的一系列强大利益的一种手段。"① 共和党人自内战及"重建"以来积极采纳有利于美国工业家和资本家的政策，力求巩固自身的政治基础。为了博得利益集团的青睐，获得政治献金，共和党人宣称关税是施加给外国制造商的费用，能将美国税收的负担从普通美国人身上转移至外国制造商和昂贵的进口奢侈品的消费者那里；高关税对产业发展能起到促进作用，人民能由此提高生活的水平。任何试图削减关税的行动势必降低人们的生活标准，甚至影响到生存。② 因为坚定鼓吹贸易保护政策，共和党人获取了北部的工商业实业家、金融业银行家的竭力支持，得以在竞选中接连获胜，在两党中处于优势地位。这又便利了它们对政策的掌控，使得它们得以制定一系列符合工商业实业家、金融业银行家利益的经济政策，进而利用其在美国政治中长期占据的优势地位，将高关税政策推行下去。

高关税政策对促进美国工业发展起到了重要作用，保护了国内工业，支持了新兴的制造业部门，为工业集团积累财富提供了契机。美国的贸易保护措施在此阶段覆盖到钢铁行业、纺织行业、化学工业等多个工业领域，同时美国对国外资本的进入也实行严格控

---

① E. E. Schattschneider, *Politics, Presssures and the Tariff: A Study of Free Private Enterprise in Pressure Politics, as Shown in the 1929 – 1930 Revision of Tariff*, New York: Prentice-Hall, 1935, p. 283.

② 邓峰：《美国关税百年之争》，《烟台大学学报》（哲学社会科学版）2007年第2期。

制。从进口方面来看，提高关税和控制外资流入减少了美国对一部分高附加值工业商品的购进，并且通过对外国制造商进口到美国的制成品征收进口关税，能为本国产品提供价格优势，将国内生产的工业制成品销售出去。"保护主义政策大大提高了美国产品在国内市场上的比重，从1860年的60%提升到1900年的97%"[①]，有力地保证了美国在此期间迅速成为世界头号工业大国。

此外，美国在工业发展有所起色后依旧推行高关税政策，在很大程度上和相当大的范围内起到了集中和垄断的作用，使这些行业在对外扩张中无后顾之忧。关税壁垒稳定了国内市场行情，有利于大企业之间建立价格协定。例如，19世纪60年代末苏必利尔湖大铜矿被发现后，国会立即对智利铜矿进口征收高关税，以进口智利铜矿为主的新英格兰冶铜业由此萧条。

### （二）农业集团因高关税政策而受损

由高关税保护起来的市场在工业产品上肯定是价高质次的，受益于高关税政策的主要是面向国内市场的工业制成品生产者，而非广大的以农民为主体的生产、生活资料消费者。联邦政府按照资本集团的利益来调整关税税率，伤害了农民、中小资本和消费者的利益。

农民受到的最直接打击是农产品价格下跌，从1870年到1897年农产品价格不断下跌。尽管难以完全获取美国农民出售谷物粮食等产品的精确价格，但根据美国农业部披露的当时三种主要农作物价格的走势，农民确实经历了一场农产品价格危机。根据美国农业部的资料（见表2-7），从1870年到1897年，小麦价格从每蒲式耳1.06美元下降到63美分，玉米价格从每蒲式耳43美分下降到

---

① ［美］福克讷：《美国经济史》（下卷），王锟译，商务印书馆1989年版，第75页。

30美分，棉花从每蒲式耳15美分下降到6美分。大多数时候农民出售的价格更低廉，西部的农民甚至宁可用玉米当燃料。

表2-7　三种农作物的平均市场价格（1870—1897年）

| 时间<br>（年） | 小麦<br>（美分蒲式耳） | 玉米<br>（美分蒲式耳） | 棉花<br>（美分每磅） |
| --- | --- | --- | --- |
| 1870—1873 | 106.7 | 43.1 | 15.1 |
| 1874—1877 | 94.4 | 40.9 | 11.1 |
| 1878—1881 | 100.6 | 43.1 | 9.5 |
| 1882—1885 | 80.2 | 39.8 | 9.1 |
| 1886—1889 | 74.8 | 35.9 | 8.3 |
| 1890—1893 | 70.9 | 41.7 | 7.8 |
| 1894—1897 | 63.3 | 29.7 | 5.8 |

资料来源：*Year Book of the United States Department of Agriculture*, Washington: Government Printing Office, 1901, pp. 699, 709, 754.

政府部门将农民的苦难归咎于由于农田面积增加以及改良耕作方法而导致的单位面积产量的增加所造成的生产过剩。人口增长所带动的农产品的消耗也在增长，与此同时，农业机械带来生产力的提高，西进政策扩大了土地面积，这大大提高了农业生产效率，农产品产量迅速增加，以至于农产品输送到市场上的速度远远快于美国国内居民消耗粮食的速度。但是，农民对此并不买账。他们指责制造业的成功不完全是因为制造商的勤劳踏实和远见卓识，而是靠着政府的优惠补贴，这种照顾性政策在很大程度上依赖于政府对广大农民的非法勒索。

一方面，美国市场上的关税政策仅考虑制造商的需求。在关税保护下，美国工业制成品的价格不是按照生产成本确定的，而是按照制造商能够获得保护的数量来确定的。这在农民看来是非常难以容忍的，农民作为消费者需向那些受关税保护的商品例如农业机器、肥料与其他农用设备支付高价。相应地，美国农民迫切想将在国内市场上滞销的农产品销往欧洲，却无法以高价的农产品换取欧洲国家廉价的工业制成品。在制造商可以免遭欧洲国家廉价工业品挑战的时候，这个本应该在贸易扩张中乘着自由贸易的快车赚个盆满钵满的农业集团因美国联邦政府的保护贸易政策而无法充分融入国际贸易体系中。由于供给远远大于需求，农产品的价格不可能保持在原先乐观的水平上了。其他国家针对美国高关税做出的关税保护加重了农民的困境，即使美国联邦政府对来自外国的农产品均征收高额的进口关税，也难以补偿农民的经济损失，因为这会刺激其他国家采取报复性措施，进一步提高美国农产品出口的成本。[①] 此外，农民要用低价的农产品去换取高价的生产、生活资料，这个剪刀差价是造成农民长期负债乃至破产的重要原因之一。

另一方面，政府的政策扶持和对制造业的"催熟"在客观上导致了美国工业界和金融界的垄断和集中局面，对农业集团来说更是雪上加霜。它们深受垄断势力的压迫，经济利益被垄断寡头和托拉斯无情攫取。西部的农民总是要通过铁路将自己生产的谷物运送到千里外的东部城市，因此铁路的高运费让他们十分头疼。农民认为他们被迫支付更高的运输成本，使农业获得的回报更少，铁路垄断就成为他们矛头所指。为了扩大生产，向银行进行贷款就意味着要受到利率的操控，由于垄断性贷款机构利率太高，货币供应不足，导致通货紧缩。价格水平下降增加了债务的实际负担，因为农民用美元偿还贷款的价值远远高于他们借来的贷款。债务负担压得农民喘不过气来，银行家成为他们反对的另一大群体。

恰好从 19 世纪 70 年代晚期开始是农产品产量急剧增加而价格

---

① William V. Allen, "Western Feeling towards the East", *North American Review*, Vol. 162, No. 474, 1896, p. 591.

持续下跌的阶段，这刺激了农业集团的愤懑情绪。1879—1880年出现的国外需求一度增加了农业繁荣的可能性，但是干旱又将这一美梦击碎。在这场对制造业发展的积极保护中，美国农业人口远没有享受到资本家和工商业主所感知到的飞速发展和经济繁荣，而是蒙受了巨大损失。依靠土地为生的农民认为高关税政策正是他们遭受苦难的原因之一。

## 五　人民党运动与美国第一波民粹主义的兴起

美国贸易政策逆比较优势而动。保护主义政策所带来的利益分配不均衡在各个经济领域产生了巨大的扩散效应，中间商、托拉斯、铁路寡头对农民施加压迫，进而引发激烈的政治矛盾。当国际贸易的利好因国内经济政策而无法享受时，美国西部和南部的农民在与工业资本集团的对比下无法忍受不公正待遇，发起了一场又一场社会运动，以前所未有的方式表达他们的经济和政治抱怨，逐渐演变成一种政治力量。民粹主义的兴起正是美国西部、南部农民对国际贸易扩张下美国国内各阶级利益分配不均这一矛盾的直接回应。其中，贸易议题、货币议题的相关运动构成了美国民粹主义运动的先声，最终以人民党的成立为标志，这一波民粹主义运动进入高潮。

### （一）呼唤自由贸易

自由贸易是美国镀金时代农民的核心诉求之一。自由贸易对农民具有双重的积极意义。作为消费者，自由开放的国际贸易市场意味着更加廉价的生活日用品和工艺制造品。更重要的是，作为生产者，自由贸易政策则能让美国农产品打开海外市场，便于美国农民在国际市场上出售他们的剩余农产品，发挥美国农业的优势，强化美国的粮食生产能力，在一定范围内提高粮食的价格，从而增加农业集团的收入。

西部和南部农民聚集的州，关税改革的呼声高涨，甚至一度超越了政党的分界。这些州在国会的代表不得不听取农民的意见，无论是民主党还是共和党的西部国会议员都积极表态支持美国降低保护，尤其是民主党，关税的适当降低成为可能。民主党在为农民争取自由贸易政策的过程中本来扮演着重要角色。在内战结束时，民主党的政治基础主要是南部和中西部的农业州，由于农产品在当时出口量很大，这些农业州有很大的出口利益，自由贸易对这些地区的经济发展更有利。因此民主党在内战刚结束时的19世纪六七十年代倾向于自由贸易，其对贸易政策的影响也是通过国会实现的。但是，随着民主党的发展，其政治基础发生了变化。北部民主党人在党内的地位越来越高，逐渐成为民主党内的主流，这些民主党人基于自身利益的考虑也要求贸易保护，与南部的民主党人形成鲜明的对比。于是，民主党内斗争的结果是南部放弃自由贸易的主张，北部不再要求提高贸易保护程度。虽然民主党仍旧时常提出将关税保护程度降低的建议，但在很多情况下，"两个政党就像两只瓶子，各自贴有标签，说明内装什么酒，但两只瓶子其实都是空的"①，竞争性的两党已经不再监督对方并提出鲜明的不同论点。在具体的贸易议题上，两大党都是依据其身后的政治基础行事，分歧不过是保护范围的大小和关税税率的高低，对实行贸易保护主义已经达成了共识。1894年，在民主党控制立法权和行政权的情况下通过的《威尔逊—高曼关税法》的税率仍然在40%以上，这充分说明民主党的贸易政策已经转向中等程度的贸易保护。

两大党在贸易政策制定中的做法遭到了后来成立的第三党——

---

① [美]理查德·霍夫斯塔特：《美国政治传统及其缔造者》，崔永禄、王忠和译，商务印书馆1994年版，第167页。

人民党的批判，他们认为这是一种卑鄙的妥协政策。① 在一系列运动中，农民将关于关税政策的诉求写入了纲领。最开始是在19世纪80年代末期，北方联盟成立后提出争取自由贸易的政策，并将其写入纲领第六条："我们希望进行关税法案的修改和相应的削减，使关税的负担尽可能落在奢侈品上，并且以一种防止美国财政盈余积累的方式征收。"② 这一纲领在南北联盟合并时得到两方的共同认可，成为农民联盟的新纲领。1890年12月的奥卡拉纲领第五条写道：

> 在信仰所有人应该享有平等的权利，不应该有任何人享受特权的基础上，我们要求：我们的国家在未来进行立法的过程中，不应当以牺牲某一产业为代价去扶持另一产业；我们要求政府把现有的高额关税从生活必需品中去除，尤其是在我们这些依赖土地生活的穷人必不可少的生活用品上。③

1891年5月的辛辛那提纲领要求："国际的、国内的、地方的税收政策制定都不应该以牺牲某一阶层的利益为代价来支持另一阶层。"④ 1892年2月的圣路易斯纲领呼吁："工业得到的每一美元都应该有等价的付出，否则就是抢劫。如果人和人不工作，他就不应该获得食物。城镇的和乡村的人应该有共同的利益。"⑤ 1892年7

---

① ［美］罗彻斯特：《美国人民党运动》，马清文译，生活·读书·新知三联书店1957年版，第111页。

② John D. Hicks, *The Populist Revolt: A History of the Farmers Alliance and the People's Party*, Lincoln: University of Nebraska Press, 1961, p. 429.

③ John D. Hicks, *The Populist Revolt: A History of the Farmers Alliance and the People's Party*, Lincoln: University of Nebraska Press, 1961, p. 431.

④ John D. Hicks, *The Populist Revolt: A History of the Farmers Alliance and the People's Party*, Lincoln: University of Nebraska Press, 1961, p. 434.

⑤ John D. Hicks, *The Populist Revolt: A History of the Farmers Alliance and the People's Party*, Lincoln: University of Nebraska Press, 1961, p. 437.

月的奥马哈纲领写道：

> 我们目睹了两大政党争夺权力和掠夺的斗争超过四分之一世纪，而严重的错误则是强加给受苦受难的人民的。我们认为控制这两方的影响已经允许制止现有的可怕情况发展，而不需要认真地努力去阻止或制止它们。它们现在也不向我们承诺任何实质性的改革。在接下来的竞选活动中，两大党一致同意不理会每一个问题，而是提议用一场关于关税的虚假斗争来淹没那些被掠夺的人们的呐喊，这样资本家、公司、国家银行、集团、信托公司、流通股、白银的妖魔化，以及高利贷者的压迫者，都可能消失不见。①

贸易政策的分歧是农业集团和工业资本集团最初分歧的起源，它来源于国际贸易的分配效应和美国特定的国家制度的干扰，造成了农业集团的大部分力量（即南部和中西部集团）呼唤自由贸易而工业资本集团坚持保护主义的分化。但由于一些需要考虑的原因，农业集团中部分人对贸易问题并不那么敏感，他们进而将与工业资本集团斗争的焦点扩散转移到了工业垄断、货币政策等方面。一方面，农业集团内部在不同的地理区域之间存在着要素禀赋的差异。南部和西部农民作为充裕的土地要素所有者受到保护贸易体制的压迫，进口关税将其本该获得的收入分配给了北方的大企业。他们持续向高关税政策发出强烈的谴责并在运动中据理力争，认为高关税政策是苦难生活的重要根源之一。而东北部农民则频繁地使用资本和劳动力要素进行农业生产，已经不能再被看作土地要素的所有者。他们认为关税不应该成为农民运动的焦点，任何关税运动都

---

① John D. Hicks, *The Populist Revolt: A History of the Farmers Alliance and the People's Party*, Lincoln: University of Nebraska Press, 1961, pp. 440–441.

会分散人们对资本主义垄断问题的重视，他们甚至怀疑有的关于关税问题的抗争是用来削弱反铁路运动的。另一方面，农民对受国际市场动态变化影响的国际粮食价格在经中间商、投机商操纵后传导到国内的机制无法充分地感知与把握。他们由于保护主义政策的干扰而无法清晰地感知到自由贸易本该带来的巨大利好，而对于保护主义的许多负效应，例如垄断增强、资本市场被操纵更为敏感，例如国内因铁路垄断导致的运费增加从而使农产品销往外地的成本增高。于是，贸易政策的抗争虽贯穿始终并作为最初引起两大集团分化的起因，但并不足以概括这场民粹主义运动的全貌，一系列围绕反垄断工业、反高利贷银行家等具体领域的斗争跟着开展了起来。

### （二）格兰奇运动

农民于19世纪60年代末至70年代中期建立了第一个全国性农民组织"农民保护者协进会"（即格兰奇），将农民运动推向第一个高潮。1867年底，曾经供职于美国联邦农业部的官员奥利弗·凯利同一群关注农民问题的人士联合创立了"农民保护者协进会"。在农业部门历练过的凯利在工作中详细调查、了解过美国南部农村的状况和农民的生活处境，希望通过协进会的形式改善美国南部农村的困难处境，帮助农民更好地进行农业生产。鉴于此，他创办了格兰奇，将总部设在华盛顿，其宗旨在于通过宣传教育、合作运动和社会改革等活动方式搭建起农民互相帮助、交流学习的平台组织，加强生产技术和科学知识的交流以改善农民困境。初期，格兰奇主要是通过筹措资金的方式协助农民收购和运输农产品，批发农机具和日用品，建立粮食加工厂和农业银行。后来，格兰奇也运用合作组织的资金开发技术，购置新设备，并组织许多州的农业试验站人员参与科技活动。

19世纪七八十年代，随着垄断的加深，农民的农业生产和销售环境进入更艰难的时期。首先,铁路修筑的过多授予侵占了农民获取土地的机会,尤其是质量好的地段更是被铁路占有了。到1890年,虽然有37万余户农民按《宅地法》规定申请了宅地,但最终只有不到三分之一的申请得到批准。并且批下来的土地要不土质较差要不远离交通干线,农民对此十分不满,坚信官僚机构是在为投机者和垄断者掩饰恶行。"全国人民普遍地相信管理土地的官僚部门是大部分为私人的或集团的投机和垄断利益服务的,不是为公众利益服务的。这一部门的各级机关都证实了这一说法。"[1] 其次,大规模发展延伸的铁路连接起了东西部的生产者和市场,其运输不受任何规章制度的限制,铁路资本家通过制定运输价格剥削农民。美国东部和欧洲是美国西部农产品的重要流向,受山脉阻隔和河流流向的限制,东西部之间缺乏天然的运输通道。兴修运河在一定程度上解决了货物运输的难题,但由于受自然条件约束,其作用发挥也很有限。铁路运输业的日益发展恰好为农产品运往国内外市场提供了重要渠道,农民非常依赖铁路运输。由于西部农业区的铁路营运额较低,加上大企业勾结铁路公司实行优惠差价,铁路公司就把各种财政亏损全部转嫁到农产品运费上。如若农民想将谷物从密西西比河以西运输至大西洋沿岸,每蒲式耳谷物的运价高达52.5美分,而小麦时价为106.7美分,玉米为41.1美分,对比之下可见运费之高昂。农民面对垄断资本的运价歧视苦不堪言。此外,铁路公司与农产品交易所勾结,扰乱农产品的经营和交易。出于经济利益的勾连,芝加哥、新奥尔良等地农产品交易所在铁路沿线设立许多堆栈和粮仓,对农产品和牲畜等的收购价格进行调控。在收获季节,铁路和栈仓公司就乘机压低粮价、收取高额贮存费,

---

[1] [美]罗彻斯特:《美国人民党运动》,马清文译,生活·读书·新知三联书店1957年版,第7页。

对农民进行盘剥。"据估计，中西部、南部和西部运往东部市场的收入，至少有一半落入了中介商人手中。"①

农民无法接受自己在获得土地、购买工业品的环境中所遭受的重压之外，在销售粮食付运费时又要被投机商人和资本家榨取利润。这成为农民联合起来保护自己的另一个动力，他们紧紧地团结在一起，从初期的农业教育合作转向争取更大的经济权利。1871年底，农民协进会遍及9个州，有180多个分会。中西部的广大平原是密集使用土地要素的农民最集中的区域，这里也是格兰奇组织最为发达的地区。以堪萨斯州为例，到1875年，每66个农场家庭就会得到一个农庄团体的庇护。1874年底，全国37个州中已有32个州建立起州一级协进会组织，其他地方的分会总数已超过2万个，会员总数猛增至80万人。② 格兰奇在这些地方组织的基础上逐级建立了县格兰奇、州格兰奇和全国格兰奇，全国格兰奇通过三个下级格兰奇征求农民的意见及建议，从而制定对策。

尽管格兰奇在纲领中声称自己不是政党组织，不讨论政治宗教问题，但其在运动中又不得不参加到政治斗争和立法活动中以追寻经济利益。在基层会员的推动下，1876年格兰奇在华盛顿组成一个院外活动集团，对国会立法施加影响。各州协进会也有相当多的组织转变为地方性政党。1873年至1876年，在中西部和西部的11个州涌现出了一系列农民政党，如反垄断党、改革党、独立党、独立改革党、国民改革党、人民独立党等。③ 这些小党的纲领主要集中在敦促联邦和州政府制定铁路管制立法，实行合理的赋税制度，由国家统一发行货币等方面。这些农民政党与协进会在地方政治中

---

① Allan Nevins, *The Emergence of Modern America 1865 – 1878*, New York: Macmillan Company, 1927, p. 164.
② 丁则民主编：《美国内战与镀金时代》，人民出版社2002年版，第265页。
③ 原祖杰：《美国工业化转型时期农民状况研究》，商务印书馆2023年版，第221页。

积极展开活动，通过游说和运作，取得了一定的成果。在中西部农业发达的伊利诺伊州、爱荷华州、明尼苏达州和威斯康星州，政府管制铁路价格的法律得以通过，并使铁路运费同农产品价格的跌幅挂钩。1876年联邦最高法院在两起案件中都判决州政府对铁路的管制为合法的，确认了如下原则：第一，政府有权管制有关公众利益的营业价格，铁路关系到公共利益，因此必须服从公共管理；第二，州际商业关系到内政，在国会有所行动前各州可行使部分治理之权。① 这使得铁路不再作为一种纯粹的盈利事业，农产品在运输过程中产生的价格波动水平被大大降低了。与此同时，一些中西部州议会则通过了关于仓储和谷物最高限价的法律，对制造商的垄断行为起到了约束作用。1876年以后，格兰奇运动转入低潮，地方组织松懈瓦解。单纯以合作运动和单项立法来挽救农民的衰落趋势自然力不从心，加之政府与铁路公司串通一气，对格兰奇运动中的法律建议多安抚了事或搁置不理，格兰奇运动难以取得长久稳固的胜利果实。

　　虽然最终格兰奇退出了历史舞台，但作为19世纪末第一次全国性农民运动高潮，它的历史作用仍值得肯定。19世纪的农民非常成功地联合起来增加他们的经济和政治权力。根据集体行动的逻辑，像格兰奇和农民联盟这样的大型游说团体或利益集团应该受到搭便车的困扰：如果个人不为公共产品的集体生产贡献力量也可以不被排斥地享受公共产品，那么一个理性和自利的农民就不会加入游说团体，因为他可以享受其工作的好处而不必付出任何成本。事实上，经验证据表明，大多数农民利益集团可以有效地抑制出现搭便车的困境。詹姆士·斯图尔特研究了达科他州农民联盟在1885年至1890年间是如何避免搭便车的情况而产生集体行动的。首先，

---

① 原祖杰：《美国工业化转型时期农民状况研究》，商务印书馆2023年版，第176页。

达科他州农民联盟向其成员提供了宝贵的商品和服务,而这些商品和服务对于外部人来说并不可用,从而为会员创造了经济激励。这些商品和服务包括通过合作营销和分享提高农业生产率的信息。其次,达科他州农民联盟作为联邦政府在乡镇的一种政治组织有其稳固的结构使该组织能够监督和制裁免费搭车者。[①] 格兰奇的成立意味着分散的农业集团可以形成有组织的农民团体,将分散的、自由的、个体的农民聚集起来,在农业教育、互助合作等领域积聚实力,共同抵御工业资本集团的垄断与压迫。在这场运动中,农民参与政治运动的意识开始觉醒,积累了在商品经济的竞争中广泛活动的经验,为后来的农民运动提供了经验,输送了骨干,其中许多会员成为后来绿背纸币运动或农民联盟的重要力量。

### (三) 绿背纸币运动

南北战争后农民运动研究者布克指出:"1873 年的恐慌加剧了农业不景气,而格兰奇运动也未能缓解这种情势,西方农业集团抓住了绿背主义,并把它当作主要政治问题。"[②] 绿背纸币运动以农民和银行家之间的政治斗争为主,致力于解决内战后遗留的国债和纸币问题。其活动范围以中西部为主,在东北部也有很大的影响。

在南北战争期间,联邦政府发行一种"绿背"纸币,这种纸币无任何金银储备做基础,内战时通货膨胀,物价不断上涨,该货币大幅度贬值。物价上涨鼓励了北方农民参军以降低生活成本,促使北方农民在农业设备和土地方面投入更多资金,欠下债务。北方

---

[①] James I. Stewart, "Free-riding, Collective Action, and Farm Interest Group Membership", *Reed College Working Paper*, 2006, Available at http://www.reed.edu/~stewartj.

[②] [美] 罗彻斯特:《美国人民党运动》,马清文译,生活·读书·新知三联书店 1957 年版,第 28 页。

的工业公司和银行老板从战时通胀中发了财,贷出的债券价值不断增加。战后通货问题成为农业集团和工业资本集团对立的主要焦点。一方面,农民和小生产者因战时物价高涨而背上了沉重的债务负担,他们眼看着所欠债务(以小麦、玉米等粮食作物作价)价值迅速提高而物价却从战时的高峰跌落,不得不出售更多的农产品来还本付息。他们成为绿背纸币的拥趸者,希望以同样的纸币方式偿债,而硬币负债则意味着债务的成倍增加。另一方面,银行家和其他债券持有者把资金贷给了政府和农民,他们担心纸币的价值还不到债权人贷出时价值的一半,那么债权人就要遭受损失。从更深层的角度来看,银行家和大多数工业家的利益也和恢复金本位问题紧密关联。他们发现在美国工业的迅速扩展中,金融资本家可能获利的前提是国内必须有稳固的通货来博得外国投资家对美国工业前景的信任,这就需要美国以黄金来支付国际贸易逆差,因此银行家和工业家对金本位更加偏好。联邦政府选择站在了银行家和大工业家那边。1869年联邦政府决定以金币偿付全部国债。1873年,联邦政府又决定停止印发纸币,逐步实行金本位制。1875年1月,联邦政府制定金本位条例,决定从1879年1月1日起用金币兑换纸币,并把流通中的绿背纸币减至3亿美元,以紧缩通货提高币值。

接二连三出台的政策对负债农民产生了深刻影响。他们认为,内战后农产品价格猛跌的根源在于缺乏通货。为了使农产品价格上涨并尽快清偿债务,他们赞成让政府增加正在流通的货币,履行政府管理经济的职能而非为资本家提供谋利的源泉。提倡绿背纸币的人们在1884年的政策宣言里说:"在我国历史上,从来没有过银行、接受土地赠予的铁路和其他垄断企业,在要求进一步的特权时,像现在这样傲慢——它们要求更多地维护它们阶级利益的立法,在这样的危急关头占优势的政党违背人民的利益,变成了垄断公司的工具。"① 1874年11月，来自纽约、伊利诺伊、印第安纳、新泽西、康涅狄格、密歇根、肯塔基七州的工农代表在印第安纳波利斯集会，建立了一个新的"民有、民治、民享"的政治组织，其宗旨在于抵制垄断资本的侵犯、改革税制、纠正政府腐败现象并"适当地解决货币问题"。由此，绿背纸币运动的序幕拉开。

1875年3月在克利夫兰召开的第二次会议上正式成立"独立党"，并围绕绿背纸币问题提出通过以金融改革为中心的政治纲领，因此"独立党"也被称为"绿背纸币党"。绿背纸币党人在其纲领中明确提出以绿背纸币偿付国债、废除1875年1月联邦恢复金本位的条例，将矛头指向"以高利贷者、银行家及公债持有人利益为出发点"的政策法令。由于其反映了广大农民的要求，绿背纸币党吸引了大批农民加入其组织，包括过去格兰奇运动中的相当一大部分会员。1878年，绿背纸币党和东部的"劳工改革党"联盟参加国会选举，获得选票100万张以上，有15名成员当选国会参议员。后来，随着南方联盟和北方联盟被整合为人民党，绿背纸币党人的纲领被融合到人民党运动中。1890年12月，农民组成的联盟集团在奥卡拉召开大会，发布了奥卡拉纲领，其中关于货币政策有这样的主张：短期之内使流通货币的数量每人至少增加50美元；反对对银币进行数量等方面的限制，主张不受数量限制的自由铸造银币等。② 两年后，人民党成立大会上通过的奥马哈纲领进一步改进了奥卡拉纲领，将其货币主张更多地放在了国库子库计划上，并主张以此对国民银行体系进行补充。③ 这一金融纲领不但被广大农民所接受，还吸引了共和党与民主党党内的部分群体的注

---

① ［美］福克讷：《美国经济史》（下卷），王锟译，商务印书馆1989年版，第5页。

② John D. Hicks, *The Populist Revolt: A History of the Farmers Alliance and the People's Party*, Lincoln: University of Nebraska Press, 1961, p. 431.

③ John D. Hicks, *The Populist Revolt: A History of the Farmers Alliance and the People's Party*, Lincoln: University of Nebraska Press, 1961, pp. 189 – 192.

意力。

在1896年的竞选中，自由铸造银币的主张被民主党吸纳，人民党放弃了独立参选的计划，选择推举民主党候选人参加总统大选。两大党在货币问题上的主张针锋相对，共和党支持金本位，而民主党则反对金本位。最终共和党取得了胜利，美国明确放弃了金银复本位，而转向了单一的金本位。1900年，伴随着《金本位制法案》的通过以及麦金利竞选总统的再次成功，金本位制在美国获得了最终的胜利并稳固下来。[1]

### （四）人民党的成立

内战后，美国两大党的政治基础出现新的分化。共和党的注意力已从争夺南部控制权转移到保证北部大资本在全国市场上的利益，党内开始出现离心倾向。民主党的内部结构则发生了更加明显的变化：有权势的犹太金融集团罗斯柴尔德家族此时已成为民主党的重要后台，民主党的头面人物塞缪尔·蒂尔顿和格罗弗·克里兰多夫都曾是纽约银行业的重要人物。此外，重建后投资于南部各州的北部工业资本，也转而渗入南部诸州的民主党核心。因各种经济利益的重新组合而产生了政党重组，从而为第三党的兴起创造了可能。

从1876年到1896年的20年间，民主党对南部和西部具有一定的控制力，主导着南部和西部的14个州的选票，共和党则在北部16个州占优势。在1876年至1892年的五次总统选举中，两大党的普选票差额仅在1%—3%[2]，可谓势均力敌，保持着微妙的平衡。由于联邦政府长期处于共和党执政的状态，共和党以"老大

---

[1] 陈明：《美国白银运动的历史渊源及其久远影响》，《湖南科技大学学报》（社会科学版）2004年第3期。

[2] Bernard Bailyn, *The Great Republic: A History of the American People*, Washington: D. C. Heath and Company, 1985, p. 621.

党"自居，无意进行改革，但这一时期不同集团在经济利益上的得失迥异，国内社会矛盾愈来愈难以调和。

19世纪90年代的经济萧条最终打破了两大党相安无事的平静局面。80年代末西部大平原连续发生严重干旱，冬季奇寒和风暴袭击，又将大批牲畜冻死，市场条件更趋恶劣，玉米价格大幅度下跌。90年代初，在天灾人祸的打击下，许多西部农民濒临破产，债务负担愈发难以偿还。同时，垄断组织干扰农民的生产和经营，把持着市场控制权。尽管90年代农民合作企业年交易总额已达到较高水平，经营范围涵盖农产品及谷仓、银行、保险业、铁路和航运等多领域，但垄断资本集团把持的银行拒绝提供贷款，铁路公司实行运费歧视，制造公司拒绝以批发价格出售农机和日用品，打击了合作企业，使其中大部分合作企业难以维持而停业。在这样的困难境地中，广大农民眼看着工业资本集团进一步加强了对两大党的控制，对两大党的诺言日益感到幻灭。愈来愈多的农民认识到这场他们作为小生产者与大商业资本势力之间的斗争势必要进行下去，迫切要求建立代表自己利益的第三党。

中西部和远西部地区是人民党运动的发源地。这两个地区既不像东北部被控制在垄断工业资本集团手中，也不像南部那样有深厚的民主党根基，这里既有内战后大量涌入的农民、牧场主和其他开发者，也有迅速向西挺进的铁路公司和极具渗透力的银行和抵押资本。这两支巨大的社会势力在西部形成冲突的漩涡，同两大党在西部的势力真空相结合，为组建第三党提供了难得一遇的有利时空条件。

1889年12月，南方联盟在圣路易斯召开代表大会，北方联盟、全国其他重要的农民组织及劳动骑士团亦有代表出席。南北两大联盟在大会上制定了共同纲领，其要点仍集中在货币、铁路、土地、税收等重大争端上。共同纲领提出实行无限制铸造银币，发行充足的法定货币；取缔"不在地主"，收回铁路公司多余的土地和没收外国辛迪加所占的土地；实行累进所得税等。圣路易斯纲领集中体现出农民与东部大资本的尖锐矛盾，也反映出南北联盟在改革的主要立场上是一致的，为两大联盟的进一步合作打下了基础。

在两党政治恰逢重组危机之际，农民的政治倾向愈发明确。他们认识到若仅仅在两大党内部做斗争或在各自独立的小党内进行活动，是无法在全国范围内维护农民利益的。为了参加1892年的总统选举，在全国范围内组织成立第三党势在必行。1891年5月的大会"打响了1892年竞选的第一枪"。此次会议将准备成立的全国性新政党称为"人民党"。一位参会代表在返程中，凭借自己对拉丁语"populous"（人民）一词的错误记忆，为新政党追随者提供了一个更短的称谓"Populists"，这个词和由该词衍生出的另一个词"Populism"形成了。[1]"民粹主义"一词从此流传至今。

1892年2月22日，农民联盟于圣路易斯召开大会，22个组织的800余名代表出席，其中不仅包含南北农民联盟，而且若干工会团体、反垄断旧党、全国报刊改革协会以及妇女基督教节俭联盟也派代表参加了。[2] 在这次大会上，绝大多数代表都支持将零散的新兴独立政党转变为群众性的第三党即人民党，并将提名1892年选举总统和副总统候选人的日程定在7月4日。在圣路易斯大会的基础上，竞选运动深入各州县开展起来，待到7月4日奥马哈大会召开之际，已有1776位当选的代表参加会议。[3] 这次大会通过了奥马哈纲领，即人民党纲领。奥马哈纲领尖锐谴责了垄断势力的专横和两党政治的腐败，它指出："美国富人阶层无视我们的共和国并

---

[1] 原祖杰：《美国工业化转型时期农民状况研究》，商务印书馆2023年版，第278页。

[2] ［美］罗彻斯特：《美国人民党运动》，马清文译，生活·读书·新知三联书店1957年版，第70页。

[3] ［美］罗彻斯特：《美国人民党运动》，马清文译，第71页。

危害我们的自由，肆无忌惮地窃取我国千百万劳动人民的劳动果实以积累他们在世界上前所未有的巨额财富。""两大党为了争权夺利和分赃不均所做的斗争，我们已目睹二三十年了。""我们控诉支配这两党的实力集团，它们没有采取任何措施来制止现存的可怕情况，相反却容许这种情况继续发展。"① 奥马哈纲领宣称，不消除社会弊病、实现平等权利，就绝不会停止斗争。

奥马哈纲领的核心内容是对当时经济、政治制度进行全面的改革。人民党的主要目标是通过铁路和船运设施的公有化、提高通货膨胀率和自由贸易的方式，使其能够直接接触市场，获得对政府本身的控制权。人民党将斗争矛头直指垄断资本，揭露两大党作为政治机器被权势资本和垄断工业控制下的保守与腐败，提出了一整套国家干预经济的方案和政策。但人民党对联邦政府抱有过于乐观的幻想，以为国家会主动调节金融和市场；并且错误地估计形势，把自身看作足以取代两大党的政治力量。事实上，这个时期，联邦政府还处在为垄断资本和工业发展保驾护航的重要阶段，在内部矛盾尚未发展到极为严峻地步的情况下不可能动手进行关键性的改革，不会轻易接受第三党提出的纲领。加之农民的"农业神话"地位已经下降，由这样的集团成立的第三党想要取代两大党是极为困难的。尽管如此，奥马哈纲领在当时还是引起了美国各界的震动，在此纲领上签字的民众达500多万人，这表明人民党反映出了农业集团的呼声，甚至迎合了一些下层劳工的利益。人民党真正形成了统一的政治力量，一出现在美国政坛上就向两党政治发起了挑战。

## 小　结

人民党运动可被看作美国政治发展史上的一个分水岭。在分水

---

① 丁则民主编：《美国内战与镀金时代》，人民出版社2002年版，第277页。

岭的一边是一个原始的农业大国,以自然资源为生存之根本,由分散的个体组成的传统的农业社会,遵循着建国时期承袭下来的政治、经济和道德的原则。在分水岭的另一边则是一个向城市化、工业化迈进的制造业强国,一个阶级分化明显、阶级内部联系愈发紧密的现代社会。站在分水岭中央的是扎根土地的农民和其他小生产者阶级,他们虽然在人口数量上还占据着半壁江山,但在经济生活中则承受着冉冉上升的工业集团的压迫。美国第一波民粹主义的兴起正反映出这些站在分水岭中央的农业集团在政治经济体系中被边缘化的沮丧状态和愤怒情绪。

美国农民成为民粹主义的先驱,与土地作为充裕要素参与国际贸易是密不可分的。当欧洲农民还背负着沉重的包袱时,美国农民已茁壮成长为一支强大的力量,他们关注农产品在国际国内市场上的价格,关注自身合法权益的保障。他们本应该从国际贸易扩张中享受到重大的利好,却因为美国政府对工业资本集团实施的高关税政策保护而遭受惨重的损失。这时候他们把自己遭遇到的不公看作"人民"的灾难,进而抗议和抵制他们认为的"他者"和纵容"他者"的政府。虽然美国第一波民粹主义运动鲜少有大名鼎鼎的领袖被铭记,但它掀起了一波又一波的运动高潮,各式各样的农民团体起来反抗垄断工业和银行资本家持续的欺压。进一步而言,民粹主义者将矛头指向垄断工业和银行资本家背后的政府,并要为广大人民——占人口多数的农民、小生产者夺回应有的政治权力,实现对政府的控制。

人民党后来被民主党所吸纳,人民党运动走向了消亡。尽管这一波民粹主义浪潮在 19 世纪末走向尾声,但事实上民粹主义者的经济、政治和社会观点经过共和党、民主党的过滤在更大范围内进入美国的政治议程中。20 世纪,人民党运动的思想不仅被进步主义改革、罗斯福新政、民权运动所继承,同时也被南方种族主义者、麦卡锡主义所借用和曲解。它们为美国带去了无记名投票、参议院直接选举、联邦土地银行、商品信贷公司、联邦储备货币、进出口银行以及联邦政府以改革的名义创造的其他机构。到了21世纪，这场运动中为了保护弱者经济权利而以"人民"的名义进行的斗争以相似的面貌呈现在新的国际经济环境中，这就是新一轮民粹主义浪潮在美欧的兴起。

# 第三章　全球化与欧洲的民粹主义浪潮

2017年以来，民粹主义政党在欧洲多国的大选中成为赢家，有的组阁上台执政，有的虽未上台执政但选票大增。这些表现亮眼的欧洲民粹主义政党包括法国国民阵线、英国独立党、德国选择党、奥地利自由党、意大利五星运动、希腊激进左翼联盟、西班牙"我们能"党等。[1] 2017年5月，法国总统选举50年来首次出现了左右两大传统主流政党候选人在第一轮选举中均遭淘汰的局面，极右翼的国民阵线候选人继2002年大选后再次进入第二轮选举。2017年9月，德国选择党以12.6%的得票率成为第二次世界大战后首个进入德国联邦议会的极右翼政党。2017年10月，极右的奥地利自由党以26%的数字创造了该党在近几届议会选举中的最高得票率。在2018年3月的意大利大选中，具有一定左翼民粹主义色彩的五星运动党和右翼民粹主义政党——联盟党所获选票加在一起超过了选票总数的一半，几经波折后联合组建了战后意大利也是战后西欧国家第一个完全由民粹主义者构成的政府。在2019年5月举行的第九届欧洲议会选举中，两大传统党团——中右翼的人民

---

[1] John B. Judis, *The Populist Explosion: How the Great Recession Transformed American and European Politics*, New York: Columbia Global Reports, 2016.

党党团和中左翼的社会民主党党团首次失去欧洲议会多数地位，右翼民粹主义者在欧洲议会中得到了史无前例的150个席位。根据欧洲国家选举数据编制的"威权化民粹主义指数"在2019年达到了近40年来的最高值。[①]

冰冻三尺非一日之寒。实际上，自2002年法国国民阵线候选人进入总统第二轮选举从而敲响了民粹主义崛起的警钟以来，民粹主义政党在欧洲多国的民意支持率大都不断提升（如图3-1所示）。民粹主义政党近年来在欧洲多国选举中的更大突破是其常年民意支持累积性增长的结果，特别是在2010年欧洲债务危机和2012年难民危机中其民意支持率呈显著上升趋势。民粹主义在欧洲已经成为一种政治浪潮。

欧洲民粹主义政党的兴起与主流左翼政党的相对衰落具有重要的相关性。政治学里的一项主流认识是在西方社会中工人阶级倾向于支持左翼政党，而中产阶级选民会把选票投给右翼政党。[②] 然而，在这次席卷欧洲的民粹主义浪潮中，越来越多的中产阶级选民支持左翼政党，大量的工人成为右翼政党的支持者。在法国，曾经是共产党或社会党选民的工人阶级，积极地投票给极右翼政党——国民阵线的领导人马丽娜·勒庞；在德国，则表现为新兴的极右翼政党——德国选择党吸引了大量来自传统左翼选民的选票。本书将在修正后的罗戈夫斯基模型的基础上解释这一和主流认识相悖的现象。聚焦于不同政党支持者的要素禀赋与不同政党偏好的关系，可以一方面说明全球化对欧洲国家政党重组的影响，另一方面说明民粹主义政党和主流左翼政党为何对全球化分别持反对和支持的立场。

---

① 参见 TAP, Timbro Authoritarian Populism Index Report, February, 2019, https://populismindex.com/report/。

② Seymour Martin Lipset and Stein Rokkan, eds., *Party Systems and Voter Alignments: Cross-National Perspectives*, New York: Free Press, 1967, pp. 1–64.

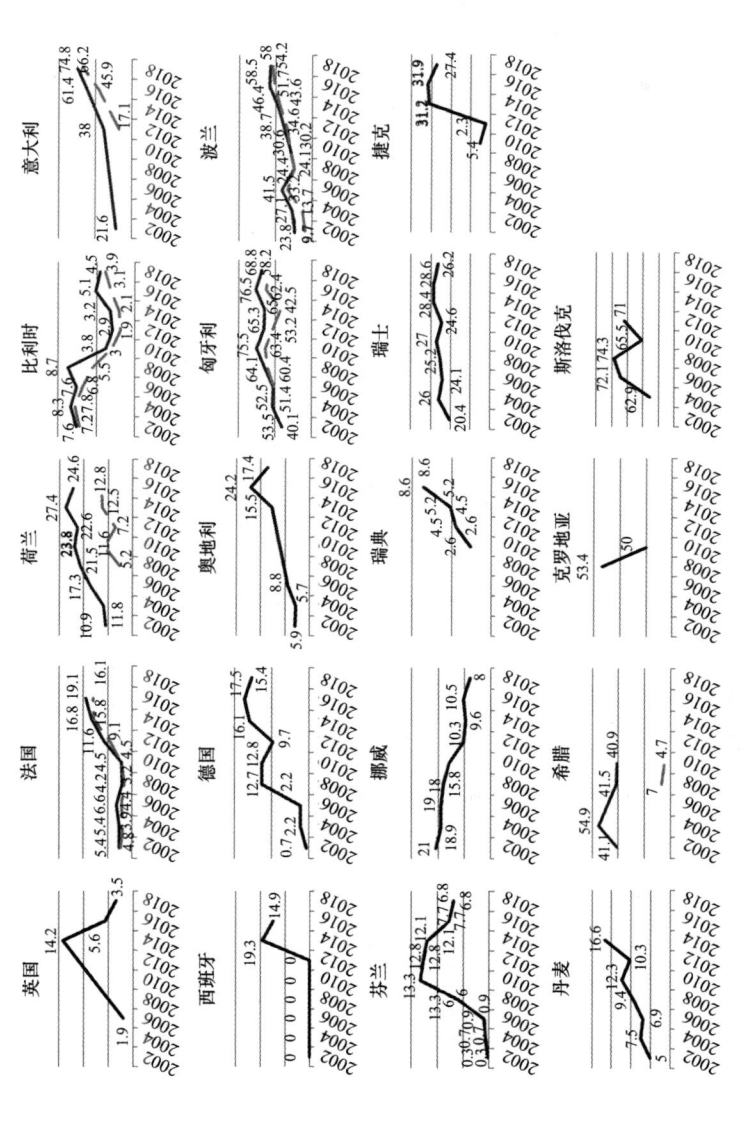

图 3-1 欧洲各国民粹政党支持度（%）

资料来源：韩冬临、张渝西《欧洲民粹主义的发展与变化（2000—2019年）——基于民粹主义政党的测量》，《欧洲研究》2020年第1期。

## 一 全球化、要素禀赋与政策偏好：对罗戈夫斯基模型的修正

要素禀赋是指一个国家拥有的各种生产要素的数量。一个国家供给相对多的要素被称为这个国家的充裕要素；供给相对少的要素被称为这个国家的稀缺要素。作为现代国际贸易理论的开端和基石，要素禀赋理论是由伊莱·赫克歇尔和贝蒂尔·俄林提出的，也被称为赫克歇尔—俄林模型。他们提出，国际分工就是依据各自资源的自然禀赋进行的，各国均出口那些使用本国充裕要素生产的产品，进口那些需要使用本国稀缺要素生产的产品。斯托尔珀—萨缪尔森定理进一步揭示了这种国际贸易模式对国内收入分配的影响。根据这一定理，出口产品生产中密集使用的生产要素（即本国的充裕要素）的报酬会提高，而进口产品生产中密集使用的生产要素（即本国的稀缺要素）的报酬会下降，而且无论这些生产要素在哪个行业中使用都是如此。在斯托尔珀—萨缪尔森定理的基础上，罗纳德·罗戈夫斯基将国际贸易与国内政治分化结合起来，阐述了国际贸易变化如何影响国内不同要素所有者的利益分配，分析了国内不同要素所有者在此基础上形成的政治联盟。[1] 在生产要素的分类上，罗戈夫斯基采用传统的三要素：土地、劳动力和资本。基于这三种要素相对充裕或者稀缺程度的各种组合而进行的分类，罗戈夫斯基探讨了1840年到20世纪80年代国际贸易的扩张或收缩和世界各国国内政治分化的关系。

罗戈夫斯基的政治联盟模型为分析国际贸易对国内政治分化的影响提供了一个非常简约的框架，但简约并非没有代价。正如保

---

[1] Ronald Rogowski, *Commerce and Coalitions: How Trade Affects Domestic Political Alignments*, Princeton: Princeton University Press, 1989.

罗·米德福德所批评的：

> 对于相对不发达的经济体，包括当今先进国家在早先几个世纪中的状况来说，分工仍处于相对初级阶段，罗戈夫斯基的严谨简约是卓有成效的。然而，随着经济变得更加复杂，分工变得更精细，大的集合群体如劳动、土地甚至资本都失去了它们的意义。这些要素可能会细分为更专业化的次级集团。由于次级集团之间的流动可能会存在障碍，由于次级集团在分工中的相对充裕程度和作用可能会有所不同，国际贸易的开放将会以不同的方式影响次集团。①

因此，为了分析分工更细的当代发达经济体中的政治分化，我们需要对生产要素进行进一步的分解。

实际上，自赫克歇尔—俄林模型提出以来，学者们就对该理论提出了诸多质疑。根据赫克歇尔—俄林模型，美国作为一个资本充裕的国家，其出口应为资本密集型产品。但华西里·里昂惕夫在对美国进出口贸易进行分析后发现，美国的每百万美元进出口产品中，进口产品的劳动含量低于出口产品，出口产品的资本含量则低于进口产品。他由此指出："美国参与国际分工是以劳动集约度高而不是以资本集约度高的生产专门化为基础的。"② 里昂惕夫的发现使人们认识到，劳动力不能被认为是同质的。美国的出口之所以是高度劳动密集型的，因为他们所体现出的熟练和专业劳动是美国相对充裕的劳动力类型。为了解释"里昂惕夫之谜"，后来的学者引入了新的生产要素。爱德华·利默尔就将三要素细分为 11 个生

---

① Paul Midford, "International Trade and Domestic Politics: Improving on Rogowski's Model of Political Alignments", *International Organization*, Vol. 47, No. 4, 1993, p. 542.

② [美] 里昂惕夫：《投入产出经济学》，崔书香译，商务印书馆 1980 年版，第 90 页。

产要素：资本、专业劳动力、半熟练劳动力、非熟练劳动力、热带土地、温带土地、旱地、林地、煤炭、矿产和石油。① 但将这些因素全部纳入赫克歇尔—俄林模型，又会失去理论的简约性。为平衡考虑现实的丰富性和理论的简约性，特别是鉴于欧洲国家的具体情况，我们将罗戈夫斯基采用的三要素模型调整为新的三要素模型，即非熟练/半熟练劳动力、人力资本和物质资本。也就是说，我们将三要素模型中的劳动力要素分解为非熟练/半熟练劳动力和人力资本两种要素。

第二次世界大战后，特别是20世纪70年代以后，伴随着新自由主义全球化的发展，信息技术的突飞猛进和劳动分工的不断深化更加深刻地改变了国际贸易格局，人力资本要素在发达国家已经从劳动力要素中分离出来。作为一种生产要素，人力资本指的是对生产者进行普通教育、职业培训等投资而获得的知识和技能的积累。根据国际劳工组织的 ISCO 88 分类计划，特定职业可分组为九大群体：（1）初级职业或体力劳动者（非技术工人）；（2）工厂及机械操作员及装配员；（3）工艺及相关行业工人；（4）熟练的农业及渔业工人；（5）服务人员和商店及市场销售人员；（6）文员；（7）技术员和专业人员助理；（8）专业人员，比如教师、医生、律师等；（9）议员、高级官员和经理。从总体上看，前两种职业的生产要素属于非熟练/半熟练劳动力，后面职业的生产要素大多属于人力资本。非熟练/半熟练劳动力和人力资本的主要区分在于两者在劳动力市场上的技能不同。在现代经济体系中，人力资本的概念将具有高人力资本特征值的高技能劳动力和依靠简单劳动获取工资的低技能劳动力区分开来。不同于传统制造业对自然资源或廉价劳动力的依赖，当今知识经济更注重人力资本对经济发展的贡献

---

① Edward Learner, *Sources of International Comparative Advantage：Theory and Evidence*, Cambridge：MIT Press, 1984.

度，因此高技能劳动力越来越成为一个国家重要的生产要素，也成为国家在参与全球经济竞争中获得比较优势的重要来源。当一个国家的高技能劳动力充裕时，其在经济结构中就会更多地发展需要高技能劳动力的行业，比如教育、医疗、金融、精密仪器等，该国的高端制造业和现代服务业在国际贸易中就会处于比较优势地位；而当一个国家的高技能劳动力缺乏而低技能劳动力充裕时，它就会更多地发展如建筑业、纺织业等劳动密集型产业，该国的低端制造业在国际贸易中就会处于比较优势地位。

斯托尔珀—萨缪尔森定理同样可以用来分析劳动力要素分解后的贸易政策联盟。肯尼思·谢弗和马修·斯劳特就认为，不同劳动力的贸易政策偏好与其在劳动力市场上的不同技能相匹配。① 由此在逻辑上有四种情况：（1）如果一个国家非熟练/半熟练劳动力和人力资本都是充裕要素，非熟练/半熟练工人和人力资本要素所有者就会共同支持自由贸易；（2）如果一个国家非熟练/半熟练劳动力和人力资本都是稀缺要素，非熟练/半熟练工人和人力资本就会共同反对自由贸易；（3）如果一个国家非熟练/半熟练劳动力是充裕要素，人力资本是稀缺要素，那么非熟练/半熟练工人就会支持自由贸易，人力资本要素所有者就会反对自由贸易；（4）如果一个国家非熟练/半熟练劳动力是稀缺要素，人力资本是充裕要素，那么非熟练/半熟练工人就会反对自由贸易，人力资本要素所有者就会支持自由贸易。但在实践中，出于劳动产出和工资报酬的考虑，人力资本要素所有者虽然可以从事低技术工种，但他们通常不会选择技术含量低的职业；非熟练/半熟练劳动力由于受教育水平的限制，也无法跨越技术和知识障碍去从事高技术工种。因此，一个国家不可能存在非熟练/半熟练劳动力和人力资本要素所有者同

---

① Kenneth Scheve, and Matthew J. Slaughter, *Globalization and the Perceptions of American Workers*, Washington, DC: Institute for International Economics, 2001.

时充裕或同时短缺的情况,也就是上述(1)(2)两种情况在实践中并不存在。这样,我们用人力资本要素所有者在总人口中所占比例来衡量一个国家在这两个要素上的禀赋。也就是说,高的人力资本要素所有者占比表明人力资本所有者充裕和非熟练/半熟练劳动力稀缺,而低的人力资本所有者占比表明人力资本要素所有者稀缺和非熟练/半熟练劳动力充裕。据此,我们对罗戈夫斯基模型进行如下修正(见表3-1)。

表3-1　　　　　　　修正后的罗戈夫斯基模型

|  | 人力资本所有者在总人口中所占比例 ||
|---|---|---|
|  | 高 | 低 |
| 先进经济体 | 人力资本、物质资本所有者支持自由贸易<br>非熟练/半熟练劳动力争取贸易保护 | 物质资本所有者、非熟练/半熟练劳动力支持自由贸易<br>人力资本所有者争取贸易保护 |
| 落后经济体 | 人力资本所有者支持自由贸易<br>非熟练/半熟练劳动力、物质资本所有者争取贸易保护 | 非熟练/半熟练劳动力支持自由贸易<br>人力资本、物质资本所有者争取贸易保护 |

资料来源:作者自制。

这样,我们就把罗戈夫斯基土地、劳动力和资本的三要素模型修正为新的三要素模型,即物质资本所有者、人力资本要素所有者和非熟练/半熟练劳动力之间的分化。

随着时间的推移,非熟练/半熟练劳动力和人力资本的相对充裕或稀缺程度会由于有关影响因素的变化而发生相应的变化,进而导致其贸易政策偏好的变化。一方面,非熟练/半熟练劳动力随着产业结构的变化逐渐由充裕要素转变为稀缺要素。米德福德注意到,1958年,英国、联邦德国等主要欧洲国家的半熟练劳动力基本上还支持自由贸易,但到了1975年,半熟练劳动力的充裕程度已经显著下降了，他们由支持自由贸易转向支持贸易保护。① 另一方面，人力资本的充裕程度则随着教育的普及进一步提高，从而支持更大程度上的贸易开放。安娜·玛丽亚·梅达等就发现，受过高等教育的个人在人力资本充裕的国家（例如美国和德国）倾向于支持自由贸易，但在那些人力资本匮乏的国家（例如菲律宾和孟加拉国）则反对自由贸易。②

这样，至少在20世纪70年代以后，随着要素禀赋的相对变化，欧洲的非熟练/半熟练工人和人力资本要素所有者在贸易政策（以及相关的移民和投资政策）上的偏好开始发生分化，劳动力要素所有者不再像70年代之前那样普遍支持自由贸易或者更广义上的开放经济了。作为稀缺要素所有者，非熟练/半熟练工人反对自由贸易和开放经济；作为充裕要素所有者，人力资本要素所有者支持自由贸易和开放经济。当然，欧洲国家仍是发达国家，物质资本的要素禀赋并没有发生太大的变化。作为充裕要素所有者，资本家支持自由贸易和开放经济。上述要素所有者之间的分化和阶级分化之间具有了相当的对应性。资本家自不待言，非熟练/半熟练工人（蓝领工人）一般被归为产业工人阶级，白领工人、专业人员、技术人员、职员、经理人员、政府雇员等一般被纳入中产阶级的范畴。表3-2反映了在上述分化基础上形成的贸易政策偏好结构。

表3-2　　　　　　欧洲的社会分化与贸易政策偏好

| 生产要素 | 阶级 | 要素禀赋 | 政策偏好 |
| --- | --- | --- | --- |
| 非熟练/半熟练劳动力 | 产业工人 | 稀缺 | 贸易保护 |

---

① Paul Midford, "International Trade and Domestic Politics: Improving on Rogowski's Model of Political Alignments", *International Organization*, Vol. 47, No. 4, 1993, p. 557.

② Anna Maria Mayda and Dani Rodrik, "Why Are Some People (and Countries) More Protectionist than Others?", *European Economic Review*, Vol. 49, No. 6, pp. 1393-430.

续表

| 生产要素 | 阶级 | 要素禀赋 | 政策偏好 |
| --- | --- | --- | --- |
| 人力资本 | 中产阶级 | 充裕 | 自由贸易 |
| 物质资本 | 资本家 | 充裕 | 自由贸易 |

资料来源：作者自制。

在代议民主制下，不同群体之间的冲突往往是通过政党之间的竞争来表达的。正如西蒙·马丁·李普塞特所言，政党基本上相当于一种"阶级斗争民主化的媒介"①。由于经济上的不同要素所有者往往和政治上的不同阶级相对应，要素所有者之间的分化也往往和政党的分野相对应。这样，当要素所有者发生新的分化时，作为社会经济结构反映的政党格局就会或早或晚地发生变化，即旧的政党格局瓦解和新的政党格局出现。这种政党格局的变化被称为政党重组。② 我们将具体分析劳动要素所有者内部的分化对欧洲国家政党重组的影响。在英国退出欧盟的情况下，我们对政党重组的分析主要聚焦于德国、法国和意大利这三个欧盟主要的经济体。

## 二 劳动要素所有者分化与欧洲主流左翼政党的选民重组

长期以来，社会民主党（含社会党、工党）是欧洲政坛上的主流左翼政党。这些政党的兴起大都与19世纪末20世纪初工人运动的蓬勃发展密切相关，并且在传统上大都将产业工人作为自己的阶级基础。在20世纪六七十年代以前，社会民主党及其在左翼阵

---

① ［美］西蒙·马丁·李普塞特：《政治人：政治的社会基础》，张绍宗译，上海人民出版社2011年版，第174页。
② 谢韬：《从大选看美国的历史周期、政党重组和区域主义》，《美国研究》2012年第4期。

营中的竞争者——共产党的主要支持者也都是工人阶级。但值得注意的是,工人阶级并不一定总是支持左翼政党。除了阶级分化外,宗教信仰等其他因素也会影响选民对特定政党的支持,从而导致出现偏离阶级投票模式的情况,比如许多信仰天主教的工人支持保守政党,有些受过良好教育的富人则支持社会民主党和共产党。但正如李普塞特所言:"这些相互冲突、相互交叠的社会境遇对以下层阶级为基础的左翼政党的损害可能大于保守的右翼政党。"[1] 在欧洲工业化突飞猛进的时代,工人阶级在选民人数上占据相对优势,这种选民结构虽然推动了左翼政党选票的快速增长,但都没有帮助左翼政党在政坛上取得支配地位,即使没有社会民主党和共产党之间的竞争和敌对也依然如此。实际上,工人阶级中相当大的一部分选票投向了各种保守主义、自由主义和基督教民主主义政党。英国工人阶级在20世纪五六十年代的议会选举中仍有三分之一支持保守党,法国工人阶级近半数在1965年的总统第二轮选举中支持右翼的戴高乐而非左翼的密特朗,德国众多工人在50年代都将选票投给了基民盟—基社盟(联盟党),以致社会民主党抱怨这些工人的行为违背了自身的利益。图3–2就显示了1953—2017年的德国联邦议会选举期间,根据选民的调查问卷得出的联盟党和社民党在工人选民中的支持率。

不过,在第二次世界大战后初期,尽管工人选票发生了分流,多数工人仍投票支持左翼政党。但从20世纪60—70年代起,左翼政党开始遭遇到了更为重大的挑战,那就是产业工人人数的减少和中产阶级的壮大。

第二次世界大战后欧洲国家的产业结构发生了深层次的变革。以制造业为主的第二产业从业人数大幅度下降,以服务业为主的第

---

[1] [美]西蒙·马丁·李普塞特:《政治人:政治的社会基础》,张绍宗译,上海人民出版社2011年版,第179页。

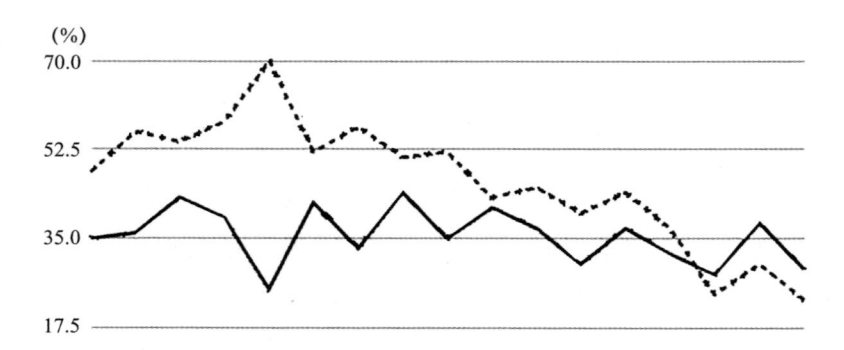

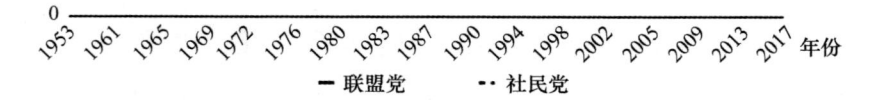

**图 3-2　1953—2017 年德国联盟党和社民党在工人中的支持率**

资料来源：1953—1987 年的数据来自德国联邦议院（Deutscher Bundestag）网站，"Datenzur Geschichte der Deutschen Bundestag 1949 bis 1999"，https：//www.bundestag.de/dokumente/parlamentsarchiv/datenhandbuch_archiv。1990—2005 年的数据来自德国联邦议院（Deutscher Bundestag）网站，"Datenhandbuch（DHB）"，https：//www.bundestag.de/resource/blob/272928/2bca1c3521f6d1ee3bc7b07f648deda5/kapitel_01_11_stimmabgabe_nach_beruf_und_konfession_zweitstimme_-pdf-data.pdf。2009—2017 年的数据来自 Infratestdimap，"UmfrageWaehlernachTaetigkeit"，https：//wahl.tagesschau.de/wahlen/2009-09-27-BT-DE/umfrage-job.shtml。

三产业从业人数迅速增加。随着产业工人人数的减少，社会民主党必须扩大自己的选民基础，才可能在和右翼政党的竞争中取得胜利。由于以白领雇员为主的中产阶级成为新的社会结构中的最大群体，社会民主党开始积极争取中产阶级的支持。

作为世界上第一个工人阶级政党——德国社会民主党率先进行了从工人阶级政党到跨阶级的"人民党"的转型。1959 年通过的《哥德斯堡纲领》标志着转型的启动。在 1960 年到 1969 年新入党的党员中，工人所占的比例由 55.7% 下降到 39.6%，职员和公职人员的比例由21.2%上升到33.6%，自由职业者和脑力劳动者的比例由2.7%增加到7.8%。到了1972年，在新吸收的党员中，职员和公务员占34%，超过了工人所占的27.6%。① 职员、公务员等形成了新中间阶层，他们很少是拥有财产的雇主，而是被各类公共或私人机构雇用的雇员。正是职员、公务员和传统的产业工人一起组成了现代雇员群体。1969年，社民党主席勃兰特出任总理，组成了战后德国第一届以社民党人为主的联邦政府。"对于1969年的政府更迭，由职员和公务员组成的新中间阶层做出了决定性的贡献。"② 尽管工人在党员总数中仍占有相当大的比例，然而，社民党选民基础已经转向了工人阶级和中产阶级的跨阶级联合。

在第二次世界大战后的法国，社会党长期未能如德国社会民主党那样真正成为左翼政治的中心，直到20世纪70年代密特朗整合了共产党以外的左翼政治力量后才开始复兴。社会党的复兴主要得益于其抓住了60—70年代法国社会发生的深刻变革所带来的契机。包括中层干部、技术人员、教师、医生和社会服务人员以及白领工人在内的工薪中间阶层从1962年的250万人增加到1975年的500万人。原本是左翼第一大党的法国共产党在1973—1975年曾一度向中产阶级开放，而后又重新推崇"工人阶级主义"而自我封闭。社会党则通过多个派系的融合确立了更为广泛和多样的基础。在1978年的立法选举中，32%的教师、28%的雇员、32%的公务员和29%的工人都把选票投给了社会党。③ 此后大量中间阶层的选票更多地投给了社会党而不是共产党和右翼的保卫共和联盟。在中间

---

① 王学东：《评德国社会民主党的转型》，《当代世界社会主义问题》2002年第1期。

② [德]弗兰茨·瓦尔特：《德国社会民主党：从无产阶级到新中间》，张文红译，重庆出版社2008年版，第113页。

③ [法]阿兰·贝尔古尼欧、吉拉德·戈兰博格：《梦想与追悔：法国社会党与政权关系100年（1905—2005）》，齐建华译，重庆出版社2013年版，第335页。

阶层和产业工人的共同支持下，密特朗在1981年当选总统，社会党自此成为法国两大主流政党之一。

与法国类似，战后初期共产党成为意大利最大的左翼政党。从意共的选民来看，虽然工人阶级构成其主体，但中间阶层所占的比重不断上升，1968年为8%，1976年为14%。[①] 不过，意共选民中的中间阶层的比例与整个社会中日益膨胀的中间阶层相比仍极不协调。由于没有充分将中间阶层吸纳进来，产业工人人数的下降是意共在70年代以后得票率不断下降的一个重要原因。苏联解体、东欧剧变后，意共被改造为信奉社会民主主义的左翼民主党。此后左民党才建立了从左派到中派的中左联盟——橄榄树联盟。在1996年的大选中，橄榄树联盟取得了胜利，意大利战后第一次出现了执政联盟中左派占优势的局面。2007年，左民党和属于中间派的雏菊党合并为民主党。《民主党价值宣言》宣称："橄榄树联盟是一个成熟的两极制的中左主体与计划，民主党代表橄榄树的发展与成就。"[②] 也就是说，从左民党到民主党的转变是从左翼政党向中左政党的转变。

从德国、法国和意大利的上述情况来看，由于20世纪60—70年代以后阶级结构的变化，主流左翼政党如果没有将中产阶级吸纳到自己的阶级基础中就不可能上台执政。主流左翼政党实际上已经不再是传统的左翼政党，而是转变成了中左政党，其选民基础也由此出现了多样化与分化，特别是原来的阶级基础产业工人和新吸纳的中产阶级之间的利益诉求和政策偏好有可能发生不一致。

---

① 史志钦：《意共的转型与意大利政治变革》，中央编译出版社2007年版，第70页。

② 罗红波、孙彦红主编：《变化中的意大利》，社会科学文献出版社2017年版，第101页。

## 三 新自由主义全球化与欧洲中左政党的选民分裂

随着20世纪60—70年代欧洲国家要素禀赋的变化,以非熟练/半熟练工人为主的产业工人和以白领雇员为主的中产阶级分别成为全球化的受损者和受益者。在战后西方世界建立的"内嵌式自由主义"(embedded liberalism)经济秩序下,为了维持充裕要素所有者从中获益的经济开放,欧洲各国政府通过财政补贴、社会保障、福利支出等手段保护和补偿稀缺要素所有者。① 这种妥协性安排是工人阶级和中产阶级达成政治共识支持全球市场的基础。但是到了20世纪80年代以后,由撒切尔夫人改革和里根新政所掀起的新自由主义浪潮中止了这种妥协性安排。新自由主义的全球化对社会民主党的传统政纲提出了多方面的挑战:第一,即使蓝领工人也会发生分化,灵活多变的小单位劳动环境难以促进集体意识的形成;第二,全球经济竞争需要降低本国的社会成本和劳动成本以使企业具有竞争优势;第三,福利国家阻碍了民众的积极性,使其陷入对国家周而复始的依赖中;第四,使工资水平确切地反映灵活的劳动力市场的要求,以及从事国际竞争的企业自由裁量范围的要求,都意味着把工会看作不合理的角色;第五,过高的税收对吸引内向投资和激励雇员劳动具有负面的影响;第六,向比较富裕的阶层征税以实现财富和收入的平等化,会削弱以不平等为动力的市场的运作。② 这些对再分配、平等、税收、国家、工会和最低就业标

---

① John G. Ruggie, "International Regimes, Transactions, and Change: Embedded Liberalism in the Postwar Economic Order", *International Organization*, Vol. 36, No. 2, 1982.
② [英]斯图亚特·汤普森:《社会民主主义的困境:思想意识、治理与全球化》,贺和风、朱艳生译,重庆出版社2013年版,第21—22页。

准的作用所提出的一系列挑战削弱了传统的社会民主主义的基础。面对新的全球经济环境，社会民主党进一步向中产阶级的政策偏好靠拢，无力兼顾产业工人的利益诉求。正如亚当·普热沃尔斯基所指出的："我们这个时代占有支配地位的政策体制是新自由主义的政策体制，尽管由于一些明显的喧嚣使新自由主义思想有所削弱，但社会民主党人——不管是执政的还是在野的——却正在放弃一些政策，哪怕是一些补救政策。"①

在经历了一段时期的过渡后，以英国首相布莱尔的"第三条道路"和德国总理施罗德的"新中间道路"为标志，欧洲国家的多数中左政党在20世纪90年代中期以后将自身的政纲定位在自由主义和社会民主主义之间（有人称为社会自由主义），也就是进一步向右靠拢，从而更远地疏离了产业工人。这些政党尽管在理论上接受新自由主义的程度有别，但执政期间在政策上大都"别无选择"（撒切尔夫人语）地认可了劳动力市场的灵活性和宏观经济的稳定性，从而适应了新自由主义全球化的要求。特别是在2008年全球金融危机和2010年欧洲债务危机相继爆发后，即使是在理论上仍抵制新自由主义的中左政党如果处在执政地位，也不得不采取和新自由主义相一致的政策。

在转向新自由主义的这场变革中，德国社民党继英国工党之后走在最前列。"新中间道路"将社民党的政策重点明确转向中产阶级。2003年德国社民党宣布了一个全面的中产阶级纲领，宣称中产阶级是德国经济的发动机，支持中产阶级是社民党经济政策的重点，具体政策包括资助初创企业和最小企业、资助职业培训岗位、多为中小企业举办国外展销会、改善中小企业获得出口担保和投资

---

① 亚当·普热沃尔斯基：《有多少条道路能够成为第三条道路》，载［英］安德鲁·格林编《新自由主义时代的社会民主主义》，刘庸安、马瑞译，重庆出版社2010年版，第315页。

保障的条件等。基于增强经济竞争力和经济活力的目标，2003年3月施罗德宣布了旨在全面改革德国福利体系和就业体系的2010议程。作为2010议程最具争议的一个部分，2005年的"哈茨Ⅳ"代表着改革的高峰。改革后长期失业人员所具有的社会权益一夜之间下降到准"社会救助"的水平线上，领取社会救济的具有就业能力的人员则在以工作福利为基础的新社会政策的驱使下或自愿或被迫进入就业市场。考虑到改革前长期失业人员有将近170万人，领取社会救助的具有工作能力的待业人士也高达数百万人，这六七百万名选民成为改革的失利者。① 他们在生产要素上属于半熟练/非熟练劳动力，在政治分野上大多数是社民党的传统支持者。这部分选民开始运用选票惩罚"背叛"其利益的社民党。在2005年联邦议会选举中社民党的得票率与2002年相比下降了4.2个百分点，施罗德被迫将总理职务让予基民盟领导人默克尔。2007年社会党通过的《汉堡纲领》试图与施罗德的"新中间道路"拉开距离，但在其后几次大选中社民党的得票率不升反降说明这个纲领并没有起到争取流失选民回归的作用。在2009年联邦议会选举中，原社民党支持者分散到各种政治光谱上，包括转向支持原社民党内左翼势力和由原东德民主社会主义党合并而来的左翼党；在2013年选举中，原社民党支持者中又有很大一部分转向支持右翼政党，包括极右的选择党。② 在2018年选举中，社民党仅仅获得了20.5%的选票，得票率为1949年联邦德国建立后该党的历史最低点。

法国社会党基于其更为激进的平等主义传统，并没有全面拥抱新自由主义，但也在种种约束条件下采取了"左翼现实主义"的态度。1997年出任法国总理的社会党领袖若斯潘试图修正密特朗

---

① 刘涛：《德国劳动力市场的改革：社会政策的V型转弯和政治光谱的中性化》，《欧洲研究》2015年第1期。
② Jorg Michael Dostal, "The Crisis of German Social Democracy Revisited", *The Political Quarterly*, Vol. 88, No. 2, 2017, pp. 230–240.

"法国式的激进社会主义"理论,建立一个以中产阶级为中坚,包括平民阶级和被社会排斥者在内的"新阶级联盟"。若斯潘虽然并不赞同"第三条道路",但"同意市场经济,但不主张市场社会",在其五年任期内也削减了公共部门的赤字,推进了私有化进程,停止增加福利开支,停止增加富人税。2002年若斯潘竞选总统失败。选后调查显示,若斯潘的选民主要是妇女、25—34岁的青年人、公共部门和高教育人群,选民中只有12%是工人。① 2012年当选法国总统的社会党领袖奥朗德执政后采取了忽左忽右的政策,在向大企业、高收入者征收的"巨富税"失败后,奥朗德被迫右转。在金融危机和债务危机后政策空间收紧的情况下,为了提高企业竞争力、降低劳动力雇佣成本,2014年底奥朗德政府出台的《马克龙法案》弱化了对劳工的保护,被视作社会党"前所未有的右倾",遭到了部分左翼选民的激烈反弹,引发了数轮规模空前的罢工潮。奥朗德成为法兰西第五共和国史上支持率下降最快的总统,也成为唯一放弃寻求连任的总统。

作为意大利中左力量的联合,橄榄树联盟在1996—2001年首次执政。左民党总书记并担任两届中左政府总理的达莱马期盼根据"第三条道路"建立自己的政府,通过接纳经济自由化、灵活的劳动力市场以及"积极的福利"来构筑新左派的核心。② 作为橄榄树联盟的继承者,意大利民主党率领中左联盟在2013年大选获胜后再度获得了五年的政府任期,民主党人莱塔、伦齐和真蒂洛尼先后出任总理。面对金融危机与债务危机重创后的严重经济衰退,民主党政府大体上沿袭了蒙蒂技术政府的财政紧缩政策以减少公共开支,并且对劳动力市场进行了灵活化改革。民主党政府于2015年

---

① 李姿姿:《法国社会党执政经验教训及启示》,《当代世界与社会主义》2012年第2期。

② 史志钦:《全球化与欧洲社会民主党的转型》,中央编译出版社2007年版,第229—230页。

实行的《就业法案》几乎完全消除了对固定期合同的限制，固定期雇员转为无固定期雇员的难度加大，企业解雇无固定期限雇员不再需要提供合理的客观原因，只需提供一定的经济补偿即可。劳动力市场灵活化改革给意大利企业带来了自20世纪60年代以来最大程度的雇佣与解雇的自由，而使劳动保护水平向下趋同。① 反建制的五星运动党领导人不无道理地指出，中左翼的民主党（PD）和右翼的自由人民党（PDL）之间的差异不过是少了一个字母"L"。民主党政府对普通劳动者生计安全的漠视不可避免地产生了民意反弹。2016年12月，政府发起的修宪公投中反对票数超过赞成票数，总理伦齐宣布辞职。在2018年议会选举中，民主党18.72%的得票率也远低于2013年的25.43%，中左联盟失去政权。

总而言之，随着新自由主义全球化的推进，中左政党的选民基础开始分裂。无论是20世纪90年代末对新自由主义的主动拥抱，还是2008年金融危机和债务危机后对新自由主义的被动适应，中左政党在满足了中产阶级的基本需求的同时部分放弃了对产业工人的保护。作为主要代表资产者利益的政党，中右政党更不可能将照顾产业工人的利益放在其政策的优先位置。正是产业工人利益在现有政党体系中的代表性缺失，为民粹主义政党的兴起提供了空间。

## 四　产业工人与欧洲民粹主义政党的兴起

民粹主义并无特定的意识形态，因此既可以和进步主义的意识形态相结合，也可以与保守主义的意识形态相结合。前一种结合产生了左翼民粹主义，后一种结合产生了右翼民粹主义。在这一轮席卷欧洲的民粹主义浪潮中，希腊激进左翼联盟、西班牙"我们能"

---

① 李凯旋：《意大利劳动力市场灵活化改革解析》，《当代世界与社会主义》2018年第2期。

党等属于左翼民粹主义，法国国民阵线、德国选择党、意大利联盟党、奥地利自由党、荷兰自由党等属于右翼民粹主义政党。作为欧洲政坛长期处于边缘的政治力量，左翼和右翼民粹主义政党同样有赖于对主流政党和精英政治不满的群体的更大支持才能发展壮大。如前所述，主流的中左政党疏离了自己传统的阶级基础——产业工人，从而为民粹主义政党提供了机遇。但有意思的是，不仅坚守社会平等价值的左翼民粹主义政党在选民基础上依赖产业工人，而且右翼民粹主义政党在选民基础上也依赖产业工人。例如，在右翼民粹主义崛起较早的奥地利就经历了蓝领工人投票从中左的社会民主党向极右的自由党的转移：1979年63%的蓝领工人支持社民党，只有4%的蓝领工人支持自由党；到了1999年，只有35%的蓝领工人支持社民党，而有47%的蓝领工人支持自由党。[1] 随着近年来右翼民粹主义政党更有效、更稳定地获取了工人选民的支持，它们在欧洲选举政治中取得了更大的突破。正如安东·佩林卡所指出的："正是那些被定义为蓝领选民的'工人阶级'在很大程度上造就了右翼民粹主义政党的成功。"[2] 鉴于右翼的意识形态与工人阶级传统的左翼意识形态之间的距离，右翼民粹主义政党在动员蓝领工人支持上获得的成功更令人惊讶。

实际上，如同主流左翼政党从传统的社会民主主义向社会自由主义靠拢以适应中产阶级的偏好一样，右翼民粹主义政党也需要经过政治纲领的调整才能适应蓝领工人的需求。无论是传统的极右翼政党——法国国民阵线、意大利联盟党（北方联盟），还是新兴的极右翼政党——德国选择党，都经历了这样的政纲转向和选民重组过程。

---

[1] 杨云珍：《当代西欧极右翼政党研究》，上海人民出版社2012年版，第144页。
[2] 安东·佩林卡：《右翼民粹主义：概念与类型》，张也译，《国外理论动态》2016年第10期。

法国国民阵线成立于1972年,最早的成员主要是第二次世界大战期间的纳粹分子或者维希分子,他们经常发表生物种族主义和反犹主义言论。但国民阵线的创建者让—马里·勒庞也很快意识到这种新法西斯主义很难获得公众的支持,在战后清算法西斯主义的政治环境中也很难获得发展的空间。20世纪70年代末,国民阵线将党内许多新法西斯分子驱逐出党的组织,把目光转向移民问题。属于巴黎地区的德勒市成为国民阵线再出发的起点。随着第二次世界大战后工业化的快速发展,大批外国移民涌入该市以弥补非熟练劳动力的不足,到1975年移民人口达到了该市总人口的70%,引起了当地一些新的社会问题。国民阵线提出了"一百万失业者是一百万太多的移民造成的"的口号,由此在1983年的市镇选举中得到了16.7%的选票,特别是在工人中得到了积极的支持。[①] 此后移民问题就成为国民阵线动员中下层选民特别是工人支持的一张王牌。90年代以后,随着新自由主义全球化的推进,蓝领工人等社会底层所享有的社会福利和经济收入不断减少,失业者的数量不断攀升。他们将自身的境遇简单地归因于外来的竞争者——外国移民,将选票越来越多地投给了反移民的国民阵线。在1988年法国总统选举中,工人总数的20%投票支持勒庞。到了2002年法国总统选举中,投票支持勒庞的工人提高到工人总数的30%。

作为具有分离主义倾向的右翼民粹主义政党,意大利北方联盟一开始主要致力于保护北方地区的语言文化,后来转向以意大利南北方的经济差异来界定北方的地区认同。20世纪80年代到90年代初,北方联盟声称自己代表北方地区中小资产阶级的利益,反对"腐败的""不民主的"意大利中央政府将财富从富裕的北方转移到贫穷的南方,从而赢得了北方地区一部分中小资产阶级和中产阶

---

[①] 张莉:《西欧民主制度的幽灵——右翼民粹主义政党研究》,中央编译出版社2011年版,第96—97页。

级选民的支持。由于全球化与一体化有助于削弱民族国家的主权，支持欧洲一体化就相当于削弱意大利中央政府，北方联盟在建党初期积极支持欧洲一体化。但1998年意大利成功加入欧洲货币联盟后，北方联盟不再反对意大利中央政府，转而反对"腐败的""不民主的"布鲁塞尔官僚机构。[①] 北方联盟也不再反对意大利南方人，转而反对外来移民。北方联盟反欧盟、反移民的主张实际上违背了从全球化和一体化中受益的意大利中小资产阶级和中产阶级的利益，这部分选民随着中右和中左两大阵营的稳定化而回归到了接续保守主义的力量党和转向社会民主主义的左民党。失之东隅，收之桑榆。北方联盟反对外来移民的策略动员得到了更多工人的选票，1998年38.5%的蓝领工人将选票投给了北方联盟，比其他政党的工人选民比率高很多。[②] 正如海蒂·贝里奇等学者所指出的，20世纪90年代意大利北方的工人对全球化的恐惧导致了他们投票支持最重视保护地方特性和地区生活水平的北方联盟。[③] 这样，北方联盟的主要支持基础由以中小资产阶级为主的中上阶层转变为以蓝领工人为主的中下阶层。

与老牌的法国国民阵线和意大利北方联盟不同，德国选择党是于2013年2月才成立的新党。该党之所以以"选择党"为名，是因为该党认为德国政府在欧债危机中的援助政策并非"别无选择"。该党由德国学者和经济界人士创立，经济学家贝恩德·卢克担任首任党主席，成立之初以反欧元为唯一目标。在数月后举行的联邦议会选举中，选择党仅凭反欧元口号就获得了4.7%的支持

---

[①] Marco Brunazzo and Mark Gilbert, "Insurgents against Brussels: Euroscepticism and the Right-wing Populist Turn of the Lega Nord since 2013", *Journal of Modern Italian Studies*, Vol. 22, No. 5, 2017, pp. 624–641.

[②] 张莉：《西欧民主制度的幽灵——右翼民粹主义政党研究》，中央编译出版社2011年版，第89页。

[③] Heidi Beirich and Dwayne Woods, "Globalization, Workers and the Northern League", *West European Politics*, Vol. 23, No. 1, 2000, pp. 130–143.

率，已接近5%的进入联邦议会的门槛。但这种议题的单一性显然会影响该党对更广泛人群的吸引力，其在货币政策上的"另类选择"也和普通选民的日常生计颇有距离。在2015年的党内辩论后，卢克输给了在政治立场上更激进的佩特里，选择党在政治议题上开始变得更激进和极端。此时欧洲难民危机爆发，选择党将其核心政治主张从反欧元迅速转向反移民、反难民和反伊斯兰。面对全球经济危机和难民大潮的连续冲击，以蓝领工人以及失业者为主体的社会底层经济与社会不安全感显著增加，而在中左和中右政党的政治共识下他们的偏好没有表达的渠道，于是纷纷把选票投给了新生的选择党。在2016年3月13日巴登—符腾堡、萨克森—安哈尔特和莱茵兰—普法尔茨三州议会选举中，选择党一举成为各州第二或第三大党。这三州的选择党选民中居前两位的分别是失业者（32%、36%和30%）和工人（30%、35%和23%），这三州参与投票的失业人群中投给选择党的比例分别是32%、36%和25%。[①] 由此可见，随着政策议题的改变，选择党已经转为以蓝领工人等中下层为选民基础的政党。

总体而言，欧洲几个主要的极右翼政党从一开始寻求中小资产阶级和中产阶级的支持转向寻求蓝领工人、失业者等非熟练/半熟练劳动力的支持。作为稀缺要素所有者，这些非熟练/半熟练劳动力在以贸易、对外投资和移民为主要形式的全球化进程中属于受损者，需要国家提供一定的保护和补偿。由于主流左翼政党向右靠拢，这些本来构成左翼选民基础的群体在欧洲国家的主流政党中几乎陷入了没有代言人的危机，他们面对的问题很难得到政治精英的关注。在全球化的冲击下，这些群体由于缺少保护和补偿而境遇越来越差。右翼民粹主义政党迅速填补了这个空

---

① 鲍永玲：《难民危机背景下德国政党生态的新演进》，《国际论坛》2016年第6期。

白，通过反全球化的政纲来回应这些社会下层选民的诉求，在某种意义上成为产业工人的政党。从 2017 年到 2018 年欧洲主要国家的大选中可以更清楚地看到民粹主义政党政治纲领与选民基础的对应性。

在 2017 年法国总统选举前，国民阵线候选人玛丽娜·勒庞公布了 144 项竞选纲领，其中包括使非法外国移民无法入籍或归化、年合法移民名额减到 1 万人、通过建立智慧的保护主义和重建国家货币来支持遭受不公平的国际竞争的法国公司、去除对本国工人的冷漠并对雇用外籍员工实行额外的税收、取消"劳动法"、为自营职业者提供社会保护、为低收入者设立购买力奖、拒绝自由贸易协定等内容。[①] 玛丽娜·勒庞在第一轮投票中以 21.3% 的得票率领先，得以进入第二轮投票。虽然在传统左右翼和中间派的共同阻击下，她在第二轮投票中以 34.5% 的得票率败于马克龙，但得票率也比国民阵线候选人（其父让—马里·勒庞）上一次进入总统选举第二轮投票（2002 年）所获得的 17.8% 翻了一倍。根据第二轮投票后的调查，玛丽娜·勒庞在管理人员、中层职业（如教师、医生等）、职员、工人和退休者中获得支持的比例分别为 18%、33%、46%、56% 和 26%。[②] 可见，国民阵线反移民、反欧元、反自由贸易、保护劳工的竞选纲领得到了多数工人的支持，工人群体也构成国民阵线最主要的选民基础。

德国选择党参与 2017 年联邦议会选举的竞选纲领包括反对欧元区进一步深化、对是否留在欧元区举行全民公投、保留最低工资、拒绝非常规移民、呼吁减少欧盟内被滥用的自由流动指

---

[①] Marine Le Pen, "144 Engagements Présidentiels", https://rassemblementnational.fr/pdf/144-engagements.pdf.

[②] Florent Latrive. Age, Diplôme, revenus... Qui a voté Macron? Qui a voté Le Pen? https://www.franceculture.fr/politique/age-diplome-revenus-qui-vote-macron-qui-vote-le-pen.

令、防止经济不发达欧盟成员国居民为了社会福利向德国移民等。① 和法国国民阵线的竞选纲领类似,德国选择党反欧元、反欧盟、反移民的竞选纲领也有利于其争取工人的支持。在 9 月的联邦议会选举中,选择党得到了 21% 的工人、12% 的雇员、10% 的公务员、12% 的个体户、11% 的退休人员和 21% 的失业者的支持,其在工人和失业者中获得的支持率(均为 21%)已经和起源于工人运动的百年老党——德国社民党不相上下(均为 23%)。② 在工人的积极支持下,选择党以 12.6% 的得票率跨过了 5% 的门槛,成为第二次世界大战后第一个进入联邦议会的极右翼政党。

意大利北方联盟自 2013 年萨尔维尼任党魁以来已由地区性政党转变为全国性政党,并更名为联盟党。在 2018 年 3 月的议会选举中,联盟党仍高举反移民、反欧盟的旗帜。萨尔维尼提出"意大利人优先"的口号,一方面声称要结束意大利的难民支出,将难民遣送回国并实行边界管制;另一方面宣称加入欧元区是一个糟糕的决定,英国脱欧应该成为意大利人的一面明镜。在意大利连续陷入金融危机、债务危机和难民危机的情况下,这些反全球化的主张吸引了原本属于传统左翼选民的中下层民众的支持。在这次选举中,联盟党超出其传统基地意大利北部,迈进到意大利共产党时期就成为左翼力量根据地的所谓"中部堡垒"托斯卡纳大区和艾米利亚—罗马涅大区。在艾米利亚—罗马涅大区,联盟党的选票率从 2013 年的 2.6% 上升到 19%。在托斯卡纳大区著名的"纺织城"普拉托,联盟党的得票率从 2013 年的不到一个百分点飙

---

① *Manifesto for Germany*, the Political Programme of the AfD. https://www.afd.de/wp-content/uploads/sites/111/2017/04/2017-04-12_afd-grundsatzprogramm-englisch_web.pdf.

② Infratest Dimap, http://wahl.tagesschau.de/wahlen/2017-09-24-BT-DE/umfrage-afd.shtml.

升到17.8%。① 联盟党以17.4%的得票率取代贝卢斯科尼的意大利力量党成为中右联盟的第一大党，在选后的组阁谈判中从中右联盟中脱离出来与具有一定左翼色彩的新兴民粹主义政党——五星运动党联合组阁。

随着民粹主义政党的兴起，欧洲的政党格局开始发生显著的变化。传统的左右之分越来越难以解释欧洲国家政党之间的分化组合。一方面，从全球化中受益的人力资本和物质资本要素所有者共同支持全球化，这就构成中左政党和中右政党合作的重要基础。2005年以来，德国基民盟—基社盟与社民党已经联合组建了三届大联合政府，两党政策趋同以致选民越来越难以辨认两党之间的差别。在2017年大选后，即使社民党甘当反对党以突出自身特性，但最终迫于国内外压力也不得不和基民盟—基社盟第三次联合组阁。如果说德国主流政治中间化历史悠久且根基深厚，那么素来更为激进的法国也在2017年后出现了中间派主导政府和议会的局面。2017年大选后法国总统马克龙新组建的前进党不仅在口号上宣称超越左右政治分野，而且在实际上重组了左右派中偏向中间的势力。② 鉴于法国社会党在右倾中的瞻前顾后和反反复复，马克龙作为出身社会党政府的政治家脱下了社会党这个紧身衣，通过另起炉灶的方式以中左翼为核心确立中左和中右之间更具制度化的联合。另一方面，在全球化中受损的以产业工人为核心的社会下层反对进一步的全球化，代表其利益的民粹主义政党开始兴起。德国选择党进入联邦议会后成为德国第三大党，在大联合政府组建后成为德国最大的反对党。法国国民阵线凭借2017年大选显著增加的选民支

---

① Italy's Financial Chaos: Election Disaster Highlights Huge Gulf in Wealth, https://www.express.co.uk/finance/city/927588/Italian-elections-2018-north-south-League-five-star-movement-Matteo-Salvini-Berlusconi.

② 王鲲：《法国共和国前进党：新兴政党的崛起还是传统政坛的重组？》，《当代世界》2018年第3期。

持而成为影响法国政治走向的重要力量，如果马克龙执政遭遇困境，那么，它就有可能在下次大选中卷土重来。需要特别注意的是，从欧洲整体上看右翼民粹主义政党比左翼民粹主义政党势头更猛，而且这两类民粹主义政党由于意识形态传统的差异难以合作，但2018年大选后意大利民粹主义政府的建立却预示着两者的差距并没有人们想象的那么大。极右的意大利联盟党和具有一定左翼色彩的五星运动党联合组阁不仅是由议会席位的加减法得出的权宜之计，还是在反欧元、反移民问题上的志同道合。

综合这些情况来看，欧洲政党格局在民粹主义政党兴起后已经呈现出了新的政治分野。在全球化的压力下，建制派政党和民粹主义政党之分、中左政党和中右政党之合以及左翼民粹主义政党和右翼民粹主义政党之合在很大程度上都是各类群体在支持全球化和反对全球化之间做出选择后所形成的分化组合。在往往最早反映欧洲政治风向变化的法国，随着2022年总统第二轮选举中马克龙和玛丽娜·勒庞的再次对决和其后国民议会选举中马克龙所面临的极右和极左势力的双面夹击，其主要政治分野更为清晰地从传统的左右之分转变为民粹主义与建制派之分。在这个意义上，全球化不仅会以惊人的力量改变国际关系，也会以惊人的力量改变国内政治，使我们得以目睹一个崭新的欧洲政治的生成。

## 小　结

阶级分化是欧洲国家政治和社会分化最重要的维度。全球化对欧洲国家政治的影响也首先表现为全球化对欧洲阶级分化的影响。从19世纪中叶到20世纪初的第一轮经济全球化促进了欧洲大陆国家劳动要素所有者收入和财富的增长，从而推动了工人阶级的发展壮大和社会主义政党在政治舞台上的崛起。① 与第一轮经济全球化一样，在第二次世界大战后启动并在20世纪70—80年代后深化的第二轮经济全球化也造成了欧洲国家财富和收入在不同要素所有者之间的重新分配，进而推动了这些国家的政党重组。不过，由于欧洲国家参与全球经济的要素禀赋的相对变化，工人阶级作为第一轮全球化的受益者构成了欧洲左翼政党发展壮大的基础，但作为第二轮全球化的受损者却构成了欧洲右翼民粹主义政党发展壮大的基础。

当经济全球化在第二次世界大战后再次启动时，欧洲的劳动要素所有者已经开始分化为非熟练/半熟练工人和人力资本要素所有者，在阶级上基本对应于产业工人阶级和中产阶级的分化。在战后初期的欧洲，由于非熟练/半熟练劳动力和人力资本都是充裕要素，两者都可以从全球化中受益，从而共同支持自由贸易和开放经济。到了20世纪60—70年代，欧洲的非熟练/半熟练劳动力已经转变为稀缺要素，人力资本仍为充裕要素，两者分别从全球化中受损和受益，这样，两者对全球化的偏好开始发生分歧。不过，在内嵌式自由主义的经济秩序下，作为稀缺要素所有者的产业工人可以获得一定的保护或补偿，从而可以接受全球化，至少不激烈反对全球化。但是内嵌式自由主义的有效运转需要一定的政治条件，这些条件首要的是欧洲左翼政党和右翼政党之间的政治均衡和政治妥协。作为劳动要素和资本要素所有者在政治上的各自代言人，左翼和右翼政党之间的政治均衡和政治妥协对于维持国家对劳工等低收入阶层的社会保护是必要的。但随着新自由主义全球化在20世纪90年代后的突飞猛进，社会民主党、社会党和工党等主流左翼政党在劳

---

① 田野、云谱萱：《经济全球化与劳工反建制主义的兴起——对19世纪中叶到20世纪初法国、德国和意大利的比较研究》，《国际政治研究》2017年第6期。

动要素所有者分化的情况下将政策倾斜到从全球化中获益的人力资本要素所有者，从全球化中受损的产业工人在政治上便陷入无人代表的困境。这样，民粹主义政党就借机填补了产业工人在政党体系中缺乏代表性而留下的空白，成为维护产业工人利益的政党。

# 第四章　全球化与法国右翼民粹主义的兴起

作为欧洲右翼民粹主义政党的典型代表，法国国民阵线（后改名国民联盟）成为人们密切关注的对象。国民阵线是第一个在法国全国性选举中获胜的右翼民粹主义政党，并且在21世纪初的多次法国总统选举中表现突出。国民阵线候选人在2017年和2022年两次闯入第二轮总统选举，使法国政治格局发生了颠覆性的变化，传统意义上的左右之争已经让位为民粹主义与技术官僚主义之争。[1] 法国国民阵线的兴起不仅重塑了法国的政党体系，也推动了民粹主义在欧洲政治中的蔓延。国民阵线的起伏也被视为欧洲政治乃至世界政治中民粹主义浪潮的风向标。

法国国民阵线的兴起反映了经济全球化对法国国内政治的深刻影响。第二次世界大战后特别是20世纪70年代以后扩展开来的经济全球化改变了世界各国的政治经济结构。在这一过程中，法国的要素禀赋发生了巨大变化，使法国劳动力要素所有者内部发生分化，非熟练/半熟练劳动力和人力资本要素所有者形成了不同的政策偏好。由于生产要素在法国不同区域中的集聚性，两者的分化反

---

[1] 李济时、杨怀晨：《从左右之争到民粹主义与技术官僚主义之争——基于2022年法国选举政治的分析》，《欧洲研究》2022年第5期。

映为法国各大区之间、城市中心区与郊区之间以及不同规模的城市之间的分化。法国非熟练/半熟练劳动力由于传统制造业在发展中国家同类产品的竞争下走向衰落而越来越难以找到合适的工作，同时他们还面临着来自南欧和北非的劳工移民以及近年来涌入的难民在就业机会和福利资源上的竞争。这种双重冲击使法国非熟练/半熟练劳动力产生了反全球化、反欧洲一体化、反移民的诉求，国民阵线因积极回应非熟练/半熟练劳动力的诉求而得到他们的政治支持，使其在多次总统选举中表现突出。受全球化和欧洲一体化冲击最为严重的是法国东北部"铁锈带"和地中海沿岸地区，法国北部、东部和地中海沿岸的很多大区因此成为国民阵线的主要票仓。此外，远离城市中心的远郊区和规模较小的城市集中了更多的非熟练/半熟练劳动力，因此这些区域的选民更多地把选票投给了国民阵线。

## 一　法国国民阵线的兴起及其既有解释

作为极右政党的国民阵线成立于1972年，首任党魁为让—马里·勒庞（下文简称"老勒庞"）。在整个20世纪70年代，国民阵线至多只能算是法国政党体系中的边缘小党。真正使国民阵线进入法国民众和政治观察家视野的是1984年的欧洲议会选举，国民阵线在此次选举中获得10.98%的选票和10个议席。随后，国民阵线在1986年的全国议会选举中拿下9.6%的选票和35个议席。在1988年、1993年和1997年的全国议会选举中，国民阵线分别获得9.7%、12.4%和14.9%的选票，并在1995年的第一轮总统选举中赢得15%的选票，稳居全国第四大党的位置。在2002年总统选举中，老勒庞创下前所未有的得票记录，击败社会党候选人利昂内尔·若斯潘，与雅克·希拉克一同进入第二轮总统选举，并在主流政党集体支持希拉克的情况下获得17.8%的选票。这引起了法国国内和欧洲邻国极大的政治恐慌，在全欧洲范围内敲响了极右政党即将崛起的警钟。

自2011年1月玛丽娜·勒庞（下文简称"小勒庞"）从其父老勒庞手中接过党主席一职以来，国民阵线在选举中的表现更加突出。在2014年的欧洲议会选举和2015年的法国大区选举中，国民阵线分别获得24.9%和27.7%的选票。2017年，小勒庞进入第二轮总统选举，与自称"非左非右"的"前进运动"候选人埃马纽埃尔·马克龙一起打破了法国中左、中右两大主流政党轮流执政的传统。这是国民阵线第二次闯入第二轮总统选举。在面临主流政治力量"围剿"的情况下，小勒庞仍获得了33.9%的选票。这标志着法国政局出现明显拐点，国民阵线具有了成为法国第二大政治势力的实力。2018年6月，国民阵线进一步更名为国民联盟。在2019年的欧洲议会选举中，国民联盟凭借23.31%的得票率成为欧洲议会中的法国第一大党。2022年，国民联盟延续2017年大选中的突出表现，使法国左右翼政党轮流执政的政治传统彻底让位于新的权力平衡关系。如果说2002年老勒庞闯入第二轮总统选举只是各种因素交织导致的意外结果，那么2017年和2022年小勒庞在两次总统选举中的表现则使人们真正意识到，右翼民粹主义势力已经崛起，国民联盟入主爱丽舍宫并非天方夜谭。

表4-1　　　**国民阵线在历次全国性选举中的得票情况**

| 年份 | 选举 | 得票率（%） | 年份 | 选举 | 得票率（%） |
| --- | --- | --- | --- | --- | --- |
| 1973 | 全国议会选举 | 0.5 | 2002 | 全国议会选举 | 11.3 |
| 1974 | 总统选举 | 0.7 | 2004 | 欧洲议会选举 | 9.8 |
| 1978 | 全国议会选举 | 0.8 | 2004 | 大区选举 | 14.7 |
| 1979 | 欧洲议会选举 | 1.3 | 2007 | 总统选举 | 10.4 |
| 1981 | 全国议会选举 | 0.3 | 2007 | 全国议会选举 | 4.3 |

续表

| 年份 | 选举 | 得票率(%) | 年份 | 选举 | 得票率(%) |
| --- | --- | --- | --- | --- | --- |
| 1984 | 欧洲议会选举 | 11.0 | 2009 | 欧洲议会选举 | 6.3 |
| 1986 | 全国议会选举 | 9.6 | 2010 | 大区选举 | 11.4 |
| 1986 | 大区选举 | 9.6 | 2012 | 总统选举 | 17.9 |
| 1988 | 总统选举 | 14.4 | 2012 | 全国议会选举 | 13.6 |
| 1988 | 全国议会选举 | 9.7 | 2014 | 欧洲议会选举 | 24.9 |
| 1989 | 欧洲议会选举 | 11.7 | 2015 | 大区选举 | 27.7 |
| 1992 | 大区选举 | 13.7 | 2017 | 总统选举（第一轮） | 21.3 |
| 1993 | 全国议会选举 | 12.4 | 2017 | 总统选举（第二轮） | 33.9 |
| 1994 | 欧洲议会选举 | 10.5 | 2017 | 全国议会选举 | 13.2 |
| 1995 | 总统选举 | 15.0 | 2019 | 欧洲议会选举 | 23.3 |
| 1997 | 全国议会选举 | 14.9 | 2021 | 大区选举 | 19.1 |
| 1998 | 大区选举 | 15.0 | 2022 | 总统选举（第一轮） | 23.2 |
| 1999 | 欧洲议会选举 | 5.7 | 2022 | 总统选举（第二轮） | 41.5 |
| 2002 | 总统选举（第一轮） | 16.9 | 2022 | 全国议会选举 | 18.7 |
| 2002 | 总统选举（第二轮） | 17.8 | | | |

资料来源：笔者自制。

作为欧洲的老牌右翼民粹主义政党，法国国民阵线很早就引起了学术界的关注。大致来看，研究者对国民阵线兴起原因的解释可分为三类：一是法国主流政党未能回应中下层民众的政治经济诉求，而国民阵线做出了回应；二是国民阵线在宣传手段上与选民的距离更近，改善了自身作为极右翼政党的公众形象；三是选民投票支持国民阵线主要是为了表示对主流政党和政治精英的抗议。

第一类解释强调法国中下层民众面临着失业率上升、社会保障削弱等经济社会问题，此外还有外来人口所带来的安全威胁。法国主流政党对此并未做出有效回应，而国民阵线则积极回应了他们的诉求，从而赢得支持。索菲·莫尼耶指出，主流政党拥护的经济全球化和欧洲一体化使得法国国内几乎所有工种都面临着失业威胁。① 加布里埃尔·古德利菲认为，主流左翼政党最初以满足中下层民众诉求为己任，但随着党员的"精英化"，其逐渐难以忽视精英利益、切实回应底层民众的诉求。② 项佐涛和黄震提出，面对长期经济停滞，主流政党迟迟拿不出有效措施，使法国民众对主流政党的信任度显著降低。③ 邢骅和范郑杰认为，面对窘迫的国家经济形势，主流政党虽然有改进方案，但为了回避社会抗争和争取选票，往往被迫削弱甚至放弃这些方案，客观上呈现出政策趋同、难分优劣的局面。④ 帕斯卡·佩里诺的研究显示，主流政党在意识形态上的趋同使得法国出现代表性危机，国民阵线才赢得了政治空间。⑤ 米歇尔·威廉姆斯指出，直至20世纪80年代，移民带来的各种政治、经济和文化影响还很少为主流政党所关注，正是国民阵线首先将这一议题带入政治议程，并不断阐明自身反移民、强调法律与秩序的政策主张。⑥ 吉勒斯·伊瓦尔蒂指出，国民阵线的政策转向回应了2008年国际金融危机后法国选民对社会保障和再分配政策的诉求，特别是巩固了其在法国北部老工业区的选民基础。⑦

---

① Sophie Meunier, "Globalization and Europeanization: A Challenge to French Politics", *French Politics*, Vol. 2, No. 2, 2004, p. 134.

② Gabriel Goodliffe, "From Political Fringe to Political Mainstream: The Front National and the 2014 Municipal Elections in France", *French Politics, Culture & Society*, Vol. 34, No. 3, 2016, pp. 140 – 141.

③ 项佐涛、黄震:《法国国民阵线的兴起探究》,《党政研究》2017年第6期。

④ 邢骅、范郑杰:《从2017年大选看法国政治的新变化》,《国际问题研究》2017年第4期。

⑤ Pascal Perrineau, "The Crisis in Political Representation", in Pascal Perrineau and Luc Rouban, eds., *Politics in France and Europe*, New York: Palgrave Macmillan, 2009, pp. 3 – 14.

⑥ Michelle Hale Williams, "A New Era for French Far-Right Politics? Comparing the FN under Two Le Pens", *Analise Social*, Vol. 46, No. 201, 2011, pp. 683 – 685.

⑦ Gilles Ivaldi, "Towards the Median Economic Crisis Voter? The New Leftist Economic Agenda of the Front National in France", *French Politics*, Vol. 13, No. 4, 2015, pp. 359 – 361.

丹尼尔·斯托克莫和莫罗·巴里斯奥内强调了国民阵线的左倾趋势，其结果是许多原属于主流左翼政党的选民转而支持国民阵线，扩大了后者的支持基础。[1]

第二种解释强调了国民阵线在宣传手段上的优势。贾斯帕·穆伊斯和蒂姆·伊姆西尔等的研究显示，国民阵线非常懂得利用舆论环境造势。老勒庞反复利用大众传媒宣传其偏激的政策主张，这既增加了国民阵线的曝光度，又获得了一批坚定的支持者。[2] 斯托克莫和巴里斯奥内指出，小勒庞领导下的国民阵线积极利用网络社交平台宣传政策主张，着力营造与选民"零距离"交流的政治空间，其在脸书上的关注人数是法国所有政党中最多的。[3] 田小惠和杨羽茜认为，小勒庞对国民阵线进行了一系列现代化改革，如避免在公共场合使用过激言论，采用"国家先行""世俗化"等温和字眼，甚至以发表不恰当言论为由开除其父老勒庞的党籍，逐渐扭转了民众对极右翼政党的刻板印象。[4] 伊瓦尔蒂和玛丽亚·兰佐内将小勒庞时期国民阵线的这一系列举措称为"去妖魔化"[5]。古德利菲则

---

[1] Daniel Stockemer and Mauro Barisione, "The 'New' Discourse of the Front National under Marine Le Pen: A Slight Change with a Big Impact", *European Journal of Communication*, Vol. 32, No. 2, 2017, pp. 100–115.

[2] Jasper Muis and Tim Immerzeel, "Causes and Consequences of the Rise of Populist Radical Right Parties and Movements in Europe", *Current Sociology Review*, Vol. 65, No. 6, 2017, p. 915; Gilles Ivaldi and Maria Elisabetta Lanzone, "The French Front National: Organizational Change and Adaptation from Jean-Marie to Marine Le Pen", in Reinhard Heinisch and Oscar Mazzoleni, eds., *Understanding Populist Party Organization: The Radical Right in Western Europe*, London: Palgrave Macmillan, 2016, p. 136.

[3] Daniel Stockemer and Mauro Barisione, "The 'New' Discourse of the Front National under Marine Le Pen: A Slight Change with a Big Impact", *European Journal of Communication*, Vol. 32, No. 2, 2017, p. 103.

[4] 田小惠、杨羽茜：《法国国民阵线的转型及原因探析》，《当代世界与社会主义》2018年第3期。

[5] Gilles Ivaldi and Maria Elisabetta Lanzone, "The French Front National: Organizational Change and Adaptation from Jean-Marie to Marine Le Pen", in Reinhard Heinisch and Oscar Mazzoleni, eds., *Understanding Populist Party Organization: The Radical Right in Western Europe*, London: Palgrave Macmillan, 2016, p. 146.

发现，国民阵线会在其掌权的市镇中挑选一些工人阶级聚居的市镇开展政策试点，派出与当地居民具有相似成长背景和经济地位的基层干部驻扎当地，与居民保持频繁交流，以此扩大国民阵线的群众基础。①

第三种解释强调投票给国民阵线是选民对主流政党未能回应其诉求表示不满的一种方式，并非真正支持国民阵线。马塞尔·柳伯斯和皮尔·舍佩斯提出"抗议型投票"（protest voting）的概念，指出选民投票支持国民阵线是为了向主流政党提出抗议，要求其回应与中下层选民密切相关的利益诉求。②保罗·海恩斯沃思认为，从20世纪80年代开始，国民阵线获得的大多数选票为选民的抗议式投票。③多米尼克·雷尼、安德鲁·纳普和文森特·赖特均指出，老勒庞时期的国民阵线在法国政党体系中的定位就是"抗议党"④。张莉认为，国民阵线赢得了不满和抗议法国主流政党的选民的关注和支持，从而在选举中崛起。⑤奥雷利恩·蒙顿也持有类似观点，但他进一步指出，选民的抗议式投票会随着国民阵线的"正常化"和"主流化"而逐渐减少。⑥

上述解释为理解国民阵线的兴起提供了思路，但不难发现，这

---

① Gabriel Goodliffe, "From Political Fringe to Political Mainstream: The Front National and the 2014 Municipal Elections in France", *French Politics, Culture & Society*, Vol. 34, No. 3, 2016, pp. 132 – 134.

② Marcel Lubbers and Peer Scheepers, "French Front National Voting: A Micro and Macro Perspective", *Ethnic and Racial Studies*, Vol. 25, No. 1, 2002, p. 126.

③ Paul Hainsworth, *The Extreme Right in Western Europe*, New York: Routledge, 2008, p. 27.

④ Dominique Reynie, "'Heritage Populism and France's Front National", *Journal of Democracy*, Vol. 27, No. 4, 2016, p. 51; Andrew Knapp and Vincent Wright, *The Government and Politics of France*, New York: Routledge, 2006, p. 244.

⑤ 张莉：《西欧民主制度的幽灵——右翼民粹主义政党研究》，中央编译出版社2011年版，第127页。

⑥ Aurelien Mondon, "Nicolas Sarkozy's Legitimization of the Front National: Background and Perspectives", *Patterns of Prejudice*, Vol. 47, No. 1, 2013, pp. 23 – 24.

些文献多为描述性研究,缺少对因果机制的分析。在回应法国中下层民众利益诉求这一问题上,主流政党确实无能为力。这是因为法国中下层民众失业率的上升和收入水平的下降从某种意义上说正是经济全球化和欧洲一体化的结果,而后者恰恰是主流政党支持并持续推进的政策主张。因此,国民阵线得以在主流政党无法回应选民的议题上积极发声,明确提出反经济全球化、反欧洲一体化的主张。第一种解释看似充分解释了国民阵线的兴起,但应该继续追问的是:国民阵线的支持者为何会持有反全球化、反欧洲一体化的诉求?全球化和欧洲一体化如何使这些选民成为"失利者"?这些选民又如何支持国民阵线?只有回答了这些问题,才能真正理解国民阵线兴起的根源。

对竞选宣传手段的研究遵循了政治传播学的分析路径。不可否认,持续的曝光度、具有感召力的政党领袖、改善政党形象的宣传话语都有助于提升国民阵线的影响力,但这些只是国民阵线为胜选而采用的手段,而非根本原因。从这一角度来看,第二种解释只关注到国民阵线的竞选策略,而忽视了这些策略能够有效争取哪些选民,忽视了国民阵线的宣传到底契合了他们的何种诉求。

"抗议式"投票的概念在分析老勒庞时期国民阵线的影响力提升上具有一定的解释力。但是,随着小勒庞采取一系列措施使国民阵线"去妖魔化",许多选民开始认同国民阵线的政策主张,并主动将选票投给国民阵线。特别是在2017年的总统选举期间,马克龙作为"非左非右"的新兴政治势力并未背负传统的政治包袱,国民阵线在这种情况下仍然能在第一轮选举中获得21.3%的选民支持,并在第二轮选举中拿下约1/3的选票,这足以说明国民阵线本身的吸引力。2022年的情况更是如此。因此,第三种解释很难充分说明小勒庞时期国民阵线影响力的进一步上升。

我们试图考察全球化如何造成了法国劳动力要素所有者的分化，进而塑造了国民阵线的选民基础。我们将从选举地理的视角分析上述问题。基于这一视角，我们将依据法国在全球化冲击下发生的大区之间的分化、城市中心区和郊区之间的分化和不同规模城市之间的分化来说明全球化对法国不同区域选民的影响是如何导致国民阵线兴起的。

## 二 区域分化、要素禀赋与参与全球化的政策偏好：一个分析框架

作为政治地理学的一个分支，选举地理学揭示了社会经济和政治变量的地理分布对选民偏好和选举结果的影响。法国政治地理学家安德烈·西格弗里德和弗朗索瓦·戈古埃尔为选举地理学奠定了基础。[1] 在他们的影响下，选举地理学的代表人物约翰·普雷斯科特主张从区域分化的角度来理解选举结果。例如，对于某一政党在某些区域中持续的主导地位，普雷斯科特强调应当关注这些区域中"共同利益群体的人口特征"，如族群、选民感知到的社会和经济地位、国籍和年龄等。[2] 选举地理学一直是政治地理学中较为多产的一支[3]，近年来在理论和方法上也有了新的发展。[4] 在保罗·克鲁格曼把国际贸易模式和经济活动的区位分析结合起来的新经济地理学的推动下，一些学者将国际贸易、产业布局和选民投票联系起

---

[1] R. P. Woolstencroft, "Electoral Geography: Retrospect and Prospect", *International Political Science Review*, Vol. 1, No. 4, 1980, p. 543.

[2] John R. V. Prescott, *Political Geography*, London: Methuen, 1972, p. 87.

[3] [美]科林·弗林特、[英]皮特·泰勒：《政治地理学：世界—经济、民族—国家与地方》，刘云刚译，商务印书馆2016年版，第232页。

[4] Barney Wart and Jonathan Leib, eds., *Revitalizing Electoral Geography*, Burlington: Ashgate, 2011.

来，以此分析经济开放条件下地理空间因素对政治动员的影响。①他们认为，在贸易开放/封闭上的共同利益催生了集体行动的动机，而空间上的接近降低了集体行动的成本。在这些研究的基础上，我们引入区域分化的视角来研究全球化对国内社会分化的影响，进而分析选民投票的区域基础。

作为社会分化的一种形式，区域分化在主流国际政治经济学文献中并没有得到应有的重视。主流研究比较深入地讨论了产品和生产要素的跨国流动对国内社会分化的影响，但是主要聚焦于阶级分化和行业分化这两种形式。②例如，作为该领域研究的集大成者，迈克尔·希斯考克斯就为阶级分化和行业分化这两种社会联盟分析路径的汇合提供了可以检验的理论假说和坚实可靠的经验基础。③这一研究领域的早期开拓者对区域分化并非完全视而不见。作为阶级联盟分析的倡导者，罗纳德·罗戈夫斯基就指出国际贸易的扩张至少会导致四种社会分化，其中两种是阶级分化，两种是城乡分化。④作为行业联盟分析的倡导者，彼得·古勒维奇认为，生产在地理区域分布上的重大变化与各国在国际化趋势中的政策冲突存在

---

① Marc L. Busch and Eric Reinhardt, "Industrial Location and Protection: The Political and Economic Geography of U. S. Nontariff Barriers", *American Journal of Political Science*, Vol. 43, No. 4, 1999, pp. 1028–1050; Marc L. Busch and Eric Reinhardt, "Geography, International Trade, and Political Mobilization in U. S. Industries", *American Journal of Political Science*, Vol. 44, No. 4, 2000, pp. 703–719; Marc L. Busch and Eric Reinhardt, "Industrial Location and Voter Participation in Europe", *British Journal of Political Science*, Vol. 35, No. 4, 2005, pp. 713–730; Matilde Bombardini and Francesco Trebbi, "Competition and Political Organization: Together or Alone in Lobbying for Trade Policy?" *Journal of International Economics*, Vol. 87, No. 1, 2012, pp. 18–26.

② 王正毅：《国际政治经济学通论》，北京大学出版社 2010 年版，第 276—277 页。

③ Michael Hiscox, *International Trade and Political Conflict: Commerce, Coalitions, and Mobility*, Princeton: Princeton University Press, 2001.

④ Ronald Rogowski, *Commerce and Coalitions: How Trade Affects Domestic Political Alignments*, Princeton: Princeton University Press, 1989, p. 8.

联系。① 不过，罗戈夫斯基和古勒维奇对国内区域分化的认识并没有充分反映在他们的经验研究中，之后的国际政治经济学者也没有继续探讨。总体上，除了在研究美国对外经济政策时会较多关注国际贸易带来的美国国内的区域分化外②，国际政治经济学很少从区域分化的维度来分析国际贸易的国内影响③，更不用说为国际贸易如何塑造区域分化提供一般性的分析框架了。为了更全面地理解全球化对国内社会分化和政治变迁的影响，我们认为有必要结合新经济地理学和政治地理学的发展"找回"被国际政治经济学的主流文献所忽视的区域分化议题。

经济地理学家的分析通常从异质空间而非同质空间的视角出发。区域差异意味着相对于其他区域而言，一些区域更加适合某类经济活动。④ 由于自然禀赋和历史惯性的原因，生产要素在不同区域间的分布往往并不均衡，可能集聚在某些区域。藤田昌久、克鲁格曼和安东尼·维纳布尔斯指出："集聚是指经济活动的集中，它由某种循环逻辑创造并维持。集聚有很多层次，从城市中为周边居

---

① Peter Grourevitch, *Politics in Hard Times: Comparative Responses to International Economic Crises*, Ithaca: Cornell University Press, 1986, p. 20.

② Sharyn O'Halloran, *Politics, Process and American Trade Policy*, Ann Arbor: University of Michigan Press, 1994; David Lake and Scott James, "The Second Face of Hegemony: Britain's Repeal of the Corn Laws and the American Walker Tariff of 1846", *International Organization*, Vol. 43, No. 1, 1989, pp. 1 – 29; Barry Eichengreen, "The Political Economy of the Smoot-Hawley Tariff", *NBER Working Paper*, No. 2001, 1986, https://www.nber.org/papers/w2001; Michael Hiscox, "The Magic Bullet? The RTAA, Institutional Reform, and Trade Liberalization", *International Organization*, Vol. 53, No. 4, 1999, pp. 669 – 698.

③ 只有很少文献从区域分化的角度对19世纪末20世纪初的国际贸易与英国、德国政党政治的演变进行研究，参见 Douglas A. Irwin, "The Political Economy of Free Trade: Voting in the British General Election of 1906", *Journal of Law and Economics*, Vol. 37, No. 1, 1994, pp. 75 – 108; Cheryl Schonhardt-Bailey, "Parties and Interests in the 'Marriage of Iron and Rye'", *British Journal of Political Science*, Vol. 28, No. 2, 1998, pp. 291 – 332.

④ [加] 威廉·安德森：《经济地理学》，安虎森等译，中国人民大学出版社2017年版，第87页。

民区服务的当地购物区，到硅谷（或伦敦市区）这样为整个全球市场服务的专业化经济区，都会出现集聚。"[1] 在完成工业化并进入信息化社会的发达国家，集聚往往导致以下几种形式的区域分化：

第一，专业化经济区之间的分化。一种典型的专业化经济区是传统意义上的"制造业带"，比如汽车业、钢铁业集聚的美国东北部。克鲁格曼指出，每一个单独的制造业工厂之所以落户于"制造业带"之内，是因为接近其他制造商可以带来好处。一旦"制造业带"建立起来，那么搬迁出去就不再符合任何单个制造商的利益。[2] 另一种典型的专业化经济区是高科技产业和高端服务业聚集区，比如高科技产业集聚的美国硅谷、银行业集聚的伦敦金融城、时装业集聚的意大利米兰。这些产业集群中的厂商不仅依赖高度专业化的劳动力和供应商，也依赖较早获得信息的能力。[3] 因此，无论对于传统制造业还是新兴的高科技产业和高端服务业，产业集聚都会导致专业化经济区之间的分化。

第二，城市中心区与郊区的分化。城市化的加速一方面使城乡分化不再显著，另一方面使城市的内部结构发生了显著变化。埃尔赫南·赫尔普曼等学者指出，当制造业的运输成本足够低时，制造业会向郊区迁移，以回避市中心的高租金。[4] 第二次世界大战后，由于铁路的大规模建设、汽车的普及和装配线生产的出现，工厂的生产活动逐渐迁移到郊外，由此郊区的发展成为可能。西欧各国普

---

[1] [日] 藤田昌久、[美] 保罗·克鲁格曼、[英] 安东尼·维纳布尔斯：《空间经济学：城市、区域与国际贸易》，梁琦等译，中国人民大学出版社2013年版，第1页。

[2] [美] 保罗·克鲁格曼：《地理与贸易》，刘国晖译，中国人民大学出版社2017年版，第14—17、79—82页。

[3] [美] 保罗·克鲁格曼：《地理与贸易》，刘国晖译，第79—82页。

[4] Tamim Bayoumi, David T. Coe and Elhanan Helpman, "R & D Spillovers and Global Growth", *Journal of International Economics*, Vol. 47, No. 2, 1999, pp. 399–428.

遍制订了城市的郊区化计划，包括在郊区为低收入家庭建房，以为工业企业迁出城市中心区提供便利。① 郊区化和中心城区的衰落在20世纪60年代至70年代表现得尤为突出，但到了20世纪80年代以后，随着高端服务业与高新技术产业的迅速发展，城市中心区开始复兴。② 这样一来，在经历了郊区化和都市区复兴这两个前后相继的进程后，制造业更多地集聚于郊区，高端服务业以及高新技术产业更多地集聚于城市中心区。

第三，不同规模城市之间的分化。经济地理学一般根据人口规模来定义城市规模。主要依赖人力资本的高端服务业和高新技术产业通常分布在人口规模更大、现代化程度更高的大都市，而非熟练/半熟练劳动力所在的中低端制造业更多地分布在人口规模较小、土地租金较低的小城镇。艾伦·斯科特和阿戈斯蒂诺·曼泰格纳的研究发现，美国城市体系中不同层级的城市之间在人力资本上有着显著差异。大都市的就业劳动力需要在分析、管理和人际沟通方面具备更大能力，而在小城镇中就业的劳动力需要更多地具备体力和操作技能。③ 这样，大都市就具有较高的人力资本特征值，而小城镇的人力资本特征值则较低。

基于上述分化，我们发现不同生产要素的所有者集聚在不同的专业化经济区、城市的不同部分或者不同规模的城市中。随着技术进步和产业升级，劳动力要素分化为非熟练/半熟练劳动力和人力资本。传统制造业主要密集使用非熟练/半熟练劳动力，而高端服务业和高新技术产业主要密集使用人力资本。这样，非熟练/半熟

---

① 厉以宁：《工业化和制度调整——西欧经济史研究》，商务印书馆2015年版，第357页。
② [美] 雷金纳德·戈列奇、[澳] 罗伯特·斯廷森：《空间行为的地理学》，柴彦威等译，商务印书馆2013年版，第97—102页。
③ Allen Scott and Agostino Mantegna, "Human Capital Assets and Structures of Work in the US Metropolitan Hierarchy", *International Regional Science Review*, Vol. 32, No. 2, 2009, pp. 173 – 194.

练劳动力与人力资本要素之间的分化在专业化经济区上反映为"制造业带"和高科技产业、高端服务业聚集区之间的分化，在城市内部反映为郊区与城市中心区之间的分化，在城市等级体系中反映为小城镇和大都市之间的分化。

随着全球化的发展，这些不同区域聚集的生产要素需要面对货物和服务贸易带来的国际竞争。在参与国际竞争的过程中，这些不同的生产要素所有者有的受益，有的受损。根据斯托尔珀—萨缪尔森定理，国际贸易会使本国充裕的生产要素的报酬提高，本国稀缺的生产要素的报酬下降。这样，基于不同的要素禀赋，在一国之内不同区域中集聚的生产要素所有者会对全球化形成不同的政策偏好：在全球化中受损的稀缺要素所有者会反对全球化，从全球化中受益的充裕要素所有者会支持全球化。第二次世界大战后，发达国家的非熟练/半熟练劳动力逐渐由充裕要素转变为稀缺要素，这些国家人力资本的充裕程度则随着教育的普及进一步提高。这样一来，由于全球化的收入分配效应，产业集聚带来的区域分化会导致具有不同对外政策偏好的选民在不同区域集中分布（如表4-2所示）。

表4-2　　　　　区域分化、要素禀赋与政策偏好

| 区域分化 | | 集聚的劳动力要素 | 要素禀赋 | 政策偏好 |
| --- | --- | --- | --- | --- |
| 专业化经济区之间的分化 | 制造业带 | 非熟练/半熟练劳动力 | 稀缺 | 反对全球化 |
| | 高科技产业和高端服务业聚集区 | 人力资本 | 充裕 | 支持全球化 |
| 城市中心区与郊区的分化 | 郊区 | 非熟练/半熟练劳动力 | 稀缺 | 反对全球化 |
| | 城市中心区 | 人力资本 | 充裕 | 支持全球化 |
| 不同规模城市之间的分化 | 小城镇 | 非熟练/半熟练劳动力 | 稀缺 | 反对全球化 |
| | 大都市 | 人力资本 | 充裕 | 支持全球化 |

资料来源：笔者自制。

在竞争性选举制度下，政党体系往往反映了多个维度上的社会分化。[1] 为了在选举中获得某一部分选民的支持，政党将会根据这些选民的偏好来制定自己的竞选纲领。在动员中下层民众的过程中，民粹主义政党发展出以"人民"对抗"他者"的二元价值观。"他者"既可以是权贵精英，从而衍生出"反精英/反建制"的反建制主义，也可以是外国移民和国际资本，从而衍生出"反移民/反经济全球化"的本土主义/民族主义。[2] 由于民粹主义政党将反全球化作为竞选纲领的核心内容，在稀缺要素集中的区域中，当地选民是全球化的受损者，如果得不到主流政党的回应，他们就会将选票投给民粹主义政党。

## 三 全球化与法国的区域分化

自两次工业革命以来，法国一直是欧洲乃至世界范围内的工业强国和重要的发达国家之一。纺织业、钢铁业和农业一直是法国的主要经济支柱。但自20世纪70年代以来，新一轮全球化使法国的传统制造业走向衰落，高端服务业与高新技术产业逐渐兴起。在这一过程中，占人口大多数的劳动力要素所有者的内部出现了非熟练/半熟练劳动力和人力资本要素所有者之间的分化。前者作为稀缺要素所有者在全球化中受损，既遭遇了产业结构变迁所导致的失业或收入下降问题，又面临着与自身竞争就业机会和福利资源的外来移民问题。由于法国不同要素所有者在不同地理区域上的集聚，全球化对不同要素所有者的影响在法国表现为不同区域之间的

---

[1] Seymour Martin Lipset and Stein Rokkan, *Party Systems and Voter Alignments: Cross-National Perspectives*, New York: Free Press, 1967.

[2] Cas Mudde and Cristobal Rovira Kaltwasser, "Studying Populism in Comparative Perspective: Reflections on the Contemporary and Future Research Agenda", *Comparative Political Studies*, Vol. 51, No. 13, 2018, p. 1669；林红：《西方民粹主义的话语政治及其面临的批判》，《政治学研究》2018年第4期。

分化。

### （一）全球化下的产业结构变化与产业布局

20世纪70年代以来，法国日益融入新一轮经济全球化的浪潮，以信息技术为核心的创新型知识经济开始出现。作为全新生产关系的组成部分，技术、知识和信息等新兴要素开始与传统生产要素争夺生产关系的主导权。[①] 在这一过程中，法国的产业结构发生了重大变化，农业和传统制造业占法国经济的比重逐渐降低[②]，高端服务业和高新技术产业的重要性日益提高。

随着全球化带来的国际竞争的加剧，法国的纺织品和钢铁难以媲美发展中国家价格低廉的同类产品，纺织业和钢铁业在法国经济中的重要性逐渐降低。1905—1913年，纺织业产值在法国工业产值中的比重为31.4%，而到了1989年，纺织业的经济增加值只占法国制造业经济增加值的7%。[③] 20世纪70年代以来，法国钢铁产量降低了1/3以上，劳动力需求也减少了近70%。[④] 除此之外，法国其他中低端制造业还面临着来自发展中国家和新兴经济体的巨大挑战。与2000年相比，2016年法国的纺织、服饰和鞋类制造业产出减少了51%，焦炭冶炼业减少了34%，电气设备制造业减少了20%，木材、纸张和印刷业减少了13%，金属加工及金属制造

---

① 张宇燕等：《全球化与中国发展》，社会科学文献出版社2007年版，第17页。

② 作为稀缺要素，法国的土地要素在全球化中并不具有比较优势，但得到了欧盟共同农业政策的保护。因此，本书不分析法国的农业问题。关于法国农业发展情况，参见李先德等《法国农业》，中国农业出版社2014年版。

③ Stéphane Becuwe and Bertrand Blancheton, "French Textile Specialization in Long Run Perspective (1836–1938): Trade Policy as Industrial Policy", *Business History*, Vol. 62, No. 6, 2018, pp. 2, 4–5; M. Battiau, "The Evolution of the French Textile and Clothing Industry in Recent Years", *Journal of the Textile Institute*, Vol. 82, No. 2, 1991, p. 137.

④ 陈会颖：《法国政治经济与外交》，知识产权出版社2014年版，第131页。

业减少了10%（见表4-3）。①

表4-3　　　　2000—2016年法国制造业产出变化率

| 制造业各部门 | | 2000—2016年变化率（%） |
|---|---|---|
| 高技术部门 | 除汽车外的交通运输设备（飞机、铁路等） | +87 |
| | 医药制造 | +72 |
| | 信息技术、电子和光学产品 | -1 |
| 中—高技术部门 | 机械设备制造 | -2 |
| | 化学工业 | -3 |
| | 电气设备 | -20 |
| | 汽车制造 | -28 |
| 中—低技术部门 | 修理、安装和杂货制造 | +7 |
| | 橡胶、塑料和其他非金属制品 | -3 |
| | 金属加工和金属制品 | -10 |
| | 焦炭冶炼 | -34 |
| 低技术部门 | 农业食品 | +5 |
| | 木材、纸张和印刷 | -13 |
| | 纺织、服饰和鞋类制造 | -51 |

资料来源：Ministry of Economics and Finance, "Globalization has Forced French Industry to Play to Its Strengths", *Economic Studies*, No.7, 2017, p.2.

为了削减生产成本、扩大在全球市场上的份额，许多法国企业开始转向海外寻找更低廉的劳动力，并将劳动力密集的制造环节转移至北非、东欧、东南亚等地区，造成法国本土失去了300万—500万个制造业就业岗位。据估算，1977—1985年法国制造业的就

---

① Ministry of Economics and Finance, "Globalization Has Forced French Industry to Play to Its Strengths", *Economic Studies*, No.7, 2017, pp.2-3.

业率降低了 15 个百分点，1985—1993 年则降低了 25 个百分点。[①] 与此同时，法国制造业企业的海外雇员人数在 1991—1995 年提高了 15.1%。1998 年的数据显示，在法国 16 个规模较大的制造业企业中，本土雇员的占比大约为 52%。虽然法国的国防工业和电信行业的本土雇员占比非常高，但是在米其林轮胎、圣戈班、欧莱雅这些与国家安全关系不大的企业里，非法国籍雇员占雇员总数的比重分别为 78.8%、68.2% 和 74%。[②] 由于大量农业和传统制造业的从业者失业，法国兼职人数在全国就业人口中的比例大幅上升，从 1984 年的 8.5% 提升至 1995 年的 16%。到 1998 年，法国大约有 6% 的男性和 32% 的女性由于无法获得固定工作而不得不从事兼职工作。[③]

在纺织业、钢铁业等传统制造业走向衰落的同时，以技术、资金密集和高经济附加值为特征的高端服务业和高新技术产业迅速发展起来。进入 21 世纪，法国制造业的增值链进一步发生变化，高新技术产业如航空航天和医药制造，资本密集型第三产业如金融业、奢侈品和时尚业，以及旅游观光业成为法国新的经济增长点。在短短十余年间，除汽车外的交通运输制造和医药制造业的产出分别增加了 87% 和 72%（见表 4-3），为法国经济的快速发展贡献了强劲动力。[④] 1990—2008 年，法国服务业从业者占全国就业人口的比重不断上升，男性服务业从业者的占比提升了近 9 个百分点，

---

[①] Vanessa Strauss-Kahn, "The Role of Globalization in the Within-Industry Shift away from Unskilled Workers in France", in Robert E. Baldwin and L. Alan Winters, eds., *Challenges to Globalization: Analyzing the Economics*, Chicago: The University of Chicago Press, 2004, pp. 210–211.

[②] Susan Milner, "Globalization and Employment in France: Between Flexibility and Protection", *Modern and Contemporary France*, Vol. 9, No. 3, 2001, pp. 329–330.

[③] Susan Milner, "Globalization and Employment in France: Between Flexibility and Protection", *Modern and Contemporary France*, Vol. 9, No. 3, 2001, p. 332.

[④] Ministry of Economics and Finance, "Globalization Has Forced French Industry to Play to Its Strengths", *Economic Studies*, No. 7, 2017, pp. 2–3.

女性则提高了12个百分点。1990年，法国就业市场上高学历劳动力的比重不及低学历劳动力的一半。然而，到了2008年，男性高学历劳动力和女性高学历劳动力均已占据1/3左右的就业岗位，分别达到27.6%和34.6%。男性和女性低学历劳动力的比重则分别降至17.5%和15.2%（见表4-4）。[1] 整体来看，法国就业人口中的低学历劳动力和高学历劳动力之比不断降低，这说明全球化已深刻地改变了法国劳动力市场的结构。[2]

表4-4　　　　　　法国就业市场上的人口特征　　　　　　（%）

| 年份 | 男性 | | | 女性 | | |
| --- | --- | --- | --- | --- | --- | --- |
| | 1990 | 2000 | 2008 | 1990 | 2000 | 2008 |
| 25岁以下 | 39.6 | 35.4 | 43.2 | 37.3 | 30.6 | 36.5 |
| 25—55岁 | 95.3 | 94.2 | 94.1 | 72.3 | 78.2 | 81.8 |
| 55岁以上 | 38.7 | 33.4 | 39.5 | 26.3 | 26.6 | 35.1 |
| 服务业从业者 | 21.0 | 28.3 | 29.7 | 40.2 | 52.0 | 52.7 |
| 高学历劳动力 | 15.5 | 23.2 | 27.6 | 18.4 | 28.7 | 34.6 |
| 低学历劳动力 | 34.5 | 23.7 | 17.5 | 33.0 | 22.0 | 15.2 |
| 移民比重 | 6.6 | 8.3 | 8.8 | 3.8 | 6.2 | 7.6 |
| 平均年龄（岁） | 38.9 | 39.9 | 40.5 | 38.4 | 40.0 | 41.0 |

资料来源：Gregory Verdugo, Henri Fraisse and Guillaume Horny, "Changes in Wage Inequality in France: The Impact of Composition Effects", *Revue Économique*, Vol. 63, No. 6, 2012, p. 1089.

---

[1] Gregory Verdugo, Henri Fraisse and Guillaume Horny, "Changes in Wage Inequality in France: The Impact of Composition Effects", *Revue Économique*, Vol. 63, No. 6, 2012, p. 1089.

[2] Vanessa Strauss-Kahn, "The Role of Globalization in the Within-Industry Shift away from Unskilled Workers in France", in Robert E. Baldwin and L. Alan Winters, eds., *Challenges to Globalization: Analyzing the Economics*, Chicago: The University of Chicago Press, 2004, p. 220.

法国产业结构的变化使得集聚不同产业的不同区域的经济影响力发生逆转。20世纪50年代，巴黎地区和法国其他大区形成了"两个法国"的鲜明对比，而大区也进一步分化为"先进"大区（被称为"富足的新月地带"的东部和东北部地区）和"落后"大区（工业刚开始起步的西部和西南部地区）。① 巴黎地区和"先进"大区无一例外均以重工业为主要经济支柱。例如，东北部地区尤其是阿尔萨斯—洛林的高炉技术迅速发展，使得钢铁业开始向技术中心聚集。第二次世界大战后实施的莫内计划更是进一步巩固了阿尔萨斯—洛林法国钢铁中心的地位。② 60年代，洛林生产的粗钢占全法国的64%，生铁占全法国的85%。③ 然而，在70年代以后，随着钢铁工业的日趋衰落，东北部和中东部老工业区的经济影响力不断下降。北部的加莱海峡大区和东部的阿尔萨斯—洛林和弗朗什—孔泰大区占全国GDP的份额以及就业人口占全国就业总人口的比重均出现下降。④

20世纪70年代以来，随着高端服务业和高新技术产业的发展，法国经济重心开始从东北地区向西南方向转移。以资金密集为主要特征的时装业在巴黎和罗纳—阿尔卑斯大区的人口稠密地区兴起，并借助尖端科学技术大幅提高了经济附加值；法国的航空航天业则主要分布在巴黎、西南部的图卢兹和波尔多地区；普罗旺斯—

---

① ［法］费尔南·布罗德尔、欧内斯特·拉布罗斯编：《法国经济与社会史（50年代至今）》，谢荣康等译，复旦大学出版社1990年版，第358—361页。

② Norman J. G. Pounds, "Historical Geography of the Iron and Steel Industry of France", *Annuals of the Association of American Geographers*, Vol. 47, No. 1, 1957, pp. 3 – 14.

③ ［英］I. B. 汤普森：《法国区域经济地理》，储绍唐、段绍伯译，上海译文出版社1983年版，第39页。

④ Serge Dormard, "Economic Development and Regional Disparities in France", in Helmut Karl and Philippe Rollet eds., *Employment and Regional Development Policy: Market Efficiency versus Policy Intervention*, Hannover: Akademiefür Raumforschung und Landesplanung (ARL) -Leibniz-Forum fürRaumwissenschaften, 2004, pp. 51 – 52.

阿尔卑斯—蓝色海岸大区以海滨旅游和疗养闻名,拥有尼斯、戛纳、芒通、安提比斯等著名旅游城市,山地旅游则集中在阿尔卑斯山、比利牛斯山以及靠近瑞士和德国的汝拉山和孚日山,法兰西岛大区和卢瓦尔河大区则着重打造集知识性和艺术性为一体的商务旅游。① 但是值得注意的是,这些位于法国南部和地中海沿岸的大区的经济发展极不平衡,除上述以旅游观光业为重心的海滨城市外,其他地区的经济状况并不容乐观。

作为首都巴黎的所在地,法兰西岛大区发展迅速。城市化的快速推进使得巴黎地区经常往返于市中心和郊区之间的通勤乘客数从1901年的10万人增长至1962年的120万人。这一变化带动了这一地区的高速公路和铁路网建设,其他基础设施和服务项目也相应发展起来。② 新一轮全球化还为该区域的经济发展带来了新机遇。20世纪末21世纪初,巴黎居民中从事金融、咨询、保险、计算机、房地产、广告等服务性工作的就业人口比重不断提升,当时大约占巴黎总就业人口的1/4,并在后续年份持续显著增加。③ 目前,该区域约有1100万人口和500万个就业岗位,人均GDP超出全国平均水平的55%,是法国经济实力最强的地区。④

### (二) 外来人口对本国居民的冲击与人口分布

随着全球化的深入,迁入法国的移民也显著增加。2014年的人口普查数据显示,法国共有6632万人口,其中597万为外国移

---

① 陈会颖:《法国政治经济与外交》,知识产权出版社2014年版,第131—136页。
② [英] I. B. 汤普森:《法国区域经济地理》,储绍唐、段绍伯译,上海译文出版社1983年版,第11—12页。
③ Natacha Aveline, "Effects of Globalization on the Spatial Structure and Property Markets of the Paris Region", *Comprehensive Urban Studies*, No. 62, 1999, p. 245.
④ Rachel Guilliain, Julie Le Gallo and Celine Boiteux-Orain, "Changes in Spatial and Sectoral Patterns of Employment in Ile-de-France, 1978 – 1997", *Urban Studies*, Vol. 43, No. 11, 2006, p. 2078.

民，占比为9%，主要来自北非、南欧和东欧等地区。按出生地划分，大约有77万人来自阿尔及利亚、70万人来自摩洛哥、62万人来自葡萄牙，来自意大利、西班牙、突尼斯和土耳其的移民分别为25万—30万人不等。① 这些外来移民以非熟练劳动力为主（占比约为78%），其中，来自北非国家的移民中约有85%为非熟练劳动力，而来自欧盟成员国的移民中则有超过半数为熟练劳动力。② 大部分移民在法国从事的是中低端工作，比如物流、仓储、建筑、清洁、维修等中低端工种，与法国本土的非熟练劳动力存在比较激烈的就业竞争关系。1999年的数据显示，法国有22.56%的移民为从事体力劳动的蓝领工人，而本地居民的这一比例仅为14.65%。③ 除了就业机会上的竞争外，外来移民在社会福利上也和法国本土的非熟练/半熟练劳动力形成了一定的竞争。2005年的数据显示，一个外来移民平均每年能为法国财政贡献72026欧元的税收收入，同时获得包括医疗、教育、住房、失业补贴在内的各项财政转移共计68140欧元，对法国财政的净贡献值为3885欧元，约为本国居民财政净贡献值的70%。④ 也就是说，外来移民享受了法国的大量福利资源，如全民医保、免费义务教育、公共交通、失业后的职业培训，而这些福利开支的成本由法国的全体国民承担。

2015年欧洲难民危机爆发后，面对欧盟委员会提出的12万人

---

① 参见法国国家人口研究所（Institut National D'études Démographiques）统计数据，https：//www.ined.fr/en/everything_about_population/data/france/immigrants-foreigners/countries-birth-immigrants/.

② Dominique M. Gross, *Three Million Foreigners, Three Million Unemployed? Immigration and the French Labor Market*, Washington D. C.：International Monetary Fund, 1999, p.18.

③ Denis Fougère, Francis Kramarz, Roland Rathelot and Mirna Safi, "Social Housing and Location Choices of Immigrants in France", *International Journal of Manpower*, Vol. 34, No. 1, 2013, pp. 56–69.

④ Xavier Chojnicki, "The Fiscal Impact of Immigration in France：A Generational Accounting Approach", *The World Economy*, Vol. 36, No. 8, 2013, pp. 1065–1090.

的难民强制接收配额，法国总统弗朗索瓦·奥朗德承诺在 2016—2017 年接收 2.4 万难民。① 为接待、审查和安置难民，法国政府不得不支付大额财政开支。根据法国统计与经济研究所的统计，法国接待、审查和安置一个难民的平均成本超过 8000 欧元。其中，庇护申请人在拿到申请结果前每月可获得 330 欧元的等候期临时补助金，并享受免费医疗救助和儿童入学等社会跟踪服务。一旦获得难民身份，他们将享有与法国国民中的失业者完全相同的福利待遇，包括失业补贴、创业援助、职业培训等。接受职业培训的难民还将获得不低于法国最低工资标准的薪资，大约为每月 1400 欧元。② 除此之外，在法国的难民还可以获得各类社保补助和家庭补贴，并能够向申请避难人员接待中心申请临时性保障住房。

外来人口在法国的区域分布相对集中，这不仅与移民来源国的地理毗邻性有关，也与法国的产业集聚性有关。两次世界大战期间，多数移民聚居在法国的边境地区，不过，也有不少移民迁入内地的工业区和人烟稀少的农业地带。③ 大量意大利和西班牙移民进入法国，他们满足了法国的农业和工业发展需求，他们主要定居在法国东南沿海地区和东部工业区，如罗纳省、伊泽尔省、罗纳河口省。1945 年以来，战后重建的需要使得大量来自北非的移民进入法国，这些移民大多前往法兰西岛大区、里昂、马赛和格勒诺布寻找工作机会。20 世纪 60 年代后期，来自西班牙和葡萄牙的移民数量增多，他们主要从事汽车制造和钢铁工业，集中分布在法国东北部工业区。从整体上看，由于移民主要来源地北非和南欧在地理上

---

① 赵晨、赵纪周、黄萌萌：《叙利亚内战与欧洲》，中国社会科学出版社 2018 年版，第 54 页。
② Sandrine Gineste, *Labour Market Integration of Asylum Seekers and Refugees*：*France*，Luxembourg：Publications Office of the European Union，2016，pp. 1 - 2，4.
③ 伊夫·勒坎：《大革命以来法国经济中的劳动力状况》，载彼得·马赛厄斯、波斯坦主编《剑桥欧洲经济史》（第七卷上册），徐强等译，经济科学出版社 2004 年版，第 404 页。

更靠近法国南部，而且作为传统老工业区的法国东北部和发达的巴黎盆地地区在不同时期对移民也颇具经济吸引力，因此外来移民集中分布在法国南部的地中海沿岸、巴黎盆地地区和东北部老工业区（见图4-1）。在法国，移民占比超过6%的地区包括巴黎及其周边诸如上塞纳省、塞纳—圣但尼省、马恩河谷省和埃松省，法国东南部地中海沿岸的罗纳河口省、沃兹吕克省和滨海阿尔卑斯省等，以及法国东部和北部的罗纳省、安省、上萨瓦省、上莱茵省和下莱

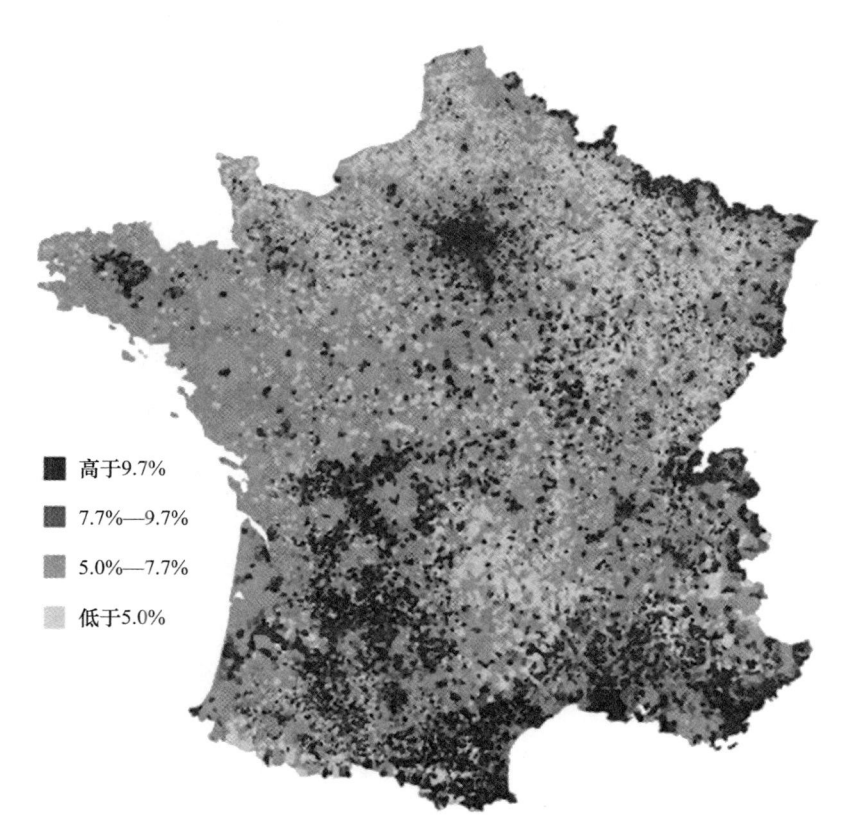

■ 高于9.7%
■ 7.7%—9.7%
■ 5.0%—7.7%
□ 低于5.0%

**图4-1　2016年法国移民分布状况（未包含科西嘉岛和海外大区）**

资料来源：Chantal Brutel, "La Localisation Géographique des Immigrés", *INSEE Premiere*, No. 1591, 2016, p. 2.

茵省等。①

外来人口在法国的区域分布特点除了大区之间的不均衡外，在城市内部和不同规模的城市之间也存在分布差异。第二次世界大战后，受本国居民住房紧张和日益增多的外来移民的影响，法国开始在巴黎和其他大城市的郊区兴建由政府财政提供补贴、私人部门投资建设的廉租房社区，并将入境劳工集中安置于此。这使得外来移民中约有九成居住在城市区域（包括市中心、近郊和远郊），居住在乡镇和农村地区的外来移民不超过总数的10%。② 这些移民以巴黎、里昂和马赛等大城市为主要定居点，占比分别为38.2%、4.1%和3.1%，还有部分移民选择尼斯（2.3%）、图卢兹（2.0%）、里尔（1.7%）、斯特拉斯堡（1.5%）和波尔多（1.4%）作为居住地。在城市内部，约有32.8%的移民在市中心附近居住，约有46.2%的移民选择郊区作为居住地，而本国居民中仅有24.2%和32.6%的居民分别居住在市中心和郊区。据估计，超过六成的外来移民生活在人口稠密的地区，而本国居民中仅有三成生活在这些地区。③

## 四 法国的区域分化与国民阵线兴起

作为融入全球化的结果，法国的产业结构变化与外来移民的涌入深刻地改变了法国的劳动力市场状况。一方面，随着法国参与全

---

① INSEE, "Recensement de la Population, 2008", https://www.insee.fr/fr/information/2891452.

② 参见刘力达《高认同与高冲突反思共和模式下法国的移民问题及其政策》，《民族研究》2013年第5期；彭姝祎《当代穆斯林移民与法国社会：融入还是分离》，《西亚非洲》2016年第1期；刘冬《法国穆斯林移民问题的原因剖析》，《阿拉伯世界研究》2016年第1期。

③ Chantal Brutel, "La Localisation Géographique des Immigrés", *INSEE Premiere*, No. 1591, 2016, pp. 2–3.

球化的要素禀赋发生变化，法国农业和传统制造业提供的就业岗位逐渐减少，高端服务业和高新技术产业从业者的比重不断增加，中低端劳动力市场供大于求，非熟练/半熟练劳动力越来越难以找到合适的工作。另一方面，涌入法国的移民大部分为非熟练劳动力，他们不仅与本国公民竞争日益减少的低技术就业岗位，还挤占了大量原本属于法国中低收入群体的社会保障和福利开支。在双重冲击的共同作用下，大量法国本土的非熟练/半熟练劳动力失去工作机会，生活水平降低，产生强烈的被剥夺感。然而，主流政党却未能采取有效措施缓解他们所遭受的冲击，因为全球化和欧洲一体化正是主流政党倡导和推进的政策。与主流政党不同，国民阵线的领导人老勒庞和小勒庞先后以"法国人优先""法兰西第一""以人民的名义"等口号回应这些群体的政治经济诉求。[1] 国民阵线由此赢得大批支持者。

粗略勾勒2002—2022年五次总统选举期间国民阵线的支持者，不难发现国民阵线的核心支持者具有如下特征：受教育程度较低、从事诸如体力劳动的中低端工作或处于失业状态、年龄偏低。[2] 以2017年第一轮总统选举的数据为例，在低学历、蓝领工人、失业者和18—34岁的年轻人中投票支持小勒庞的比例分别为30%、37%、26%和23%。[3] 这些群体恰恰是受全球化和欧洲一体化冲击十分严重的群体。可以合理推测，具有上述特征的选民集中的区域将会是国民阵线的主要票仓，国民阵线将在这些区域获得更多的选票。在

---

[1] 项佐涛、黄震：《法国国民阵线的兴起探究》，《党政研究》2017年第6期。

[2] Paul Hainsworth, *The Extreme Right in Western Europe*, New York: Routledge, 2008, p.102; Andrew Knapp and Vincent Wright, *The Government and Politics of France*, New York: Routledge, 2006, p.243; Gilles Ivaldi, "The FN Split: Party System Change and Electoral Prospects", in Jocelyn Evans, ed., *The French Party System*, Manchester: Manchester University Press, 2003, pp.139–140.

[3] "1er Tour Presidentielle 2017: Sociologie des L'électorats", *Ipsos France*, April 2017, pp.4–8.

这一部分里，我们将基于大区之间的分化、城市中心区与郊区之间的分化和不同规模的城市之间的分化提出一组可检验的假说。

### （一）各大区之间的分化与国民阵线兴起

全球化带来的产业结构变化拉大了各大区之间的发展差距。2016年，法国人均GDP为41363美元。其中，法兰西岛大区人均GDP高达69423美元，也是13个大区中唯一一个人均GDP超过全国平均水平的大区，其余大区均少于40000美元。原工业重镇大东部大区和北部的上法兰西大区分别排在第9位和第13位，属于经济落后地区。[①] 从失业率上看，法国各大区之间的差异也十分明显。综合来看，法国东北部地区和南部地中海沿岸失业率最高，其中，北部的上法兰西大区的失业问题最为严重。位于西部的布列塔尼大区、卢瓦尔河大区以及中部的法兰西岛大区则是法国失业率较低的地区。2015年，上法兰西大区失业率高达12.6%。虽然这一数字在2022年降至8.9%，但仍远高于法国平均水平。奥克西塔尼、普罗旺斯—阿尔卑斯—蓝色海岸、诺曼底和大东部大区在2009年至2015年失业率持续上升，2015年后出现下降，但2022年的失业率仍处于很高水平（见表4-5）。具体到市镇层面，2013年第二季度数据显示，法国失业率较高的前20个城市均集中在北部的上法兰西大区和南部的奥克西塔尼大区，两地失业率均超过15%。其中，失业率最高的佩泽纳斯市甚至达到17.9%。[②]

---

[①] 参见 https：//stats.oecd.org/。
[②] 失业率较高的城市为佩泽纳斯（17.9%）、加莱（17.7%）、朗斯（17.7%）、蒂拉什（17.5%）、阿莱斯（17.3%）、塞特（17%）、瓦朗谢讷（16.7%）、莫伯日（16.4%）、纳博讷（16.3%）、塞雷（16.1%）、特雷吉耶（16%）、圣康坦（15.9%）、冈日（15.8%）、杜埃（15.5%）、鲁贝—图尔昆（15.5%）、阿尔勒（15.4%）、滨海布洛涅（15.3%）、洛代夫（15.1%）和孚日圣迪埃（15%）（参见 https：//www.lemonde.fr/politique/infographie/2013/12/26/le-chomage-frappe-surtout-le-languedoc-roussillon-et-le-nord-pas-de-calais_4340205_823448.html）。

表 4-5　　2009—2022 年法国各大区失业率

（按 2016 年后新行政分区划分）　　（%）

| 年份 | 2009 | 2012 | 2015 | 2017 | 2022 |
|---|---|---|---|---|---|
| 上法兰西大区 | 11.0 | 12.0 | 12.6 | 11.7 | 8.9 |
| 奥克西塔尼大区 | 9.7 | 11.0 | 12.2 | 11.1 | 8.7 |
| 普罗旺斯—阿尔卑斯—蓝色海岸大区 | 9.5 | 10.8 | 11.6 | 10.9 | 8.2 |
| 诺曼底大区 | 8.8 | 9.6 | 10.3 | 9.5 | 7.0 |
| 大东部大区 | 8.6 | 9.3 | 10.3 | 9.3 | 7.1 |
| 科西嘉岛大区 | 8.1 | 9.4 | 11.0 | 10.0 | 6.1 |
| 勃艮第—法兰西—孔泰大区 | 8.0 | 8.5 | 9.4 | 8.2 | 6.4 |
| 新阿基坦大区 | 7.9 | 9.0 | 9.8 | 8.9 | 6.6 |
| 奥涅弗—罗纳—阿尔卑斯大区 | 7.6 | 8.2 | 9.0 | 8.2 | 6.3 |
| 中央大区 | 7.5 | 8.6 | 9.7 | 8.9 | 6.9 |
| 卢瓦尔河大区 | 7.4 | 8.0 | 9.0 | 7.9 | 6.1 |
| 法兰西岛大区 | 7.2 | 8.2 | 8.9 | 8.2 | 6.9 |
| 布列塔尼大区 | 7.1 | 7.9 | 8.9 | 7.9 | 6.0 |

资料来源：CEIC Data, https://www.ceicdata.com/en/france/unemployment-by-region-and-zone.

作为法国国内受全球化和欧洲一体化冲击最严重的群体，非熟练/半熟练劳动力更可能失业，收入水平更难提高。由于国民阵线回应了非熟练/半熟练劳动力的诉求，我们可以提出：

假说 1：那些受全球化和欧洲一体化冲击严重的大区，在总统选举中更倾向于支持国民阵线。

全球化和欧洲一体化带来的冲击有两种：一种是经济转型和产业升级过程中落后产业的衰落和淘汰给这类产业从业者带来的冲

击，这种冲击在法国北部和东部最为明显，因为钢铁业、纺织业等传统制造业主要分布在这些区域；另一种是边境开放后移民涌入和难民危机后难民涌入对本国居民的冲击和挑战，受冲击最大的是法国地中海沿岸地区。因此，假说1可以进一步细分。

假说1a：由于全球化导致传统制造业的衰落，法国北部和东部地区在总统选举中更倾向于支持国民阵线。

假说1b：由于大量移民和难民涌入挤占了本地居民的就业机会和福利资源，法国地中海沿岸地区在总统选举中更倾向于支持国民阵线。

## （二）城市中心区和郊区之间的分化与国民阵线的兴起

按照距市中心的远近通常可将城市区域划分为中心区、近郊和远郊。由于受土地租金的影响，传统制造业大多分布在远离城市的郊区，而高端服务业和高新技术产业则更多地聚集在城市中心区，这就使得郊区和城市中心区的居民之间形成了鲜明的社会分化。I. B. 汤普森就发现，在法国的城市化过程中，城市中心吸引了大量充满活力的新兴产业，四周即近郊则环绕着工业化的内层，远郊则是为市中心和近郊储备劳动力的地方。[1] 法国绝大多数非熟练/半熟练劳动力住在郊区，特别是在距离市中心30—50千米的郊区地带。离市中心越近，非熟练/半熟练劳动力占全部居民的比重就越小，仅有小部分劳工居住在距市中心10千米以内的城市中心地带。[2] 而金融、咨询、保险、计算机和房地产等行业的从业者则居住在靠近城市中心的地区。

---

[1] ［英］I. B. 汤普森：《法国区域经济地理》，储绍唐、段绍伯译，上海译文出版社1983年版，第12—13页。

[2] Michel Bussi, Jérôme Fourquet and Céline Colange, "Understanding and Analyzing the Vote in the 2012 Presidential Elections: The Contribution of Electoral Geography", *Revue Française de Science Politique*, Vol. 62, No. 5, 2012, p. 168.

随着这种分化的出现,郊区和城市中心区的贫富差距也逐渐拉大。据统计,法国 1/3 的大城市的郊区贫困率超过 19%,其中康塔尔省的郊区贫困率为 21.6%、科西嘉岛和奥德同为 21.4%、克勒兹和埃罗省同为 19.6%、阿尔岱什为 18.3%,与之相对,城市中心区的贫困率则几乎全部低于 18%。①

因此,法国的郊区和城市中心区的居民之间也大致形成了非熟练/半熟练劳动力与人力资本要素所有者之间的分化。由于国民阵线更多地回应了非熟练/半熟练劳动力的诉求,我们可以提出:

假说 2:远离城市中心的郊区地带在总统选举中更倾向于支持国民阵线。

### (三) 不同规模城市之间的分化与国民阵线的兴起

除城郊分化外,大都市与小城镇的产业集聚也大相径庭。高端服务业和高新技术产业一般集中在大都市,而中低端制造业往往分布在小城镇。据统计,法国人口数量在 1000 人以下的小城市约有 2.76 万个,人口介于 1001—5000 人的中等城市有 6112 个,人口介于 5001—15000 人的大城市超过 1000 个,人口介于 15001—50000 人的特大城市有 313 个,人口超过 50000 人的超大城市有 50 个,而首都巴黎的市区人口则超过了 225 万人。② 许多中小型城镇处于距特大城市和超大城市 100—120 千米的地区,承接了来自大型城市的产业转移,构成大型城市工业发展的"外溢带"③。

---

① Gabriel Goodliffe, "From Political Fringe to Political Mainstream: The Front National and the 2014 Municipal Elections in France", *French Politics, Culture & Society*, Vol. 34, No. 3, 2016, p. 136.

② Vincenzo Emanuele, "The Hidden Cleverage of the French Election: Macron, Le Pen and the Urban-Rural Conflict", in Lorenzo De Sio and Aldo Paparo, eds., *The Year of Challengers: Issues, Public Opinion, and Elections in Western Europe in 2017*, Rome: CISE, 2017, p. 93.

③ 典型如法国北部的鲁昂、东部的蒙贝利亚尔以及西南部的图卢兹的城市发展模式([英] I. B. 汤普森《法国区域经济地理》,储绍唐、段绍伯译,上海译文出版社 1983 年版)。

在新一轮全球化的作用下，大都市和小城镇之间产生了明显的发展差距。按照克里斯托弗·居伊的描述，在数量众多的中小型城市中聚集着逐渐走向衰落的传统制造业，充斥着闲置的店铺和萎缩的街区，非熟练/半熟练劳动力在此处工作和生活。他将这称为"边缘法国"（La France Périphérique）。① 而像巴黎、里昂、马赛、普罗旺斯、图卢兹、波尔多、尼斯、南特、格勒诺布尔、雷恩、土伦这样人口稠密、充满活力的都市则聚集着以信息技术为核心的创新型产业，企业家、工程师、时尚设计师、模特、电影导演、高级厨师和拥有高学历的知识精英在这里享受着全球化带来的繁荣和便利。②

因此，随着新一轮全球化的推进，小城镇和大都市之间也出现了非熟练/半熟练劳动力和人力资本要素所有者的分化。由于国民阵线更多地回应了非熟练/半熟练劳动力的诉求，我们可以提出：

假说3：中低端产业聚集的人口规模较小的城市在总统选举中更倾向于支持国民阵线。

## 五　21世纪以来五次总统选举中国民阵线得票的区域分布

21世纪以来，国民阵线在法国政治舞台上大展身手：2002年，老勒庞出人意料地击败了社会党候选人若斯潘，与希拉克在第二轮总统选举中正面交锋，引起了法国各界极大的政治恐慌；2007年，由于中右翼候选人尼古拉·萨科齐在竞选阶段大量提出与国民阵线

---

① Laurent Davezies, Christophe Guilluy, Jacques Donzelot and Alice Béja, "La France Périphérique et Marginalisée: Les Raisons du Ressentiment", *Esprit*, No. 3, 2013, pp. 23-33.

② Christopher Caldwell, "The French, Coming Apart: A Social Thinker Illuminates His Country's Populist Divide", *The City Journal*, Spring 2017, https://www.city-journal.org/html/french-coming-apart-15125.html.

相似的政治主张，后者在总统选举中遭遇短暂挫败；2008年国际金融危机爆发后，法国经济大幅下滑，随着领导权从老勒庞转移至小勒庞，国民阵线在2012年获得了更甚于2002年的佳绩；2017年，国民阵线进一步扩大了政治影响力，成为法国重要的政治力量之一；2022年，国民联盟延续2017年的突出表现，基本复现了前一次总统选举的结果，使法国左右翼政党轮流执政的政治传统彻底让位于新的权力平衡关系。

粗略地看，在2002—2022年的五次总统选举中，国民阵线的支持者在区域分布上具有比较固定的特征，集中分布在法国东北部地区和地中海沿岸。上法兰西大区、大东部大区、普罗旺斯—阿尔卑斯—蓝色海岸大区成为国民阵线的主要票仓。在2017年和2022年第一轮总统选举期间，国民阵线还在西北部的诺曼底大区、东部的勃艮第—弗朗什—孔泰大区、南部的奥克西塔尼大区和巴黎南部的新中央大区拿下超过20%的选票，而首都巴黎及其周边现代化程度较高的大都市区则是国民阵线影响力的真空地带（见图4-2）。为了验证上一部分提出的假说是否成立，我们将进行更为细致的考察。

**（一）2002年：和主流政党对决的国民阵线**

21世纪初，新一轮全球化加速推进，失业问题和移民问题逐渐成为政治舞台上不可忽视的重要议题。在老勒庞的带领下，国民阵线在反经济全球化、反欧洲一体化、反移民、反精英等方面的立场越来越鲜明。在2002年的第一轮总统选举中，国民阵线候选人老勒庞出人意料地击败社会党候选人若斯潘，闯入第二轮总统选举。这一结果震惊了所有主流政党，它们在接下来搁置了原来的政治分歧，迅速结成联盟，这使得希拉克以法国第五共和国成立以来最高的得票率和得票数当选总统。希拉克的胜选是所有主流政党联合阻击国民阵线的结果，其得票率和得票数不能看作人民运动联盟

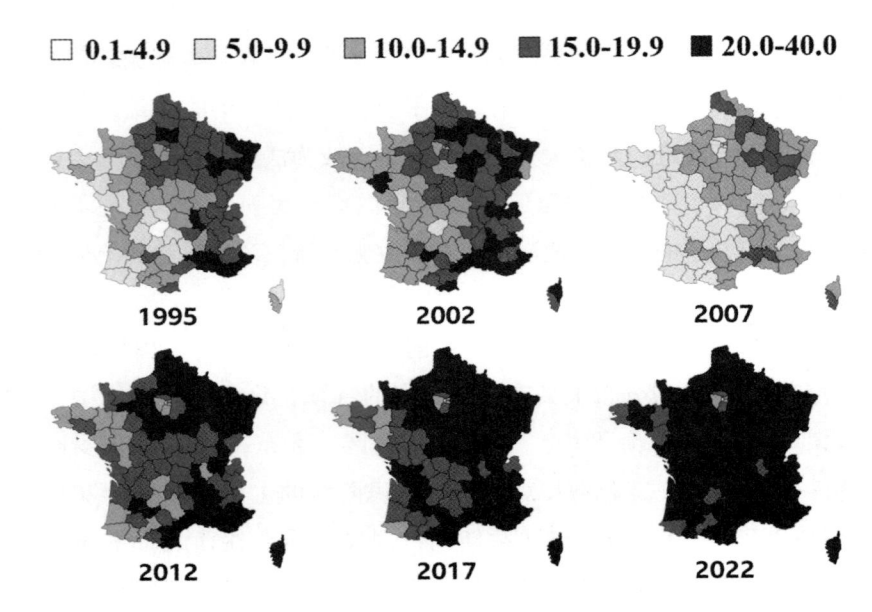

☐ 0.1-4.9　☐ 5.0-9.9　▨ 10.0-14.9　▨ 15.0-19.9　■ 20.0-40.0

图4-2　国民阵线在1995—2022年第一轮总统选举中的得票率（%）

资料来源：https://www.bbc.com/news/world-europe-61175730.

和希拉克的胜利以及国民阵线和老勒庞的失败。鉴于国民阵线在第一轮总统选举中仅靠自身力量就打开了局面，而且没有遭到主流政党的联合"围堵"，因此我们只关注第一轮选举中国民阵线的得票情况。

依据按大区划分的得票率来看，老勒庞在东部的阿尔萨斯、洛林、香槟—阿登、弗朗什—孔泰、罗纳—阿尔卑斯，北部的皮卡第和北部—加莱海峡，在地中海沿岸的朗格多克—鲁西荣和普罗旺斯—阿尔卑斯—蓝色海岸均获得了20%左右的选票，在各候选人中排第一位（见表4-6）。国民阵线得票最多的地区与受全球化冲击最严重和移民流入最多的地区高度重合，符合假说1a和假说1b。

表4－6　　2002年法国第一轮总统选举得票情况（按大区划分）　　（%）

| | 雅克·希拉克 | 让—马里·勒庞 | 利昂内尔·若斯潘 |
|---|---|---|---|
| 法兰西岛 | 20.93 | 14.57 | 16.98 |
| 香槟—阿登 | 19.97 | 21.12 | 14.18 |
| 皮卡第 | 18.22 | 20.26 | 14.23 |
| 上诺曼底 | 19.15 | 17.27 | 15.88 |
| 中央大区 | 19.99 | 17.22 | 15.07 |
| 下诺曼底 | 22.37 | 14.74 | 14.53 |
| 勃艮第 | 19.02 | 18.26 | 16.20 |
| 北部—加莱海峡 | 17.29 | 19.04 | 17.06 |
| 洛林 | 18.92 | 21.23 | 14.92 |
| 阿尔萨斯 | 18.36 | 23.44 | 11.02 |
| 弗朗什—孔泰 | 17.70 | 19.98 | 13.52 |
| 卢瓦尔河 | 21.67 | 12.19 | 16.20 |
| 布列塔尼 | 21.60 | 11.81 | 18.07 |
| 普瓦图—夏朗德 | 20.90 | 12.03 | 17.17 |
| 阿基坦 | 19.12 | 13.16 | 18.13 |
| 南比利牛斯 | 17.12 | 15.30 | 19.53 |
| 利穆赞 | 26.93 | 10.37 | 18.29 |
| 罗纳—阿尔卑斯 | 17.12 | 19.83 | 13.82 |
| 奥弗涅 | 21.24 | 14.26 | 15.68 |
| 朗格多克—鲁西荣 | 15.71 | 22.33 | 16.20 |
| 普罗旺斯—阿尔卑斯—蓝色海岸 | 18.92 | 23.35 | 12.99 |
| 科西嘉 | 27.57 | 15.68 | 15.38 |
| 全国 | 19.88 | 16.86 | 16.18 |

资料来源：European Election Database, https：//nsd.no/european_ election_ database.

在城郊分化方面，自1984年以来，国民阵线的政治据点主要为城市中心区及近郊地带，如蒙彼利埃和马赛。这是因为这些地区集中居住着大量外来移民，国民阵线的反移民政策在这些地区更容易与选民产生共鸣。但是在2002年总统选举期间，这一情况发生了改变：老勒庞在城市及近郊的支持率下降，而在远郊区的支持率却显著提高。随着与市中心距离的增加，老勒庞的支持率呈现出倒U形特征。与之相对，希拉克的支持率则随着与市中心距离的上升而上升，若斯潘的支持率则呈U形，在距市中心30—50千米的郊区地带降至最低（见图4-3）。[①] 在1988年和1995年两次总统选举期间，只有大约10%的远郊居民投票支持老勒庞，而在2002年

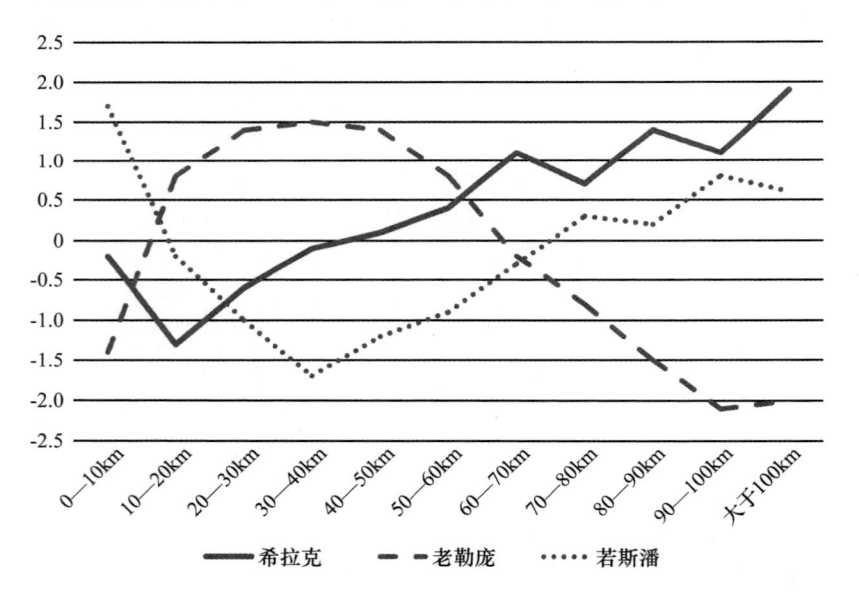

**图4-3 2002年第一轮总统选举中候选人的选票分布**
**（与全国平均水平的差异）**

资料来源：Loïc Ravenel, Pascal Buleon and Jérôme Fourquet, "Le Grand Péri Urbain, Nouvelles Terres de Progression du Vote Le Pen", *Association Française de Science Politique*, September 2004, p. 12.

① Loïc Ravenel, Pascal Buleon and Jérôme Fourquet, "Le Grand Péri Urbain, NouvellesTerres de Progression du Vote Le Pen", *Association Française de Science Politique*, September 2004, p. 12.

远郊居民对老勒庞的支持率升至22%。① 在城郊分化上，老勒庞的得票情况符合假说2。

除城郊差异外，在2002年总统选举期间，老勒庞的支持度在大都市和小城镇之间还呈现出明显分化：在第一轮选举中，人口少于2000人的市镇平均有19%的居民支持老勒庞，在人口为1万—2万人的市镇平均有17%的支持率，而在人口介于10万—20万人的市镇平均支持率降至13%，在巴黎的支持率则仅有11%。在第二轮选举中，大都市与小城镇的分化更为明显：老勒庞在人口少于2000人的市镇中获得了21%的选票，在人口介于1万—2万人的市镇中支持率降至18%，在人口多于10万人的大城市中支持率为14.9%，而在巴黎仅有11%的居民支持。② 这样，在不同规模的城市之间的分化上，老勒庞的得票情况符合假说3。

### （二）2007年：被主流政党"取代"的国民阵线

国民阵线在2002年总统选举中的成功并未延续至2007年，在后一届总统选举期间，老勒庞仅拿下10.44%的选票，排名第四而无缘第二轮竞选。如果将国民阵线在2002年成功的原因理解为其政策主张区别于主流政党，是唯一对非熟练/半熟练劳动力的诉求做出回应的政党，那么便可将国民阵线在2007年总统选举中的失败归于其失去了政策主张上的独特性，不再是唯一回应不满选民的诉求的政党。伊瓦尔蒂、蒙顿等学者指出，萨科齐在竞选时大量使用国民阵线的宣传话语，如强调移民问题、关注身份认同、主张建

---

① Paul Hainsworth, "The Extreme Right in France: The Rise and Rise of Jean-Marie Le Pen's Front National", *Representation*, Vol. 40, No. 2, 2004, pp. 102 – 103.
② Nonna Mayer, "Les Hauts et Les Bas du Vote Le Pen 2002", *Revue Française de Science Politique*, Vol. 56, No. 5, 2002, p. 508; Nonna Mayer, "Le Pen's Comeback: The 2002 French Presidential Election", *International Journal of Urban and Regional Research*, Vol. 27, No. 2, 2003, p. 457.

立秩序等，这是其赢得选举的一个重要原因。[1] 在萨科齐及其领导的人民运动联盟与国民阵线的政策主张高度相似的情况下，选民无疑会因为国民阵线极右翼和民粹主义"危险"的意识形态而选择更"安全"的投票策略，即支持萨科齐。

从各候选人在各大区的得票情况来看，萨科齐得票率较高的地区除巴黎所在的法兰西岛外，大致分布在法国北部、东部和地中海沿岸（超过30%），与老勒庞形成非常明显的选票竞争。从某种意义上说，萨科齐在这些地区"取代"了国民阵线。尽管如此，国民阵线获得较高得票率的地区仍然与2002年相似，包括北部的皮卡第（15.42%）和北部—加莱海峡（14.67%），东部的洛林（14.43%）、阿尔萨斯（13.56%）、香槟—阿登（15.20%）和弗朗什—孔泰（13.72%），以及地中海沿岸的朗格多克—鲁西荣（13.91%）和普罗旺斯—阿尔卑斯—蓝色海岸（13.84%）。国民阵线还在科西嘉获得了15.26%的选票（见表4-7）。这些地区是法国各类传统产业的集聚地，在全球化时代受经济转型和产业升级的冲击最为严重，同时还有大量移民涌入和定居，与当地居民竞争就业机会和福利保障，本土居民的经济被剥夺感更加强烈。

表4-7　　　　　2007年法国第一轮总统选举
得票情况（按大区划分）　　　　　　　（%）

|  | 尼克拉·萨科齐 | 塞格莱娜·罗雅尔 | 弗朗索瓦·贝鲁 | 让—马里·勒庞 |
|---|---|---|---|---|
| 法兰西岛 | 33.81 | 27.89 | 20.01 | 7.54 |

---

[1] Gilles Ivaldi, "Inequality, Identity and the People: New Patterns of Right-Wing Competition and Sarkozy's 'Winning Formula' in the 2007 French Presidential Election", *Working Paper on American Political Science Association（APSA）Annual Meeting*, 2008, pp. 2-3, https://halshs.archives-ouvertes.fr/halshs-00320692/fr/; AurelienMondon, "Nicolas Sarkozy's Legitimization of the Front National: Background and Perspectives", *Patterns of Prejudice*, Vol. 47, No. 1, 2013, p. 24.

续表

| | 尼克拉·萨科齐 | 塞格莱娜·罗雅尔 | 弗朗索瓦·贝鲁 | 让—马里·勒庞 |
|---|---|---|---|---|
| 香槟—阿登 | 32.74 | 21.27 | 16.28 | 15.20 |
| 皮卡第 | 30.27 | 23.02 | 14.74 | 15.42 |
| 上诺曼底 | 29.38 | 24.42 | 17.50 | 12.02 |
| 中央大区 | 31.06 | 23.29 | 18.76 | 11.39 |
| 下诺曼底 | 30.84 | 22.99 | 20.23 | 9.72 |
| 勃艮第 | 30.54 | 24.74 | 17.98 | 12.22 |
| 北部—加莱海峡 | 27.92 | 25.02 | 14.88 | 14.67 |
| 洛林 | 29.62 | 23.14 | 18.35 | 14.43 |
| 阿尔萨斯 | 36.19 | 17.11 | 21.41 | 13.56 |
| 弗朗什—孔泰 | 30.93 | 24.07 | 16.62 | 13.72 |
| 卢瓦尔河 | 29.48 | 25.56 | 21.18 | 7.35 |
| 布列塔尼 | 27.81 | 28.14 | 22.55 | 7.18 |
| 普瓦图—夏朗德 | 28.22 | 29.87 | 17.99 | 8.17 |
| 阿基坦 | 27.28 | 28.57 | 21.40 | 8.65 |
| 南比利牛斯 | 26.29 | 31.11 | 19.61 | 8.88 |
| 利穆赞 | 26.51 | 30.44 | 17.65 | 8.24 |
| 罗纳—阿尔卑斯 | 32.67 | 23.51 | 20.10 | 10.50 |
| 奥弗涅 | 28.04 | 26.55 | 19.95 | 9.28 |
| 朗格多克—鲁西荣 | 30.48 | 25.64 | 15.22 | 13.91 |
| 普罗旺斯—阿尔卑斯—蓝色海岸 | 37.01 | 21.21 | 15.36 | 13.84 |
| 科西嘉 | 37.00 | 21.81 | 12.36 | 15.26 |
| 全国 | 31.18 | 25.87 | 18.57 | 10.44 |

资料来源：European Election Database，https：//nsd.no/european_election_database.

由于国民阵线在2007年第一轮总统选举中仅排在第四位，与萨科齐、塞格莱娜·罗雅尔等主流政党候选人存在较大差距，因此2007年国民阵线在城市中心区和郊区、大都市与小城镇的准确支持率数据难以获得，只能依据部分替代性指标加以推断。欧盟统计局数据显示，西欧各国大约有60%的人生活在郊区地带，这一地区相比城市中心区人口密度更小，但也并非传统意义上的农村，而是介于城市和农村之间的城市边缘地带。2006年进行的第三轮欧洲社会调查对欧洲各国民众的居住地、政党支持状况等指标进行了考察，玛丽特·斯托珀尔从中选取了789份法国样本进行分析，发现其中有46.1%的人支持社会党，有31.8%的人支持希拉克所在的人民运动联盟，仅有5.3%的人支持国民阵线。在42份支持国民阵线的问卷中，有9人居住在城市中心地区，有2人居住在农村地区，而居住在城市边缘地带（包括城市近郊和远郊）的共有31人，占比为73.8%，高出城市边缘地带60%的平均居住率。[①] 可见，与城市和农村居民相比，有更高比例的城市边缘地带居民投票支持国民阵线。

根据欧洲选举数据库公布的2007年法国总统选举的省份数据，国民阵线在人口规模超过100万人的大型省份获得的支持率不足10%，如卢瓦尔—大西洋省为6.56%，伊勒—维莱纳省为6.23%，上塞纳省为5.53%。在人口超过220万人的巴黎省，国民阵线的得票率仅为4.58%。与之相对，在人口规模少于50万人的小型省份，国民阵线的支持率有明显提升，典型如阿登省（28.09万人）为16.2%、奥布省（31.04万人）为15.44%、上马恩省（17.92万人）为17%、默兹省（18.97万人）为16.32%、孚日

---

① Maarit Felicitas Ströbele, "How Do People Vote in Suburbia? Political Preference and Suburbanization in Europe", *Urban Research & Practice*, Vol. 5, No. 1, 2012, pp. 93, 111.

省（36.94万人）为15.66%、上索恩省（23.7万人）为16.48%。①由此可见，国民阵线的支持率在不同规模的省份之间存在明显差异。

### （三）2012年：后金融危机时代的国民阵线

在萨科齐任期的第二年国际金融危机爆发。这场金融危机使法国的GDP增长率降至负值，失业率猛增至9.1%，较上一财年增长21.79%，这给本已问题颇多的法国经济增添了更大的挑战。选民发现萨科齐无法兑现竞选时的承诺，萨科齐在金融和债务危机中保持与德国的协调一致也不符合中下层选民的期望，因此萨科齐的民意支持率大幅下降。② 非熟练/半熟练劳动力意识到或许只有国民阵线才是其真正的利益"代言人"，这有助于国民阵线在2012年的总统选举中重新崛起。

在2012年的第一轮总统选举期间，国民阵线候选人小勒庞以17.9%的得票率排名第三，与2007年相比取得了非常大的进步，甚至超过了老勒庞在2002年总统选举中创下的16.86%的纪录。在区域分布上，国民阵线的支持者集中分布在北部、东部和地中海沿岸，与2002年和2007年高度重合，以皮卡第（25.03%）、科西嘉（24.39%）、普罗旺斯—阿尔卑斯—蓝色海岸（23.87%）、洛林（23.66%）、朗格多克—鲁西荣（23.45%）、北部—加莱海峡（23.29%）、阿尔萨斯（22.12%）等大区为主要票仓（见表4-8）。2012年国民阵线在各大区的得票情况符合假说1。

---

① 参见 European Election Database，https：//nsd.no/european_ election_ database。
② Adam Tooze，*Crashed*：*How a Decade of Financial Crises Change the World*，London：Penguin Random House，2018，p.429.

表4-8　2012年法国第一轮总统选举得票情况（按大区划分）　（%）

| | 弗朗索瓦·奥朗德 | 尼克拉·萨科齐 | 玛丽娜·勒庞 |
|---|---|---|---|
| 法兰西岛 | 31.75 | 29.02 | 12.28 |
| 香槟—阿登 | 24.76 | 28.53 | 23.91 |
| 皮卡第 | 26.59 | 25.09 | 25.03 |
| 上诺曼底 | 27.86 | 25.92 | 20.15 |
| 中央大区 | 26.64 | 27.90 | 19.37 |
| 下诺曼底 | 27.54 | 28.31 | 17.11 |
| 勃艮第 | 27.99 | 26.65 | 20.36 |
| 北部—加莱海峡 | 28.53 | 23.62 | 23.29 |
| 洛林 | 25.47 | 25.36 | 23.66 |
| 阿尔萨斯 | 19.30 | 32.92 | 22.12 |
| 弗朗什—孔泰 | 25.89 | 26.64 | 21.29 |
| 卢瓦尔河 | 28.40 | 28.63 | 14.39 |
| 布列塔尼 | 31.74 | 25.66 | 13.24 |
| 普瓦图—夏朗德 | 31.17 | 25.61 | 16.45 |
| 阿基坦 | 31.05 | 24.34 | 15.49 |
| 南比利牛斯 | 31.90 | 22.94 | 16.22 |
| 利穆赞 | 38.02 | 20.85 | 15.33 |
| 罗纳—阿尔卑斯 | 25.45 | 28.35 | 18.38 |
| 奥弗涅 | 30.77 | 23.47 | 17.07 |
| 朗格多克—鲁西荣 | 26.34 | 24.76 | 23.45 |
| 普罗旺斯—阿尔卑斯—蓝色海岸 | 22.05 | 31.06 | 23.87 |
| 科西嘉 | 24.28 | 31.41 | 24.39 |
| 全国 | 28.63 | 27.18 | 17.90 |

资料来源：European Election Database, https://nsd.no/european_election_database.

有学者认为，国民阵线在2012年总统选举中取得重要进展的原因在于：2011年国民阵线的领导权从老勒庞转移至小勒庞，后者带领国民阵线进行了一系列"现代化"和"去妖魔化"改革，使法国民众对国民阵线的印象"正常化"[①]。应当注意到，小勒庞时期的国民阵线和老勒庞时期相比，在选民基础和票仓分布上均没有明显差别，核心支持者仍然呈现出受教育程度较低、从事中低端工作或处于失业状态、年龄偏低等特征，且得票较多的地区集中在法国北部和东部的老工业区和地中海沿岸移民流入较多的地区。因此，小勒庞只是在其父的基础上巩固并深化了国民阵线的支持基础，并没有扩大国民阵线的支持范围。

国民阵线的支持者除了保持着固定的大区分布特征之外，在城市中心区与郊区之间的分布也大体保持不变。在2012年总统选举期间，小勒庞在距离市中心40—50千米的城市边缘地区获得了最多的工人支持，得票率大约为34.8%。在这一距离范围内，离市中心越近，其支持率越低：居住在距市中心30—40千米区域的工人中有大约32%的人支持小勒庞，在20—30千米区域内这一数字则约为29.6%，而距市中心10千米以内工人的支持率则降至24.7%[②]。斯托克莫的研究也为假说2提供了佐证。他指出，如果35—49岁的中年男性住在城市，则有11%的可能投票支持国民阵线；如果住在郊区，其支持国民阵线的比例则提升至18%；对于18—34岁的年轻男性而言，如果住在城市，其有15%的可能投票

---

[①] Gabriel Goodliffe, "From Political Fringe to Political Mainstream: The Front National and the 2014 Municipal Elections in France", *French Politics, Culture & Society*, Vol. 34, No. 3, 2016, pp. 129 – 131.

[②] Michel Bussi, Jérôme Fourquet and Céline Colange, "Understanding and Analyzing the Vote in the 2012 Presidential Elections: The Contribution of Electoral Geography", *Revue Française de Science Politique*, Vol. 62, No. 5, 2012, p. 169; Gabriel Goodliffe, "From Political Fringe to Political Mainstream: The Front National and the 2014 Municipal Elections in France", *French Politics, Culture & Society*, Vol. 34, No. 3, 2016, p. 128.

支持国民阵线；如果住在郊区，其支持国民阵线的比例则会升至25%。① 因此，在城郊分化上，小勒庞在2012年的得票情况符合假说2。

在大都市和小城镇之间的得票分布差异上，在2012年第一轮总统选举期间，小勒庞在人口较少的小型市镇获得较多选票，如艾宁—博蒙（2.649万人）的35.5%、弗雷曼梅尔勒巴克（1.326万人）的33.9%、埃斯科河畔布律埃（1.185万人）的33%、阿尔纳（1.242万人）的31.8%、蒙蒂尼昂戈埃勒（1.046万人）的31.8%、昂赞（1.328万人）的29.4%和旧孔代（0.993万人）的29.4%。② 从欧洲选举数据库公布的省份数据来看，小勒庞在巴黎省（220万人口）和上塞纳省（159万人口）仅获得不到10%的选票，而在人口少于60万人的沃克吕兹省（27.03%）、埃纳省（26.33%）、默兹省（25.82%）、上马恩省（25.26%）、奥布省（25.12%）、上索恩省（25.12%）、东比利牛斯省（24.23%）等地区则获得了超过1/4的选票，这显示出国民阵线在大都市与小城镇间较为明显的得票差异。③ 上述情况符合假说3。

### （四）2017年：打破法国政治传统的国民阵线

如果将老勒庞在2002年闯入第二轮总统选举视为国民阵线发展史上第一次重大突破，那么小勒庞以21.3%的支持率同马克龙一同进入2017年的第二轮总统选举可谓是国民阵线发展历程中的第二次重大突破，同时也是法兰西第五共和国成立以来法国政党体系的一次"大地震"。在这次总统选举中，不论左翼还是右翼，法

---

① Daniel Stockemer, *The Front Nation in France: Continuity and Change under Jean-Marie Le Pen and Marine Le Pen*, Basel: Springer International Publishing AG, 2017, p.88.
② James Shields, "Marine Le Pen and the 'New' FN: A Change of Style or of Substance", *Parliamentary Affairs*, Vol.66, No.1, 2013, p.186.
③ 参见 European Election Database, https://nsd.no/european_election_database。

国所有主流政党候选人均在第一轮选举中被淘汰出局，法国左右翼政党交替执政的政治传统被打破，选民必须在主张"跨越左右之分"的前进运动候选人马克龙和极右翼政党国民阵线的候选人小勒庞之间做出选择。

小勒庞在第一轮选举中的得票情况与以往相比变化不大，国民阵线依然在之前支持率较高的地区稳扎稳打、收获选票。具体来看，小勒庞得票率较高的地区仍然集中在上法兰西大区（31.04%）、普罗旺斯—阿尔卑斯—蓝色海岸大区（28.16%）、科西嘉岛（27.88%）、上东部大区（27.78%）、勃艮第—弗朗什—孔泰（25.09%）、奥克西塔尼大区（22.98%）等北部、东部和地中海沿岸地区，与2002年、2007年和2012年情况无异（见表4-9）。小勒庞在2017年的得票情况仍符合假说1。虽然小勒庞同其父一样在第二轮选举中遭到了主流政党的集体阻击，弗朗索瓦·菲永、让—吕克·梅朗雄和伯努瓦·阿蒙均号召自己的支持者投票给马克龙，但是动员效果已不及2002年，30%—40%的选民宁愿选择弃权或投空白票。最终，马克龙以66.1%的支持率当选总统，没能再现希拉克当年高票当选的盛况。

表4-9　　　　2017年法国第一轮总统选举
得票情况（按新大区划分）　　　　　　（%）

|  | 埃马纽埃尔·马克龙 | 玛丽娜·勒庞 | 弗朗索瓦·菲永 |
| --- | --- | --- | --- |
| 奥弗涅—罗纳—阿尔卑斯 | 24.50 | 20.72 | 20.20 |
| 勃艮第—弗朗什—孔泰 | 21.89 | 25.09 | 19.70 |
| 布列塔尼 | 29.05 | 15.33 | 19.04 |
| 新中央大区 | 22.68 | 23.08 | 21.04 |
| 科西嘉 | 18.48 | 27.88 | 25.56 |
| 大东部大区 | 20.72 | 27.78 | 19.73 |
| 上法兰西大区 | 19.50 | 31.04 | 16.13 |

续表

|  | 埃马纽埃尔·马克龙 | 玛丽娜·勒庞 | 弗朗索瓦·菲永 |
|---|---|---|---|
| 法兰西岛 | 28.63 | 12.57 | 22.19 |
| 诺曼底 | 22.36 | 23.93 | 19.57 |
| 新阿基坦 | 25.12 | 18.89 | 17.79 |
| 奥克西塔尼 | 22.32 | 22.98 | 17.07 |
| 卢瓦尔河 | 26.27 | 16.62 | 23.56 |
| 普罗旺斯—阿尔卑斯—蓝色海岸 | 18.94 | 28.16 | 22.38 |
| 全国 | 24.01 | 21.30 | 20.01 |

资料来源：European Election Database，https：//nsd.no/european_ election_ database.

城郊分化在2017年总统选举中也有直观体现。小勒庞的支持率随距离的增加而呈现出倒U形特征：其在远郊获得了最高的支持率（38.3%），而在近郊的支持率则降至23.9%，在更远的农村地区也仅获得20.8%的支持率；市中心居民仅有16.9%的支持小勒庞，与之相对的则是马克龙在城市中心区的支持率高达30.1%。在过去五年间经济状况有所改善的城市中，马克龙的支持率为23.4%，而小勒庞仅获得12.7%的选票。但在那些过去五年间经济出现衰退的城市中，小勒庞的支持率显著提升，大约有30.4%的选民投票支持小勒庞，而马克龙的支持率则降至16%。[①] 小勒庞的上述得票情况符合假说2。

除此之外，2017年总统选举中国民阵线的得票率在不同规模的城市之间也存在差异：小勒庞的支持率随着城市规模的扩大而下降，而马克龙的支持率则随之增加。在人口不足1000人的小城镇中，小勒庞的支持率为26.8%，高出马克龙6个百分点；当城市规模扩大至5001—15000人时，马克龙的得票率超过小勒庞3.5个

---

① 参见 SCoRE Project Survey，https：//www.score.uni-mainz.de/.

百分点；在特大城市和超大城市中，小勒庞仅能获得17.4%和15.3%的支持率，其在巴黎的得票率骤降至5%，马克龙则获得34.8%的支持率（见图4-4）。① 因此，在不同规模城市之间的分化上，小勒庞2017年的得票情况符合假说3。

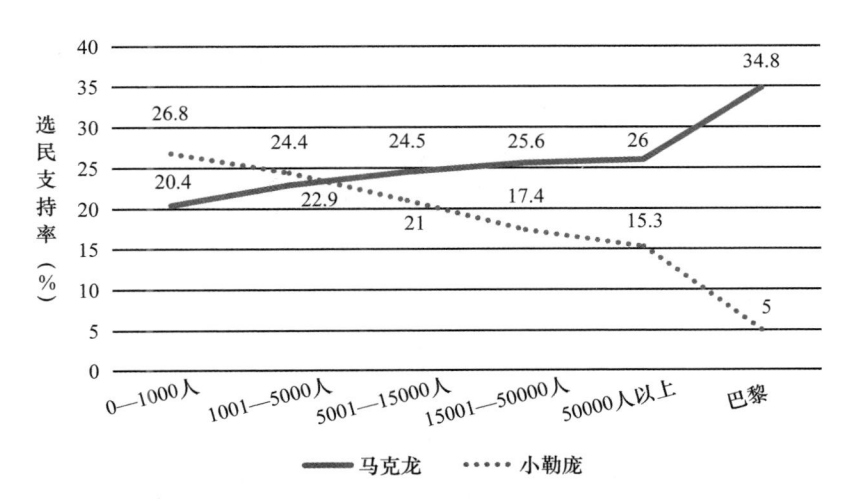

**图4-4 城市规模对马克龙和勒庞支持率的影响（第一轮投票）**

资料来源：Vincenzo Emanuele, "The Hidden Cleverage of the French Election: Macron, Le Pen and the Urban-Rural Conflict", in Lorenzo De Sio and Aldo Paparo, eds., *The Year of Challengers: Issues, Public Opinion, and Elections in Western Europe in 2017*, Rome: CISE, 2017, p. 94.

### （五）2022年：多重危机叠加背景下的国民联盟

继2017年社会党被敲响边缘化的警钟之后，作为法国传统政党体系另一支柱性力量的共和党也在2022年大选中遭遇惨败。自此，法国左右翼政党轮流执政的政治传统彻底让位于新的权力平衡

---

① Vincenzo Emanuele, "The Hidden Cleverage of the French Election: Macron, Le Pen and the Urban-Rural Conflict", in Lorenzo De Sio and Aldo Paparo, eds., *The Year of Challengers: Issues, Public Opinion, and Elections in Western Europe in 2017*, Rome: CISE, 2017, p. 3.

关系。① 同时，法国在经历"黄马甲"运动和反退休改革抗议后，又陷入旷日持久的新冠疫情中，2022年初爆发的俄乌战争更是使本已高企的通货膨胀雪上加霜。多重危机叠加导致马克龙的"聚旗效应"已远不如2017年，代表极右势力的小勒庞及其领导的国民联盟距离法国最高权力仅一步之遥。②

2022年大选基本复现了2017年的结果。从大区分布上看，国民联盟的支持者仍集中于受经济全球化冲击十分严重和移民流入较多的北部、东部和地中海沿岸地区，如上法兰西大区（33.35%）、大东部大区（29.54%）、勃艮第—弗朗什—孔泰（27.35%）、普罗旺斯—阿尔卑斯—蓝色海岸（27.59%）和奥克西塔尼（24.62%），延续了自2002年以来的支持基础。即使在第二轮投票中再次遭遇来自主流党派组成的"共和阵线"的"围堵"，国民联盟仍在北部的上法兰西大区和位于地中海及其沿岸的科西嘉岛和普罗旺斯—阿尔卑斯—蓝色海岸获得超过半数选票（见表4-10）。③ 这一结果再次印证了假说1a和假说1b。

表4-10　2022年法国总统选举得票情况（按新大区划分）　　　（%）

|  | 第一轮 ||  第二轮 ||
| --- | --- | --- | --- | --- |
|  | 埃马纽埃尔·马克龙 | 玛丽娜·勒庞 | 埃马纽埃尔·马克龙 | 玛丽娜·勒庞 |
| 奥弗涅—罗纳—阿尔卑斯 | 27.75 | 22.28 | 59.76 | 40.24 |

---

① Nick Hewlett and Raymond Kuhn,"Reflections on the 2022 Elections in France", *Modern & Contemporary France*, Vol. 30, No. 4, 2022, p. 407.

② 有观点认为，小勒庞在2022年大选中未能成功登上法国总统的宝座，原因部分来自法国极右翼政治素人埃里克·泽穆尔（Éric Zemmour）参选造成的极右支持者的分流。参见 Anja Durovic,"Rising Electoral Fragmentation and Abstention: The French Elections of 2022", *West European Politics*, Vol. 46, No. 3, 2023, p. 616.

③ Nicholas Startin,"Marine Le Pen, the Rassemblement National and Breaking the 'Glass Ceiling'? The 2022 French Presidential and Parliamentary Elections", *Modern & Contemporary France*, Vol. 30, No. 4, p. 431.

续表

|  | 第一轮 | | 第二轮 | |
| --- | --- | --- | --- | --- |
|  | 埃马纽埃尔·马克龙 | 玛丽娜·勒庞 | 埃马纽埃尔·马克龙 | 玛丽娜·勒庞 |
| 勃艮第—弗朗什—孔泰 | 26.31 | 27.35 | 52.87 | 47.13 |
| 布列塔尼 | 32.79 | 19.53 | 66.58 | 33.42 |
| 新中央大区 | 28.53 | 25.86 | 56.44 | 43.56 |
| 科西嘉 | 18.11 | 28.58 | 41.92 | 58.08 |
| 大东部大区 | 27.28 | 29.54 | 52.07 | 47.93 |
| 上法兰西大区 | 25.40 | 33.35 | 47.87 | 52.13 |
| 法兰西岛 | 30.19 | 12.97 | 73.02 | 26.98 |
| 诺曼底 | 29.26 | 27.14 | 55.84 | 44.16 |
| 新阿基坦 | 27.63 | 22.80 | 58.33 | 41.67 |
| 奥克西塔尼 | 23.48 | 24.62 | 53.96 | 46.04 |
| 卢瓦尔河 | 33.27 | 20.78 | 64.78 | 35.22 |
| 普罗旺斯—阿尔卑斯—蓝色海岸 | 23.34 | 27.59 | 49.52 | 50.48 |
| 全国 | 27.85 | 23.15 | 58.55 | 41.45 |

资料来源：French Interior Ministry，https：//www.resultats-elections.interieur.gouv.fr/presidentielle-2022/index.html，访问时间：2023年3月27日。

在城郊分化方面，国民联盟仍以距城市中心30—50千米的城郊地区为主要票仓。不论收入水平如何，国民联盟在城郊地区的支持率均较城市中心区高出约17个百分点。并且，收入水平越低，国民联盟的支持率越高，城郊分化特征越明显。在低收入城市中，居住在城市中心区和城郊地区的支持国民联盟的选民比例分别为36.3%和57.1%。其在农村地区的支持率则较城郊地区没有明显差异。与之相对，马克龙在城郊地区的支持率则较城市中心区有明显减少。并且，随着收入水平的下降，马克龙的支持率也相应越低。特别是在低收入城市中，支持马克龙的选民比例从城市中心区的 57.2% 骤降为城郊地区的 42.9%（见图 4-5）。由此可见，2022 年的大选结果符合假说 2。

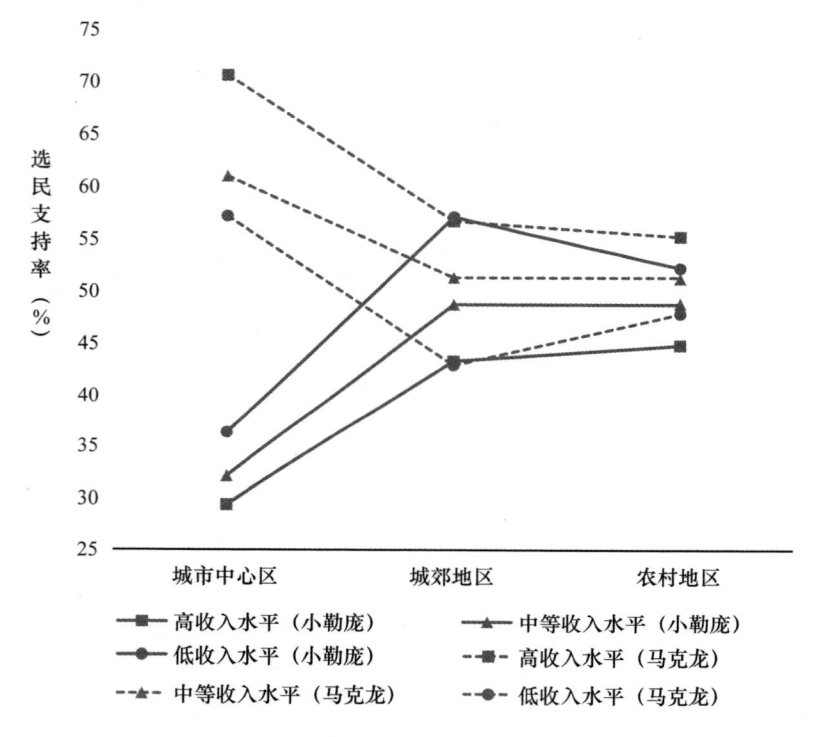

**图 4-5　2022 年法国总统选举第二轮投票中体现出的城郊分化特征**

资料来源：Eir Nolsøe and Ella Hollowood, "Emmanuel Macron's Election Victory over Marine Le Pen in Charts", *Financial Times*, April 25, 2022.

除大区分化和城郊分化外，国民联盟的支持者在不同规模的城市之间也呈现出明显的分布差异。在人口规模小于 1000 人的城镇中，超过半数选民投票支持小勒庞（57%）。随着城市规模的扩大，小勒庞的支持率不断下降。具体而言，在 1 万—2 万居民的城市中，小勒庞的平均支持率为 26%，在 2 万—5 万居民的城市中为

17%，在5万—10万居民的城市中，其支持率降至15%。① 马克龙则几乎在所有人口规模超过5万人的城市中均获得了选举胜利，特别是在诸如巴黎、里昂、图卢兹这样的超大规模城市中，其优势更是压倒性的（见表4-11）。上述情况符合假说3。

表4-11　马克龙在超大规模城市中拥有压倒性优势

| 排名 | 城市 | 人口（人） | 马克龙（%） | 小勒庞（%） | 排名 | 城市 | 人口（人） | 马克龙（%） | 小勒庞（%） |
|---|---|---|---|---|---|---|---|---|---|
| 1 | 巴黎 | 2230000 | 85.1 | 14.9 | 11 | 雷恩 | 211000 | 84.2 | 15.8 |
| 2 | 马赛 | 855000 | 59.8 | 40.2 | 12 | 兰斯 | 182000 | 61.8 | 38.2 |
| 3 | 里昂 | 501000 | 79.8 | 20.2 | 13 | 圣艾蒂安 | 172000 | 68.1 | 31.9 |
| 4 | 图卢兹 | 458000 | 77.5 | 22.5 | 14 | 勒阿弗尔 | 172000 | 63.5 | 36.5 |
| 5 | 尼斯 | 342000 | 55.4 | 44.6 | 15 | 土伦 | 163000 | 50.4 | 49.6 |
| 6 | 南特 | 292000 | 59.9 | 40.1 | 16 | 格勒诺布尔 | 160000 | 78.7 | 21.3 |
| 7 | 斯特拉斯堡 | 276000 | 77.6 | 23.4 | 17 | 第戎 | 153000 | 69.9 | 30.1 |
| 8 | 蒙彼利埃 | 272000 | 72.2 | 27.8 | 18 | 昂热 | 150000 | 76.5 | 23.5 |
| 9 | 波尔多 | 243000 | 80.1 | 19.9 | 19 | 尼姆 | 150000 | 60.1 | 39.9 |
| 10 | 里尔 | 231000 | 76.6 | 23.4 | | | | | |

资料来源：French Interior Ministry，https：//www.resultats-elections.interieur.gouv.fr/presidentielle-2022/index.html，访问时间：2023年3月27日。

## 小　结

自20世纪70年代起，法国的劳动力要素所有者开始分化，非熟练/半熟练劳动力成为稀缺要素，而人力资本成为充裕要素。根据斯托尔珀—萨缪尔森定理，非熟练/半熟练劳动力作为稀缺要素

---

① *France's Large Cities Defeated the Far-Right*，City Mayors Research，April 2022，http：//www.citymayors.com/politics/french-cities-2022-elections.html.

的所有者将在全球化中受损。作为法国受全球化和欧洲一体化冲击最为严重的群体，非熟练/半熟练劳动力期待政府为其修筑免受冲击的"防波堤"。然而，他们的诉求没有得到法国主流政党的积极、有效回应。在这场延续多年的回应性危机中，国民阵线是个例外，它利用区分"人民"与"精英"、"国民"与"移民"的口号进入了大众视野，通过反精英、反建制、反经济全球化、反欧洲一体化、反移民的政策回应了非熟练/半熟练劳动力的政治经济诉求，吸引了大量中下层民众的选票，逐渐从一个边缘性小党走向法国政坛的中心。

为了揭示国民阵线获取选民支持的微观基础，我们提出了一个基于选举地理的研究框架。在政党相互竞取选票的情况下，"投票回馈可以容易而有效地表征为支持地理"①。由于要素所有者在地理上的集中性，全球化给法国带来的冲击可以反映为不同区域选民的偏好差异，这种区域分化进而塑造了国民阵线的选民基础和选票分布的区域特征。从大区之间的分化来看，受全球化和欧洲一体化冲击最为严重的是法国东北部"铁锈带"和地中海沿岸地区，前者受困于传统制造业衰退所带来的失业问题，后者则被外来移民问题困扰。法国北部、东部和地中海沿岸的很多大区因此成为国民阵线的主要票仓。此外，远离城市中心的远郊区和规模较小的城市集中了更多的非熟练/半熟练劳动力，因此这些区域的选民更多地把选票投给了国民阵线。根据2002年到2022年的五次总统选举的选民数据来看，尽管国民阵线的得票率有升有降，但其支持者在法国各大区之间、在城市中心区与郊区之间以及不同规模的城市之间的分布特征大体保持不变。

---

① ［美］科林·弗林特、［英］皮特·泰勒：《政治地理学：世界—经济、民族—国家与地方》，刘云刚译，商务印书馆2016年版，第256页。

# 第五章　全球化与德国右翼民粹主义的兴起

作为第二次世界大战战败国的德国，基于其法西斯主义的历史对极右翼政党一直保持着高度的警惕。但在2017年9月举行的德国联邦议会选举中，一个仅仅成立四年有余的极右翼政党——德国选择党获得了12.6%的支持率，成为第二次世界大战后首次进入德国联邦议会的极右翼政党，并成为联邦议会第三大党和第一大在野党。选择党的兴起给德国政治生态带来了极大的震动，其所反映出的德国政治右倾化趋势不得不引起人们的关注。

德国选择党大获成功是由全球化冲击下德国国内受损者的不满和德国政党体系中的回应性危机这两个因素共同造成的。在参与国际经济竞争的过程中，德国的资本和高技能劳动力作为充裕要素受益，低技能劳动力作为稀缺要素受损。欧债危机和难民危机发生后，高端制造业和银行业要求维持欧元区、鼓励移民融入，低技能工人反对救援债务国、抗议接收难民。后者在德国既有的政党体系中陷入了没有代言人的困境。传统左翼政党——社会民主党为了吸引中间选民而牺牲了低技能工人的利益，传统右翼政党更是缺乏对劳工的阶级代表性，导致德国主流政党中缺少对这些全球化受损者呼声的回应。德国选择党虽然是极右翼政党，但由于其反欧元、反移民、反难民等反全球化的口号得到了低技能工人的支持，从而快速成长。

## 一 德国选择党的崛起及其既有解释

德国选择党，意为"德国的另类选择"，由德国经济学家贝恩德·卢克、康拉德·亚当和亚历山大·高兰德于2013年2月在柏林注册成立。其成立之初的政治主张仅限于对欧债危机的关注和对欧元区的批评，严格恪守了德国"秩序自由主义"（Ordoliberalism）的经济思想和政治主张，展现出一个主要由学者、知识分子所领导的"精英"政党的存在，并没有提出任何排外或极端民族主义的口号。在2017年大选时，选择党将反对难民、反伊斯兰的口号置于其经济主张之上，在党纲、人事安排以及宣传策略等方面发生了明显的政治转向，毋庸置疑地成为学术定义上的"极右翼政党"。

在成立之初，选择党只作为一个"单一议题政党"而存在，它的政策目标只有一个：反对欧元。在经济主张上，经济学家出身的选择党初代领导人和核心成员们奉行秩序自由主义的经济治理理念，即政府应当对完全竞争市场进行规范，严厉的紧缩措施不会导致严重的经济衰退反而会提高经济效率，面对债务问题应该通过减少政府支出而不是采取扩张性的财政政策。[1] 在具体议题上，选择党也只是反对货币联盟、反对救援债务国、反对未来财政联合，要求恢复德国马克，谴责银行业无节制地扩张和疏于监管，但对于欧洲联合和欧盟仍保持高度的支持；在竞选策略上也避免使用激进词汇，与极右翼政党和新纳粹政党保持距离。在几个月后举行的联邦

---

[1] Sebstian Dullien and Ulrike Guérot, "The Long Shadow of Ordoliberalism: Germany's Approach to the Euro Crisis", *European Council on Foreign Relations Policy Brief*, 2012, pp. 1–16.

议会选举中，这个成立仅仅半年的政党，甚至没有完整的竞选纲领，仅仅凭着党领袖卢克等人高调的反欧元口号，就吸引到了4.7%的支持率，和拥有50多年历史的自由民主党的支持率相近。仅仅是因为德国的选举制度设置了5%的最低入席门槛，这个稚嫩但势头强劲的政党才被拦在了联邦议会的大门之外。

在2014年5月举行的欧洲议会选举中，以弗劳克·佩特里为代表的选择党内激进分子希望加入具有更强疑欧取向的"欧洲自由与直接民主党团"，而其创始人和党主席卢克则偏向于较为温和的疑欧党团"欧洲保守与改革党团"。前者吸引了欧洲其他国家的不少极右翼政党，如英国独立党、瑞典民主党的加入，但德国选择党并没有与之合流，最终加入"欧洲保守与改革党团"。在这次选举中，选择党在德国成功地获得了7.1%的支持率，取得欧洲议会的7个席位，而传统极左翼政党——左翼党也取得了7席，传统极右翼政党——国家民主党仅仅获得了一个席位。

从2015年夏季开始，欧洲爆发了大规模的难民危机。当时默克尔和执政联盟（基民盟/基社盟和社民党）面对难民问题采取了开放国境、欢迎难民进入的态度。但欢乐的气氛并没有持续多久。面对汹涌而至的难民，以及随之而来的恐怖袭击、与难民有关的集体性侵案等，德国社会的排外主义情绪激化。选择党当即将其核心政治主张从反对欧元转向反移民、反难民和反对伊斯兰文化影响等排外主义情绪严重的领域。在选择党领导人讲话和官方网页上，明确地提出了要求关闭边境、反对接纳难民、反对伊斯兰教、遣返已入境难民，甚至要求废除外国人避难的基本权利，要求恢复德国的"美好文化"和将"基督教德国"作为主流文化。选择党创始人之一的高兰德呼吁年轻的德国人接受特殊训练，以应对"新来的不合格的外国人"，要求警察和保安队对难民营附近的社区进行重点保护、预防难民犯罪；图林根州选择党主席、党内极右翼分子比安·霍克指出，默克尔正在用移民作为武器摧毁德国和欧洲；而党

· 155 ·

主席佩特里甚至主张在必要情况下向非法越境的难民开枪。

虽然主流政党党魁如基社盟主席泽霍费尔以及社民党主席、联邦副总理加布里尔都公开表达了对默克尔难民政策的不满，但选择党快速抢占了反难民这一议题，从而迅速扩大了其选民基础。[1] 在2017年9月联邦议会大选之前，选择党已经成功地进入全国16个州议会中的13个，并在萨克森—安哈尔特州成为议会第二大党。在2017年9月24日举行的联邦议会选举中，德国选择党出人意料地获得了12.6%的支持率，在萨克森州的支持率更是超过联盟党和社民党，成为最受欢迎的政党。根据对各党派支持率的调查统计，选择党吸引了21%的工人、11%的退休人员，还有21%的失业者的选票[2]。在政治光谱上明显处在极右翼的选择党成功地运用选举策略和难民危机吸引了大量来自传统意义上左翼政党的选民手中的选票，并且动员了一大批未参与投票的"政治冷漠者"，在此次选举中成为最大赢家。

在联邦大选之后，德国选择党在各州议会选举中也取得节节胜利。在2018年9月德国埃姆尼德市场和社会问题研究所公布的民调结果中，选择党以17%的支持率首次超过社民党（16%）。[3] 在10月14日德国南部经济大州巴伐利亚的议会选举中，选择党获得10.6%的选票，进入州议会，而作为地区大党的基社盟的支持率较上一次选举下跌12%，自1966年来第一次失去绝对多数地位，遭遇惨败。[4] 紧接着在10月28日德国政治的重要风向标黑森州的选

---

[1] Jorg Michael Dostal, "The Crisis of German Social Democracy Revisited", *The Political Quarterly*, Vol. 88, No. 2, 2017, p. 235.

[2] Infratestdimap: Surveys on the AfD, http://wahl.tagesschau.de/wahlen/2017-09-24-BT-DE/umfrage-afd.shtml。

[3] 沈敏：《德国极右翼党德国选择党民调支持率首超主流大党》，新华网，2018年10月1日，http://world.people.com.cn/n1/2018/1001/c1002-30324275.html。

[4] 欧洲时报：《德国巴伐利亚选举：基社盟大败 默克尔前途难卜》，2018年10月14日，http://www.oushinet.com/europe/germany/20181014/303055.html。

举中，基民盟得票率比五年前下跌10.9%，为1966年以来支持率最低点（27.4%）；选择党的支持率则上升了8.9%，以13%的得票率稳居州议会第三大党，自此获得德国全部16个州的议会议席。①在成为联邦议会和各州议会重要的在野党之后，选择党在参政策略上仍坚持其极右翼政党的基本立场，将议题范围集中在社会安全、移民问题和伊斯兰问题上。

围绕欧洲一体化和移民问题所产生的社会分裂也在2019年欧洲议会选举中体现得淋漓尽致。在此次选举中，传统主流政党实力遭受严重削弱，选票流失严重。其中，基民盟席位减少5个，社民党更是失去了11席。作为极右民粹主义代表的选择党则增加了4个席位，得票率也由2014年的7.1%增至10.9%。②在2021年9月26日举行的德国联邦议会选举中，选择党稳扎稳打，收获10.3%的选票支持和83个席位。其中，在德国东部地区，选择党凭借超过20%的得票率成为萨克森和图林根两州最受欢迎的政党，而在萨克森—安哈尔特州，选择党的得票率也仅次于社民党和基民盟两大传统主流政党。

由于德国选择党成立时间不长，学界对其的专门研究还比较有限。凯·爱尔海默、尼科尔·贝尔布伊尔、迪特尔·鲁赫特等人从外部冲击——欧债危机和难民危机——给德国人民带来的危机感角度解释了选择党受欢迎的原因，鲁赫特进一步将其归结为"经济上被剥夺感""政治上被边缘化""文化上迷失感"这三大原因。③

---

① 《德国黑森州选举，默克尔再遭重创》，《欧洲时报》2018年10月28日，http://www.oushinet.com/europe/germany/20181028/304323.html。
② 林德山：《2019年欧洲议会选举及其影响评析》，《当代世界》2019年第7期。
③ 参见Kai Arzheimer, "The AfD: Finally a Successful Right-Wing Populist Eurosceptic Party for Germany?", *West European Politics*, Vol. 38, No. 3, 2015, pp. 535-556; Nicole Berbuir, Marcel Lewandowsky and Jasmin Siri, "The AfD and its Sympathisers: Finally a Right-Wing Populist Movement in Germany?", *German Politics*, Vol. 24, No. 2, 2015, pp. 154-178; Dieter Rucht, "Mobilization against Refugees and Asylum Seekers in Germany: A Social Movement Perspective", in Sieglinde Rosenberger et al., *Protest Movements in Asylum and Deportation*, Switzerland: Springer, 2018, pp. 225-245.

玛丽安娜·杜达索娃认为，选择党的成功不仅仅是因为需求侧，即国内社会经济问题；更是因为供给侧，即德国选择党的组织能力、领导能力、政治主张帮助其扩大了对选民的吸引力。[①] 西蒙·弗朗兹曼关注了早期德国选择党的成长和主张，他将选择党的主张区分为"宣传策略"和"竞选战略"，前者指选择党及其领导人在主流媒体和公开讲话中利用民粹主义言论吸引关注，然而，在德国东部各州选举和欧盟议会选举的成文竞选主张中则采取了更"温和的""主流的"政策，以此获取更多的选票。[②] 同济大学德国研究中心每年发表的《德国蓝皮书：德国发展报告》自选择党诞生以来就对这一快速扩张的极右翼政党予以关注，连续介绍了选择党的发展状况，并持续追踪其在各联邦州议会的参选表现。[③] 黄萌萌借助"政治环境"的分类和2006—2017年德国政治环境中九种类型选民比例的变化情况来解释选择党崛起、全民政党式微、政党格局碎片化的趋势。[④] 龙萌瑶则研究了两德统一以来东德地区的社会变迁对选民政治行为的影响，认为人口流失、老龄化、高失业率等经济因素造成的"被剥夺感"导致了左翼党选民流失、选择党支持率上升。[⑤] 总体来看，既有研究更多地着眼于社会底层人民出于对经济利益受损或基督教传统文化受侵蚀而产生的恐惧和反抗情绪，或者是选择党卓有成效的宣传和选举策略，在全球化如何导致德国底

---

[①] Marianna Dudášová, "Alternative for Germany—More Than A Fleeting Phenomenon", *Society and Economy*, Vol. 39, No. 3, 2017, pp. 429 – 449.

[②] Simon Franzmann, "Calling the Ghost of Populism: The AfD's Strategic and Tactical Agendas until the EP Election 2014", *German Politics*, Vol. 25, No. 4, 2016, pp. 457 – 479.

[③] 郑春荣主编：《德国蓝皮书：德国发展报告（2014、2015、2016、2017）》，社会科学文献出版社2015、2016、2017、2018年版。

[④] 黄萌萌：《"政治环境"视角下德国政党格局的新变化》，《欧洲研究》2018年第6期。

[⑤] 龙萌瑶：《民粹主义政党对左翼政党的冲击——以选择党、左翼党在东德地区的选举表现为例》，《当代世界与社会主义》2018年第6期。

层人民利益受损的传导机制上并没有形成系统的解释，特别是对于为什么在传统政治光谱中倾向于支持左翼政党的中下层劳工支持极右翼政党这一反常识的现象也没有进行深入的说明。

鉴于既有研究的不足，我们将考察全球化是如何影响德国国内不同集团的成本收益分配，尤其是如何引起处于社会底层的低技能工人在政治上的不满和反对，进而促使德国选择党的崛起。我们认为，德国选择党大获成功是由全球化冲击下德国国内受损者的不满和德国政党体系中的回应性危机这两个因素共同造成的。

## 二 德国参与全球化的要素禀赋

德国一直是全球贸易的积极参与者。得益于中国加入世贸组织和欧盟的第五次扩大，德国的进出口总量在 21 世纪前十年中迅速增长（见图 5-1）。尽管发生了 2008 年席卷全球的金融危机和一些地区性经济危机，经济全球化和区域一体化还是对德国经济产生了前所未有的影响。

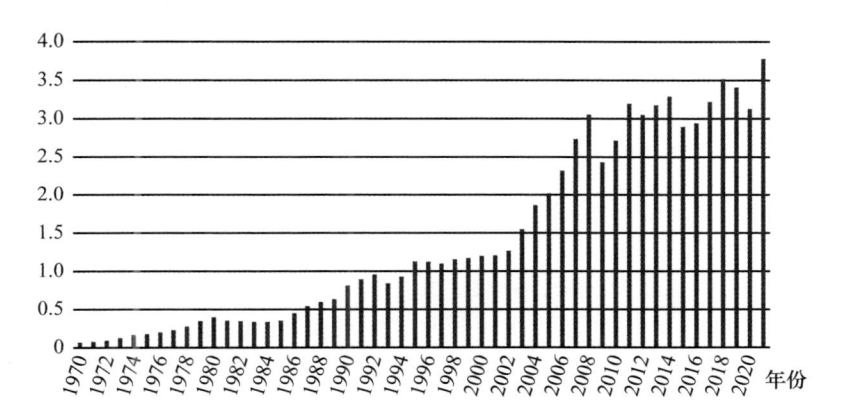

**图 5-1 1970—2021 年德国进出口商品及服务总额（万亿美元）**

资料来源：作者根据世界银行进出口商品与服务数据计算，https://data.worldbank.org。

在德国国民经济体系中，以 2017 年的数据来核算，第一产业产值仅占全年总产值的 0.7%，全国从事农业生产的人口不到劳动力市场总人数的 2%[1]，继续将土地作为生产要素对我们分析当前德国参与国际贸易的要素禀赋并不适宜。因此我们按照德国的实际情况采用修正后的罗戈夫斯基模型，即物质资本、高技能劳动力和低技能劳动力这一新的三要素模型。

关于一国物质资本的充裕程度，查尔斯·索耶、理查德·斯普林克和多米尼克·萨尔瓦多都采用资本与劳动的比率，即人均资本量来考察[2]，徐康宁、王剑则用人均 GDP 来衡量。[3] 我们采用人均 GDP 和人均资本形成额这两个指标来衡量德国资本的充裕程度。2017 年德国人均 GDP 达到 44470 美元，在其主要贸易伙伴中排第七位（见图 5-2）；人均资本形成额为 8074 美元，在其主要贸易伙伴中排第十位（见图 5-3）。由于德国的主要贸易伙伴以欧盟 28 国为主，相比而言，虽然其人均 GDP 和资本形成额在其主要贸易伙伴中仅处于中等偏上的竞争力水平，并无突出之处，但从全球范围来看，德国的这两项指标为世界平均水平的 3—4 倍，可以说，德国在国际贸易中属于资本充裕的发达国家。

被称为"人力资本之父"的经济学家西奥多·舒尔茨认为，接受教育是获得人力资本的最基本投资手段。[4] 因此我们采用劳动力人口中（25 岁以上）拥有学士及以上学位人口在总人口中所占比例来衡量高技能劳动力/低技能劳动力的相对充裕程度。根据 OECD

---

[1] 根据德国联邦统计局公布数据，2017 年全年德国农业部门的 GVA 为 207 亿欧元，三大产业 GVA 总额为 29112.82 亿欧元。

[2] W. 查尔斯·索耶、理查德·L. 斯普林克：《国际经济学》，刘春生等译，中国人民大学出版社 2010 年版，第 64 页；[美] 多米尼克·萨尔瓦多：《国际经济学》，朱宝宪等译，清华大学出版社 2004 年版，第 103 页。

[3] 徐康宁、王剑：《要素禀赋、地理因素与新国际分工》，《中国社会科学》2006 年第 6 期。

[4] [美] 西奥多·W. 舒尔茨：《论人力资本投资》，吴珠华等译，北京经济学院出版社 1990 年版，第 9 页。

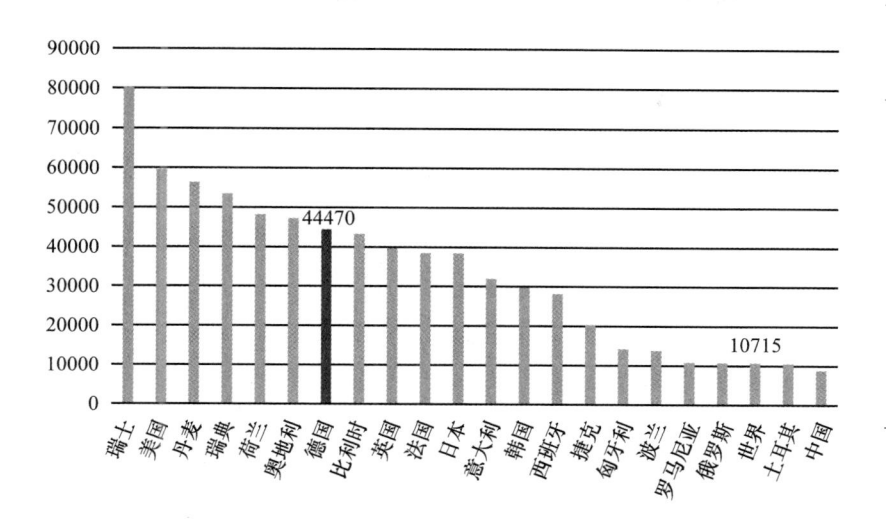

**图 5-2　2017 年德国及其主要贸易伙伴人均 GDP（美元）**

资料来源：世界银行数据库，https：//data.worldbank.org。

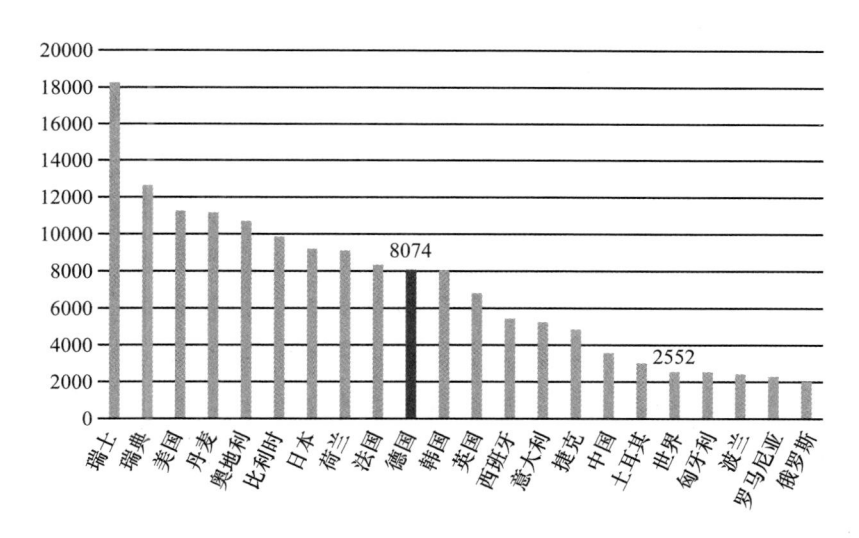

**图 5-3　2017 年德国及其主要贸易伙伴人均资本形成额（美元）**

资料来源：根据世界银行数据库中资本形成总额和人口数量计算得出，https：//data.worldbank.org。

的统计，2014年德国拥有学士学位的人口占总人口的14.7%，拥有硕士和博士学位的人口占比分别为10.8%和1.3%，高于OECD和世界平均水平，在其主要贸易伙伴中，德国劳动力的受教育程度也位列前茅（见图5-4）。此外，德国发达的职业教育也帮助德国培养了大批优秀的高技术制造业工人：德国的职业教育分为职业学校培养体系和企业—学校共同培养的学徒制度；其中65%的高中毕业生接受了学徒制教育，全德15岁以上人口超过一半拥有职业教育文凭。① 这些接受了职业教育的劳动力在就业市场和工作岗位上展现出了与岗位需求相匹配的专业技能，与未接受高中以上教育的劳动力相比更能满足现代化制造业的生产需要，由此构成了德国

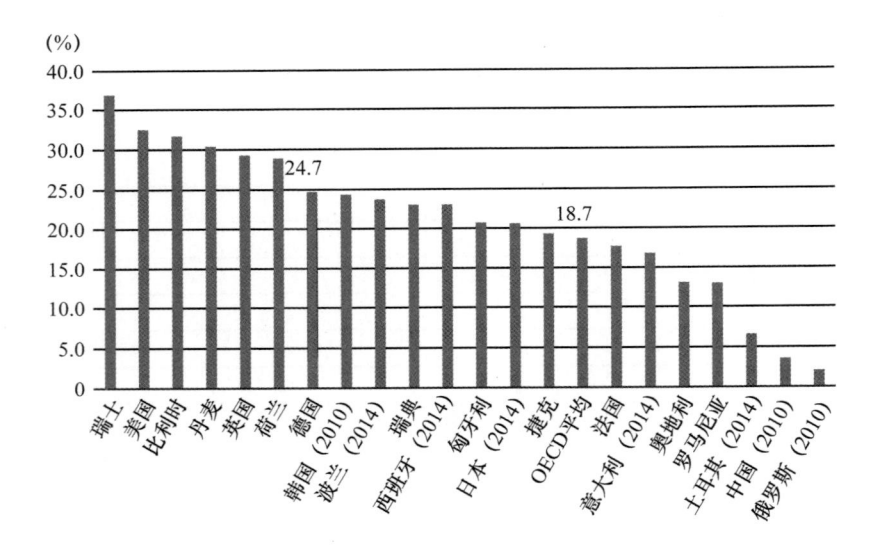

**图5-4 2015年德国及其主要贸易伙伴人口中获得学士及以上学位人口比重**

资料来源：世界银行及OECD数据库。其中未标注数据来自于世界银行的统计，统计年份为2015年；韩国、俄罗斯和中国数据仅更新至2010年；意大利、西班牙、土耳其、日本四国数据来自OECD统计，统计年份为2014年。

① 周红利、张万兴：《人力资本理论视域的德国现代学徒制研究》，《高教探索》2014年第4期。

制造业竞争力的重要源泉。由于这些高技能劳动力在就业市场上的优势地位,他们在工资收入、社会地位上与从事经营管理工作的人并无实质性差异,实际上成为德国庞大中产阶级的重要组成部分。

出于要素划分的相对性,一个劳动力无法同时被定义为高技能劳动力和低技能劳动力。与德国充裕的高技能劳动力相比,作为生产要素的低技能劳动力在国际贸易中则处于相对稀缺的状态。一方面,德国的老龄化严重、劳动人口较少;另一方面,由于经济发展水平、汇率等因素的影响,与发展中国家和东欧国家相比,德国的劳动成本相对较高。因此德国国内低技能劳动力的相对稀缺导致了低技能劳动力在国际竞争中的劣势地位。

这样,与其主要贸易伙伴相比,德国在要素禀赋上属于物质资本和高技能劳动力充裕,低技能劳动力稀缺的国家。2017年联邦德国统计局公布的数据显示(见表5-1),德国主要出口产品为汽车、电子设备、机械设备和化学产品,主要进口产品则是能源、金属等原材料以及家具、服装、食品等劳动密集型产品,这与德国的生产要素充裕程度相匹配。

表5-1　　　2017年德国不同类别商品进出口额统计　　　(万欧元)

| 商品 | 出口额 | 进口额 |
| --- | --- | --- |
| 农产品及狩猎 | 9733 | 31251 |
| 林业产品 | 432 | 761 |
| 渔业产品 | 285 | 774 |
| 煤炭及褐煤 | 124 | 5201 |
| 原油及天然气 | 6249 | 56169 |
| 金属矿 | 126 | 7030 |
| 其他矿产品和采石 | 1392 | 1471 |
| 加工食品 | 54171 | 46551 |
| 饮料 | 5642 | 5878 |

续表

| 商品 | 出口额 | 进口额 |
| --- | --- | --- |
| 烟草制品 | 3543 | 1195 |
| 纺织品 | 11690 | 10968 |
| 服装 | 18347 | 32803 |
| 皮革及相关产品 | 8925 | 14283 |
| 木材和软木制品，除了家具；草、编材料制品 | 7154 | 6456 |
| 纸和纸类产品 | 19626 | 15045 |
| 焦炭和精炼石油产品 | 12462 | 20342 |
| 化学和化学产品 | 114907 | 79071 |
| 基础药物和药品制剂 | 75999 | 53969 |
| 橡胶和塑料制品 | 45992 | 30673 |
| 其他非金属矿产品 | 15482 | 11066 |
| 基本金属 | 54236 | 58910 |
| 金属制品，除机器设备 | 43626 | 29327 |
| 电脑，电子和光学产品 | 111045 | 113210 |
| 电子设备 | 83306 | 60516 |
| 机器设备 | 184471 | 81256 |
| 机动车、拖车和半拖车 | 234787 | 115258 |
| 其他交通产品 | 58113 | 32698 |
| 家具 | 10023 | 123388 |
| 能源 | 2838 | 1032 |
| 其他产品 | 84208 | 98940 |
| 总计 | 1278935 | 1034491 |

资料来源：德国联邦统计局，https：//www.destatis.de。

## 三 全球化与德国国内要素所有者的分化

第二次世界大战后，德国通过高端工业制成品的大规模出口使自身快速从战争的影响中恢复过来，并成为欧洲经济的"发动机"。在战后几十年时间里,德国的出口额仅次于美国,长期保持着"出口冠军"的位置,以2016年为例,德国商品及服务出口额占其GDP的比重达到46.2%。"德国制造"有着享誉全球的良好声誉,以汽车及零部件制造、机械设备、化工产品、电子设备为代表的高端制造业占其总出口额的半数以上,这些领域的德国企业以其产品的无可替代性占据国际贸易的优势地位,成为国际市场上独一无二的供应商。德国的工业竞争力的来源不仅仅是充裕的物质资本,更是德国社会中广泛存在的高技能劳动力。除了高等教育体系中培养出的科技创新和管理人才之外,德国的双元制职业教育培育出了大量适合从事高科技产品和精密仪器制造的工程师。这些从事制造业的高技能劳动力不仅能获取丰厚的劳动报酬,还具有较高的社会地位,因此他们与物质资本所有者一道成为国际贸易的受益者。

经济全球化和欧洲一体化不仅为德国的出口制造业提供了广阔的市场,还进一步降低了德国制造业的成本。自20世纪90年代以来,德国制造业不断通过产业转移和离境贸易的形式,将产业链中劳动成本高、产业附加值低的初级工业制成品制造和产品组装转移到原料和劳动力成本更低的东欧国家。近十几年来,在国际收支平衡账面上虽然显示为德国对匈牙利、捷克、波兰、罗马尼亚等国的贸易逆差,但是廉价的原材料和劳动力提升了德国工业制成品的国际竞争力。[1] 同时欧元的流动抹平了德国与欧元区内东欧、南欧国家间的汇率差异,使欧元区其他国家失去了通过本币贬值的手段来刺激出口的汇率工具自主性,而本身就具有良好口碑的德国制造业在欧元区内贸易中则占据了绝对的优势地位。

---

[1] Anke Hassel, "The Paradox of Liberalization—Understanding Dualism and the Recovery of the German Political Economy", *British Journal of Industrial Relations*, Vol. 52, No. 1, 2014, p. 64.

不同于英国和美国金融行业以市场为导向、吸纳成千上万中小型投资者共同参与的模式，德国金融业的主要参与者是德国境内规模不一的银行。在欧元区诞生之前，德国的银行专注于服务国内工业企业，较少参与全球金融市场的操作；而在欧元区诞生之后，由于共同货币使得金融资本在欧元区内部可以完全自由流动、消除了汇率波动带来的市场风险，同时欧元区内部的融资成本趋同，原来需要以比德国高3—4倍利率才能从资本市场融通到资金的南欧国家现在可以搭上德国良好信誉的便车以极低的成本融资，像希腊、意大利、西班牙等国家开始无视《马斯特里赫特条约》中设定的3%赤字率和60%债务率的红线，大量发行国债向市场借贷。由于通过工业制成品的出口积累了大量的贸易盈余，德国在金融账户上必须大量购买其他国家的资产、向外进行投资才能保持其国际收支平衡。因此，拥有充足资产的德国银行业开始大量购进欧元区国家的中长期国债。自此南欧国家获得了大量的资本，而德国银行业也找到了地方输出其过剩的金融资产、获得投资机会。自2007年泛欧实时全额自动清算系统启动以来，德国资本大量流入南欧国家。根据国际货币基金组织的统计，截止到2011年8月，德国在TARGET2中的盈余扩大到3900亿欧元，成为TARGET体系中最大的债权国，而债务国在其中的赤字则高达4040亿欧元。[1]

根据修正后的罗戈夫斯基模型，国际贸易导致了财富和收入在物质资本、高技能劳动力和低技能劳动力之间不平等的分配。虽然作为充裕要素所有者，德国物质资本和高技能劳动力要素的所有者在参与全球化的过程中获得了更多的财富和收入，但作为稀缺要素所有者，德国的低技能工人，尤其是那些处于进口竞争部门和劳动

---

[1] Hans-Werner Sinn and Timo Wollmershaeuser, "Target Loans, Current Account Balances and Capital Flows: The ECB's Rescue Facility", *International Tax and Public Finance*, Vol. 19, No. 4, 2012, p. 472.

密集型产业的工人在国际贸易和全球分工中受损。

21世纪初,欧元的使用、中国加入世界贸易组织和欧盟东扩对德国经济产生了重大的影响,来自发展中国家的廉价消费品大量进入欧盟市场,对德国低端制造业带来了冲击。杜塞尔多夫竞争经济学研究所通过对1990—2010年德国与东欧和中国的开放贸易的回归检验发现,由于进口竞争的增加导致了德国工人预期雇佣时间和收入的减少,同时自由贸易的福利效果在国内部门间呈现出不平等分布:竞争力强的高技术行业和高技能工人在贸易中受益,生产水平较低的行业和低技能工人则遭受了严重的打击。① 由于低技能工人的技能和知识更多地集中于某一特定行业或特定企业,作为劳动力的流动性远低于高技能工人。一旦贸易开放导致其所在的公司破产或部门萎缩,他们很难再找到一份与其拥有技能相匹配的工作,因此低技能工人是全球化进程中德国国内首当其冲的受损者。

除了在贸易领域受到来自发展中国家廉价制成品冲击所导致的德国国内低端制造业萎缩外,由于欧盟东扩和内部市场上生产要素的自由(无关税)流通,为了追逐更低的生产成本,德国的一些企业纷纷将初级产品加工或轻工业工厂转移到东欧地区。20世纪90年代后期以来,德国与东欧十国的贸易往来占德国GDP的比重从1994年的2%上升到2006年的7%以上,德国设立在斯洛伐克和匈牙利的子公司的进口额分别占两国进口总额的65%和40%。② 产业转移使得国内低技能工人的就业机会进一步减少。

在20世纪60年代,德国由于制造业的快速发展而存在着巨大的劳动力缺口。在东西德的隔离使得西德无法从东德引进劳工的情

---

① Wolfgang Dauth, Sebastian Findeisen and Jens Suedekum, "Adjusting to Globalization-Evidence from Worker-Establishment Matches in Germany", *DICE Discussion Paper*, No. 205, pp. 23 – 27.

② Dalia Marin, "Germany's Super Competitiveness: A Helping Hand from Eastern Europe", *VoxEU. org*, June 20, 2010, https://voxeu.org/article/germany-s-super-competitiveness.

况下，德国政府大量引进来自南欧和中东北非的"客籍劳工"①。这些外籍劳动力在总就业人口中的比重迅速从1961年的1.7%提升到了1973年的11.9%，人数达到260万人。② 在之后的半个多世纪中，这些客籍劳工以及通过团聚法得以进入德国的他们的家人亲属，乃至他们的后代作为二代、三代移民不断增长，其中人数最多的就是来自土耳其的劳动移民，人数达到150万人。由于本身受教育程度低、缺乏相关就业技能，这些劳动移民大多数在德国国内从事着低技术含量、工作条件较差的制造业和低端服务业，并且他们能接受更低的薪酬，这就与德国国内的中低技能工人形成了就业竞争，造成国内中低技能工人的失业率上升。根据德国联邦就业服务局的统计，2017年8月，德国共有116万中低技能劳动者处于失业状态，占总失业人口的55%，与此同时，德国劳动力市场中需要中低技能工人的岗位仅占总岗位的23%。③

低技能工人和高技能工人的就业率差异在德国经济地理上反映为制造业更为先进的西德的平均失业率远低于东德。由于经济基础差、基础设施和教育水平相对落后，东德在两德统一后的30年时间内一直未实现经济赶超，时至今日，其经济体系中低端制造业和服务业的比例仍高于西德，劳动人口中高技能劳动力的比例也远低于西德。④ 此外，由于地理原因，东德在廉价劳动力和原材料等要素上与前经互会国家相比并不具备比较优势，因此更易受到欧盟东扩带来的冲击，导致失业率上升。⑤ 同时，由于受到来自发展中

---

① 德国分别与意大利（1955年）、西班牙（1960年）、希腊（1960年）、土耳其（1961年）、摩洛哥（1963年）、葡萄牙（1964年）、突尼斯（1965年）和南斯拉夫（1968年）签订协定，招募"客籍劳工"以补充国内劳动力。

② 李欣：《二战后德国移民潮流》，《德国研究》2005年第3期。

③ Dieter Braeuninger and Marc Schattenberg, "German Labour Market Policy, Much Remains to be Done!", *Deutsche Bank Research*, Frankfurt: Deutsche Bank AG, 2017, p. 6.

④ Karl Brenke, "Eastern Germany Still Playing Economic Catch-up", *DIW Economic Bulletin*, Vol. 4, No. 11, 2014, p. 16.

⑤ Richard R. Ochmann, "The Fisrt EU Eastern Enlargement, Impacts on the German Economy and Public Perceptions", *Institute for World Economics*, Hungarian Academy of Sciences, Working Paper, No. 158, 2005, p. 23.

国家廉价钢铁进口的冲击，德国传统煤钢生产区鲁尔区近几十年来也经历着严重的经济衰退，社会中长期失业人口比重较高（见图5-5）。

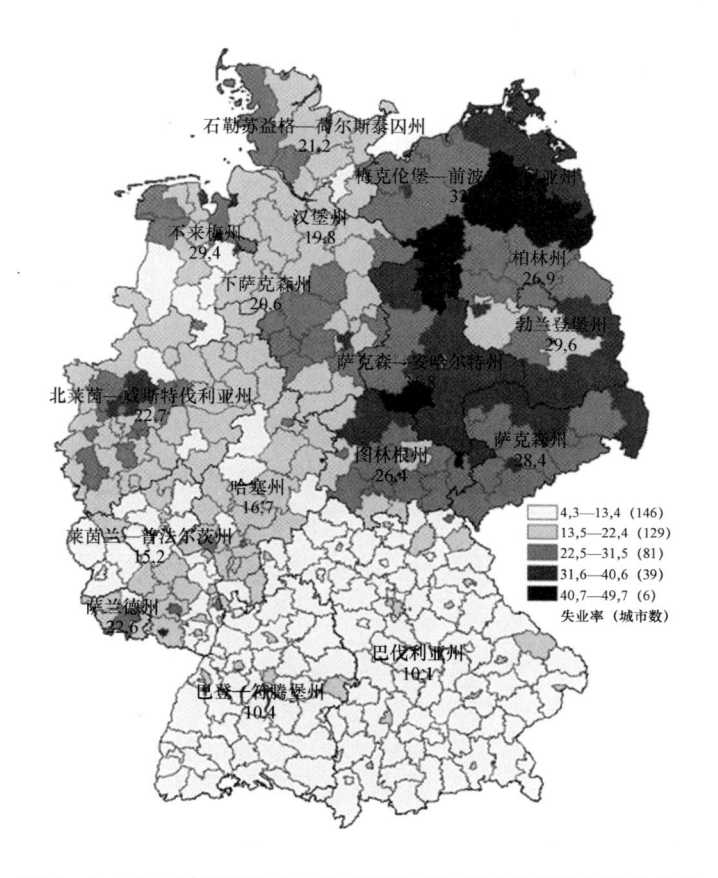

**图5-5 2017年德国各市未受高等教育和职业培训的居民失业率**
资料来源：联邦就业服务局，Federal Employment Agency。

经济全球化和欧洲一体化也导致了德国高端制造业和低端制造业工人工资的差距逐渐拉大。根据德国联邦统计局公布的数据，从事原油开采、汽车制造、医疗化工、电子产品和机械制造的工人平均工资为低技能劳动密集型行业工人的2—3倍（见表5-2）。自

2008年金融危机以来，中下层人民生活贫困化趋势加剧，虽然德国的失业率达到了近几十年来的最低水平，但事实上这是对就业市场进行改革的结果：与其他国家的企业应对金融危机采取裁员的措施不同，德国企业更偏好于让其员工减少劳动时间和"额外休假"，事实上减少了劳动者的工资。① 默克尔政府为了鼓励妇女和失业者参加劳动，设置了大量"临时就业"的岗位，这些岗位多数是家政劳动、餐饮服务等低收入的工作，每周工作时长不超过20小时，这与接受失业补助获得的救助金没有显著的差异。此外，在2015年之前德国一直没有实行最低工资法，从事低端制造业和服务业的就业者的工资没有基本的保障。

表5-2　　　　　2016年德国制造业不同部门工人
平均年收入情况　　　　　　（欧元）

| 行业 | 年均收入 |
| --- | --- |
| 原油和天然气开采 | 82900 |
| 烟草制品加工 | 63019 |
| 其他交通设备制造 | 62638 |
| 基础药物和药剂制造 | 60216 |
| 化学和化工产品制造 | 58464 |
| 煤炭和褐煤开采 | 55062 |
| 电脑、电子和光学产品制造 | 53468 |
| 机器和设备制造 | 52242 |
| 电子设备制造 | 50167 |
| 其他非金属矿产品制造 | 48983 |
| 机器设备的修理及安装 | 48905 |

---

① Anke Hassel, "The Paradox of Liberalization—Understanding Dualism and the Recovery of the German Political Economy", *British Journal of Industrial Relations*, Vol. 52, No. 1, 2014, pp. 74-75.

续表

| 行业 | 年均收入 |
| --- | --- |
| 饮料加工 | 42904 |
| 纸和纸制品加工 | 41394 |
| 其他制造业 | 40638 |
| 金属制品制造，如机器 | 39389 |
| 其他采矿和采石业 | 38690 |
| 家具制造 | 36497 |
| 皮革及相关产品加工 | 34774 |
| 服装加工 | 34656 |
| 印刷业 | 34503 |
| 纺织品加工 | 34200 |
| 木材、木制品及软木塞加工 | 33438 |
| 食品加工 | 29347 |
| 金属矿开采 | / |
| 采矿支持服务活动 | / |

资料来源：根据德国联邦统计局公布数据计算得出。各行业平均年收入＝各行业总工资开支/雇佣人数。

简而言之，作为充裕要素的所有者，德国的制造业企业、金融业和高技能工人通过大量出口商品和跨国投资，在全球化和欧洲一体化中获益；作为稀缺要素所有者，低技能工人在开放贸易中不断受到来自发展中国家，尤其是东欧的廉价劳动力的冲击，越来越难以找到合适的工作和获得足够多的工资收入，成为全球化和欧洲一体化的受损者。

## 四 债务与难民危机中德国不同要素所有者的偏好

欧洲债务危机和难民危机是欧洲一体化和欧洲多国政治发展

的关键节点。欧债危机爆发后,德国在成员国紧急救援、欧洲金融稳定基金、欧洲稳定机制等救援机制中频繁出资,成为救援机制中最大的出资国,并与法国一道促成了《财政契约》的达成。是否应该对欧债国家进行救援这一问题引起了德国国内政治的重大分歧,大量德国民众表示拒绝为其他国家的错误买单,并对默克尔政府的援助政策提出抗议。难民危机爆发后,默克尔提出了"我们能做到"的口号,大量难民涌入德国境内。难民收容带来了福利、治安、社会融入甚至是宗教等方面的一系列矛盾。来自中东北非的难民一方面加重了德国的财政负担、分流了德国底层人民的社会福利,同时一些伪装成难民的"圣战"分子给德国国内治安带来极大的隐患,引起大量德国民众的强烈不满。因此,无论是欧债危机还是难民危机,都导致了德国国内的政治分化与政策争论。

作为经济全球化和欧洲一体化的受益者,德国的物质资本所有者和高技能工人积极鼓励默克尔政府对债务国进行援助,维持欧元区完整和汇率稳定。一旦欧元区崩溃,欧元区的其他国家在恢复各自的主权货币后为了缓和经常账户的巨大赤字必然会竞相采取货币贬值的策略以促进出口、抑制进口,这对于德国出口制造业不啻重击。因此德国的出口制造业有强烈的意愿维持欧元区的统一和完整。在欧债危机爆发前,德国政府和私人机构就大量持有南欧国家的国债和私人债务,而在之后的救援政策中德国更是提供了大量的救援资金。如果债务国破产或退出欧元区,德国的银行业也将受到剧烈的冲击。有德国学者就认为:"希腊回到以前的货币德拉克马将会减免它原有的债务,使世界范围内的银行和企业受损——首当其冲的就是投资于原先'有利可图的'希腊国债的德国、美国等银行机构。希腊退出欧元区,意味着可能出现'雷曼兄弟破产'

的翻版。"① 因此，德国高端制造业和银行业在欧债危机的救援问题上，主张对陷入债务危机的欧元区国家进行救援，并在欧盟层面承担大量的出资义务，以帮助稳定欧元区的团结和稳定。以垄断资本和高端制造业企业为主体的德国工业联邦联合会（BDI）在援助希腊和欧洲稳定机制问题上率先对执政联盟进行游说，要求德国对深陷债务泥潭的欧元区国家伸出援手，而非垄断资本、家庭企业和劳工的反对意见并没有被采纳。②

在外来移民和难民问题上，德国的制造业资本也十分欢迎移民甚至是难民的融入。由于德国的老龄化问题严重，德国人口常年处于负增长状态。据预测，到2030年，德国的总人口将净下降500万人左右，同时65岁以上老年人口将增加800万人；到2050年德国的就业人口预计将从目前的4100万人减少至2600万人，这将给社会经济发展和福利体系带来严峻的挑战。而移民和难民的进入可以很好地补充德国劳动力不足的问题。按照工资趋同理论，当工资较低的外国劳动力向工资较高的德国迁移时，两国的工资会发生趋同，帮助降低德国企业的生产成本，进一步提升德国制造业的国际竞争力。德国就业市场与职业研究所（IAB）的研究显示，从长期来看，移民和难民进入德国虽然会对中低技能工人造成就业冲击，但是可以有效地弥补德国劳动力不足的问题、降低工资成本、促进经济增长。③

但是，作为开放经济的受损者，德国的低技能工人不得不承受高失业率和低工资。尽管根据卡尔·波兰尼所描述的市场和社会之间的"双向运动"，国家可以对受损者进行补偿以换取受损者支持

---

① [德] 乌尔里希·贝克：《德国的欧洲》，袁杰译，同济大学出版社2014年版，第18页。
② Andreas Kemper, "AfD, PEGIDA and the New Right in Germany", in Giorgos-Charalambouseds, *The European Far Right: Historical and Contemporary Perspectives*, Oslo: PRIO Cyprus Centre & Strasbourg: Friedrich-Ebert-Stifung, 2015, p. 44.
③ Enzo Weber and Roland Weigand, "Identifying Macroeconomic Effects of Refugee Migration to Germany", *IAB-Discussion Paper*, No. 20, 2016, p. 10.

开放。但当跨行业劳动力流动性较低时，补偿不一定能够帮助劳动者稳定收入，从而使劳动者支持开放经济政策所产生的效果也较为有限。① 德国中央银行的调查报告显示，市场上 16% 的职位需要大学及以上学位，64% 的工作需要至少完成学徒制学业，只有 20% 的工作向没有受过专业职业训练的人开放。② 在德国，在 16 岁进行学校教育分流之后，一名年轻人需要至少 3 年的时间才能完成学徒制训练，职业学校平均毕业时间则需要 5 年。③ 由于学徒制和职业训练培训一般都是由学校和企业共同完成的，所教授的技能也都与从事本行业工作密切相关，当一名劳动者想对自己从事的行业进行调整、在就业市场上寻得一份新的工作时，他需要付出大量的时间成本。由此可见，德国的跨行业劳动力流动性较低，国家的补偿政策对抚平全球化冲击所造成的工资差异效果甚微。作为开放贸易的受损者，低技能工人不得不对全球化采取反对的态度。

在欧债危机问题上，这些中下阶层民众就表达了对维持欧元区和救援债务国的反对意见。他们认为，希腊通过作弊手段进入欧元区，并且为维持高福利政策在政府和私人部门大举借贷，造成巨额财政赤字。针对普通希腊人在 55 岁就可以退休，而施罗德的改革将德国人的退休年龄推迟到了 67 岁，一些德国人甚至发问："为什么我们要为 55 岁以后就可以躺在海滩上晒太阳的希腊人一直工作到 67 岁呢？"④ 同时他们将自身福利水平下降的原因归咎为债务

---

① 周强：《补偿何时能换来对全球化的支持——嵌入式自由主义、劳动力流动性与开放经济》，《世界经济与政治》2018 年第 10 期。

② Dieter Braeuninger and Marc Schattenberg, "German Labour Market Policy, Much Remains to be Done!", *Deutsche Bank Research*, Frankfurt: Deutsche Bank AG, 2017, p. 3.

③ Holger Bonin, "Wage and Employment Effects of Immigration to Germany: Evidence from a Skill Group Approach", *IZA Discussion Paper*, No. 1875, 2005, p. 8.

④ 徐弃郁：《犹豫的"领导者"——透析欧债危机中的德国》，《世界知识》2011 年第 17 期。

国的"好吃懒做",因而不愿意为他国的错误买单,对"欧盟人"的心理归属感下降。他们对德国承担欧盟各种开支的不满情绪不断上升。

在难民危机爆发后,德国国内的反难民情绪快速上升。据统计,德国政府每年在每位难民身上至少需要花费1.5万欧元,而德国长期失业者的社会救济金每月只有404欧元。2016年联邦政府从财政预算中预拨了61亿欧元用于难民的安置和融入,但实际花费高达160亿欧元,按照德国财政部的估算,到2020年,联邦层面为难民问题的支出可能要高达930亿欧元。① 由于语言障碍、相应就业技能缺乏等问题,难民在短期内也很难融入德国的就业市场。在2015年进入德国的100万难民中,只有8.9万人找到了工作,通过培训后能满足德国就业要求的难民最快也需要两年才能进入就业市场。2016年,只有6%的适龄难民被雇佣,而在2013年这个比例是31%,短期内在德国找到工作的难民很少。因此大量难民涌入对德国的财政系统和社会福利造成了很大的负担,而且产生了与德国本地居民争夺医疗、教育、社会保障等公共服务的问题。相对于物质资本要素所有者和高技能工人,收入水平较低并更依赖社会保障的低技能工人更多地具有了这种"福利沙文主义"(welfare chauvinism)情绪。从2015年以来德国反对难民的游行示威和针对难民的袭击事件的地理分布来看,失业率较高的东德地区对难民的反抗更为激烈,而参与者大多也是受教育程度不高的普通工人、失业者和激进的青年学生。②

简而言之,在欧债危机和难民危机中,高端制造业和银行业要

---

① 彭大伟:《德国难民问题支出至2020年预计约930亿欧元》,中国新闻网,2016年5月15日,http://news.china.com.cn/live/2016-05/15/content_36058950.htm。

② Dieter Rucht, "Mobilization against Refugees and Asylum Seekers in Germany: A Social Movement Perspective", in Sieglinde Rosenberger et al., eds., *Protest Movements in Asylum and Deportation*, Switzerland: Springer, 2018, p. 232.

求维持欧元区、鼓励移民融入，低技能工人反对救援债务国、抗议接受难民。作为稀缺要素所有者，低技能工人反对默克尔政府救援债务国和接受难民的政策。在欧债危机中，他们反对用"德国人的钱"为债务国买单，而难民危机则进一步刺激了他们在经济上的损失感，反难民情绪高涨。

## 五 德国政党体系的回应性危机

20世纪90年代以来，德国联邦议会一直保持着基民盟/基社盟、社会民主党、自由民主党、绿党和左翼党的五党模式（参见图5-6）。但作为政治光谱上的左翼政党，社民党和左翼党并没有积极有效地回应德国中下层劳工，特别是低技能工人的诉求；其他政党同样也没有回应这些选民的诉求。德国政党体系的回应性危机为选择党的崛起提供了政治空间。

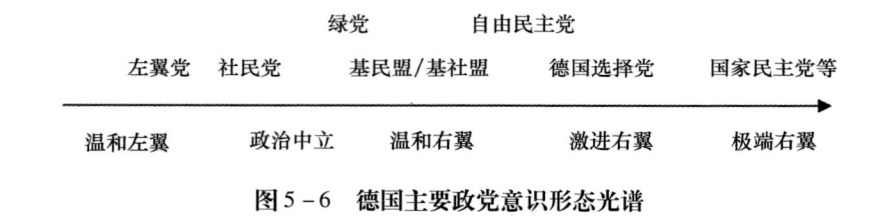

|  |  | 绿党 | 自由民主党 |  |  |
| --- | --- | --- | --- | --- | --- |
| 左翼党 | 社民党 | 基民盟/基社盟 | 德国选择党 | 国家民主党等 |
| 温和左翼 | 政治中立 | 温和右翼 | 激进右翼 | 极端右翼 |

**图5-6 德国主要政党意识形态光谱**

作为产生于工人运动的政党，德国社民党可以追溯到1863年成立的全德工人联合会和1869年成立的德国社会民主工党。长期以来，社民党一直视自己为工人阶级和社会中下层的代表。尽管1959年社民党通过《哥德斯堡纲领》清除了意识形态的"包袱"，宣称"社会民主党已经从一个工人阶级政党变成一个人民的政党",选民基础也更多地扩散到职员和公务员等新社会中间阶层①,但总体而言它仍是一个传统的中左翼政党。从20世纪末开始,欧洲的社会民主党发现其传统的选举基础——产业工人正在萎缩,这迫使它在选举策略上趋向政治中立以吸引更多选民。② 1998年,德国社民党候选人施罗德击败了连续执政16年的科尔成为新一任总理。由于战后几十年的福利国家制度对国家财政的消耗,以及东西德统一对东德的转移支付,当时德国面临着经济停滞、高赤字、高福利支出、高失业率、居民和企业赋税沉重等一系列经济社会问题。面对以上问题,施罗德在1999年提出了"新中间派政策",即德国版的"第三条道路",首先提出了税收制度改革和养老保险金改革;2002年8月,彼得·哈茨向联邦政府提交了一份关于劳动力市场改革和相关财政税收方面的提案,即"哈茨报告";2003年1月,施罗德所在的社民党主席团通过了"2003年度具体纲领"和"威斯巴登声明",被统称为"2010改革议程"。施罗德对福利国家的削减和对工人保护的削弱沉重地打击了社民党最大的支持者——蓝领工人和社会弱势群体,社民党与工人阶级的联系急剧恶化。20世纪80年代初,社民党在参加工会的工人中可获得68%的选票;到2005年,社民党在其中只获得了55%的选票,在东德甚至低至32%。③ 社民党原先希望通过其"新中间派政策"吸引更多中间选民和中产阶级的选票,但是这一部分新的支持者无法弥补其左翼支持者的流失。虽然此后在2008年金融危机和2010年欧债危机中社民党提出了一些提高社会福利、保护低收入者的政策,但是施罗德改革造成的社民党在工人阶级和社会弱势群体中的形象并

---

① [德]弗兰茨·瓦尔特:《德国社会民主党:从无产阶级到新中间》,张文红译,重庆出版社2008年版,第91—97页。
② Russel Dalton and Martin Watternberg, eds., *Parties without Partisans: Political Change in Advanced Industrial Democracies*, Oxford: Oxford University Press, 2002, p.63.
③ Russel Dalton and Martin Watternberg, eds., *Parties without Partisans: Political Change in Advanced Industrial Democracies*, Oxford: Oxford University Press, 2002, p.63.

没有好转。社民党支持者从1998年的2000万人下降到2009年的1000万人，在2017年大选中仅有953万人。对于那些在社民党改革时期被打击的核心支持者来说，"资源并不能满足所有人"的恐慌在2015年难民危机爆发之后重新传播开来。① 即便社民党在2017年大选时推出远离国内政治、曾经担任欧洲议会议长的马丁·舒尔茨作为总理候选人，在上一执政周期内社民党主席加布里尔与默克尔在难民政策上的配合仍难免使不少工人迁怒于社民党。

左翼党作为原先东德地区的主导政党民主社会主义党的继承者，同时在施罗德"新中间派政策"改革之后吸收了原社民党中的左翼分子，可以说其在意识形态上比社民党更能代表弱势的中下层劳工。但是左翼党由于成立时间较短，同时与西德的工人阶级联系不够，虽然在2005年和2009年的选举中吸引了一部分社民党流失的选票，但是这一部分选民很快在2013年和2017年大选中又将选票改投给了选择党。而在东德地区的联邦州，社民党和左翼党组成的执政联盟并没有很好地抵制住新自由主义所带来的结构性压力。面对全球化带来的冲击，东德居民对自身经济状况和生活条件感到不满，最终在选举中将这些不满表现为选票另投。在难民危机中，左翼党出现了强烈的党内分歧，多位党内领袖在难民问题上表达了欢迎难民、反对右翼排外意识形态的立场，因此也失去了充满危机感的下层选民的选票。在2017年大选中，由于选择党分走了左翼党在蓝领工人和失业者中的选票，左翼党在东德各州的平均支持率下降了5.1%。②

作为中间偏左政党，绿党"从学术界和技术专家中新的受教育阶层中获得了对自己各种活动的支持"③。基于社会价值观从

---

① Jorg Michael Dostal, "The Crisis of German Social Democracy Revisited", *The Political Quaterly*, Vol. 88, No. 2, 2017, p. 238.

② Jonathan Olsen, "The Left Party in the 2017 German Federal Election", *German Politics*, Vol. 27, No. 1, 2018, pp. 131–135.

③ Peter Mair and Richard Katz, "Changing Models of Party Organization and Party Democracy, the Emergence of the Cartel Party", *Party Politics*, Vol. 1, No. 1, 1995, p. 18.

"物质主义"向"后物质主义"的转变，绿党关注如公民权利、公民社会的参与权、对自然环境的保护以及个人解放等非物质化的价值需求，从而吸引了科技型中小企业、学者和技术专家等这些社会中以高技能劳动力作为生产要素的群体。显然，绿党不可能为争取低技能劳动力的支持而放弃其高技能劳动力的基本盘。当欧洲稳定机制和财政契约在国内获得批准时，默克尔遭到当时执政联盟内基社盟和自民党的反对，正是在绿党的支持下这两项机制才在议会中得到三分之二以上多数票的支持，从而排除了救援欧债国家的国内阻碍。

在政党体系中的中右翼政党更不可能对中下层劳工的诉求做出回应。作为一个以天主教因素为纽带吸引广泛政治支持的政党，基民盟代表了雇主和社会中上层人士的利益。基民盟与雇主协会联系紧密，同时基民盟与大垄断财团、金融集团、钢铁、化工财团关系密切。[1] 基社盟作为一个地方性政党，其价值观与基民盟相近，但主要活动范围在巴伐利亚州。基民盟和基社盟作为有长期良好合作关系的基督教姊妹党，在德国政坛上一直是保守的基督教徒和资本家的代言人。以中小企业主和中产阶级作为主要支持者的自由民主党，其核心理念是支持经济自由主义和全球化，主张改善投资环境、创造就业机会、减少税收以促进经济增长、降低社会福利、增加市场活力。在两次危机中，基民盟一直主张维护开放的经济秩序，主动提出救援邻国、吸纳难民的政策。执政联盟中基社盟虽然提出了反对意见，但由于其政治影响力主要局限于巴伐利亚州而没有掀起大的水花。自民党作为主要的右翼在野党，在欧债危机和难民危机中也没有即时地扛起疑欧主义的大旗，没有与执政党划分出明显的界限，因此也缺乏对持有反全球化态度的中下阶层选民的吸引力。

---

[1] 陈志斌：《德国政体教程》，华东师范大学出版社2007年版，第156页。

可以说，正是由于德国政党体系在面临全球化分配问题时出现的回应性危机，促使选择党在德国政坛上异军突起。在欧债危机和难民危机发生后，那些经济上受损的低技能工人和社会弱势群体认为，现有的各政党在政治上均没有回应他们的呼声，而打着强烈排外旗号的选择党则表达了他们对全球化冲击的恐慌与抗拒。

德国选择党在诞生之初就以退出欧元区、恢复德国马克作为其首要政治主张，在2013年联邦议会选举时其竞选纲领反复提到了"有序地解散欧元区"、重新恢复国家的货币主权的主张，其激进的反一体化和反救援主张吸引了大批来自低技能工人、失业者的选票。时任选择党领导人卢克在公开讲话中提到："欧元就是一个根本性的错误，它绑架了德国和债务国一起陷入金融危机。"在选举之后，德国民调网站Bundeswahlkompass对不同政党支持者进行了价值观调查，针对"德国应该废除欧元并恢复马克"这一提问，半数以上选择党的选民表达了支持的态度，而近九成基民盟和自民党的选民表示了反对。此外，还有78%的选择党支持者反对"为了救援欧元，德国有理由对债务国进行财政支持"这一说法，而只有不到四分之一的其他政党的支持者对此观点表示反对。[①]

选择党在难民政策上表达了对"为了德国福利系统的移民"的深切担忧。为了应对源源不断进入的难民，选择党提出了"只有在缴纳税收或为德国社会保障体制付出到一定水平的人，或者他们的父母达到这一标准的人"，才能被纳入德国的国家福利系统。与此同时，选择党通过支持和参与组织反难民的Pegida运动获得了大量极右翼分子的支持，Pegida运动的一些组织者也加入了选择

---

[①] Nicole Berbuir, Marcel Lewandowsky and Jasmin Siri, "The AfD and its Sympathisers: Finally a Right-Wing Populist Movement in Germany?", *German Politics*, Vol. 24, No. 2, 2015, p. 170.

党，进一步强化了选择党内右翼民粹主义的意识形态。在2016年1月20日巴符州第三大城市曼海姆的竞选集会上，选择党的支持者直接发出了愤怒的抗议："我们的国家正处于危机局面，数百万人朝着我们赶来，正在发生的事情是疯狂的。"① 在德国民调网站Infratestdimap对2017年联邦议会选举中选择党的支持者做的价值观调查中，100%的人认为被拒绝的寻求庇护者应该被更快地驱逐出境；97%的人担心伊斯兰在德国的影响力越来越大；97%的人担心难民越来越多；89%的人认为难民的数量应该得到永久的限制；51%的人认为需要让难民融入德国的劳动力市场。

因此，选择党的快速崛起反映出在全球化中受损的德国低技能工人的不安全感和被剥夺感。在选择党的支持者中，工人、失业者和退休人员的比例高于主流政党。以2017年联邦议会选举时的民调数据为例，德国选择党在不同职业人群中的支持率分别为：工人21%，雇员12%，公务员10%，个体户12%，退休人员11%，失业者21%。② 从图5-7可以看出，选择党在各州的支持率与该州的失业率大致呈正相关关系：在经济结构更落后、人均收入更低、失业率更高的东德以及日渐凋敝的鲁尔区，选民对选择党的支持率更高；而在经济发展情况较为良好、以高科技产业和高端制造业为主的西德和金融业、现代化服务业更为发达的大型城市（如柏林、法兰克福、慕尼黑、汉堡），选择党的支持率偏低。

2020年以来，新冠疫情的全球蔓延使德国经济遭遇严重冲击。2020年，德国GDP较2019年下降5%，终结了连续十年的经济增长势头。联邦统计局的数据显示，制造业和服务业受疫情冲击最为严重。2019年，占德国GDP四分之一的制造业产值同

---

① 王齐龙：《佩特里：德国右翼中的孤独夺权者》，《凤凰周刊》2017年第30期，http://www.ifengweekly.com/detil.php?id=4669。

② Infratestdimap, "Surveys on the AfD", September 24, 2017, http://wahl.tagesschau.de/wahlen/2017-09-24-BT-DE/umfrage-afd.shtml.

2017年联邦议会选举　　　2019年欧洲议会选举　　　2021年联邦议会选举

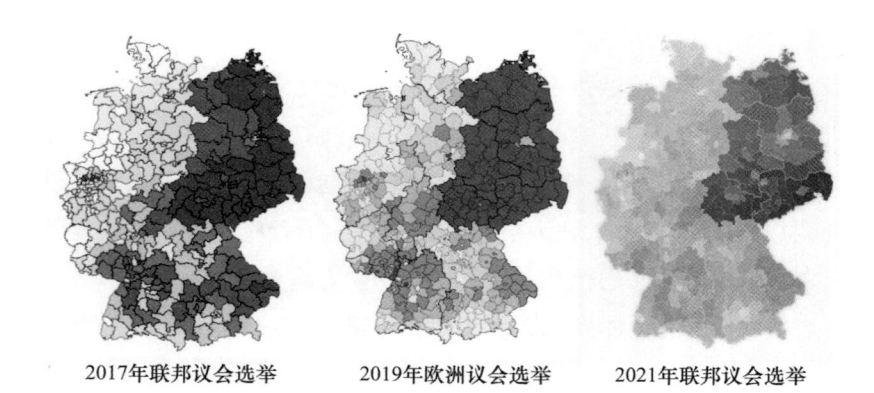

**图 5-7　2017—2021 年联邦议会和欧洲议会选举中
德国选择党支持率分布**

资料来源：笔者根据公开资料自制。单张图内颜色越深代表支持率越高。

比下滑 9.7%，其中，加工类企业下滑高达 10.4%。由于政府采取了一系列封锁措施，贸易、交通、餐饮等服务业产值较 2019 年下滑 6.3%，明显高于宏观经济总体跌幅。同时，商品和服务贸易进出口额也出现了 2009 年来的首次下跌，其中出口额骤降 9.9%，进口额减少 8.6%。德国连续 14 年的就业人数增长态势也在 2020 年戛然而止，2020 年私人消费支出同比暴跌 6%。① 在此背景下，许多民众将自身经济状况恶化归咎于政府应对全球公共卫生危机不力。选择党则积极利用民众情绪，以默克尔政府应对新冠疫情不力作为选举议题，夺走了部分属于基民盟/基社盟的选票。②

---

① 谢飞：《连续 10 年增长被终结，2020 年 GDP 下降 5%——德国经济经历"极其困难"的一年》，《经济日报》2021 年 1 月 20 日第 4 版。
② Michael A. Hansen and Jonathan Olsen, "The Alternative for Germany (AfD) as Populist Issue Entrepreneur: Explaining the Party and its Voters in the 2021 German Federal Election", *German Politics*, 2022, pp. 1–25.

# 小　结

德国选择党在这一轮民粹主义浪潮中具有相当的特殊性。法国国民阵线、意大利北方联盟、奥地利自由党等很多欧洲右翼民粹主义政党拥有几十年的发展历程，它们的议程也是"后天"转移到反全球化上来的，而德国选择党则是一个完全属于"后危机时代"的政党，从诞生伊始就立场鲜明地高举反全球化的旗帜。选择党在全球化中具有更大比较优势的德国通过高举反全球化的旗帜仍能吸引到众多选民的支持，这就更加引人注目了。自第二次世界大战结束后，德国积极地融入全球市场，通过工业制成品的大规模出口维持着经常账户的常年盈余，长期保持着"出口冠军"的位置；同时德国也是欧洲一体化的主要推动者，以其强劲的经济实力为欧洲政治和经济整合提供动力。德国在全球化和欧洲一体化中的积极行动带动了其经济的恢复和增长，获得了欧洲地区的主导权和世界范围的影响力，但融入全球化和推进欧洲一体化并不是毫无代价的。即使在全球化和欧洲一体化中具有更大比较优势的德国，全球化对国内不同群体的分配效应仍然显著地表现出来。

在开放经济条件下，充裕要素的所有者成为全球化的赢家，而稀缺要素的所有者成为全球化的输家。作为充裕要素的所有者，德国的工业和金融资本（以高端制造业企业和银行业为代表）和高技能工人从国际贸易中受益。他们积极支持自由贸易政策，主张对重债国进行救援、维持欧元区的稳定，对移民和难民保持了开放的态度。作为稀缺要素的所有者——低技能工人，尤其是那些处于进口竞争部门和劳动密集型产业的工人，在国际贸易中受损。他们在经济利益上的被剥夺感在受到特殊事件的冲击后激化，由此在政治上表现为对全球化、区域一体化以及移民的不满。当欧债危机爆发之时，这些在经济上受损的劳工和失业者更容易对造成危机的债务国产生抵制情绪，拒绝用德国人的钱为其他国家的错误买单；而在难民危机爆发后，出于对就业竞争和社会福利下降的恐惧，处于社会底层的群众对难民产生了强烈的排斥之感。

  值得关注的是，劳工作为19世纪中叶到20世纪初第一轮全球化的受益者构成了欧洲左翼政党兴起的基础，但作为这一轮全球化的受损者却促成了欧洲右翼民粹主义政党的发展壮大。造成这种情况的原因来自政党对选民诉求的不同回应。传统左翼政党——社民党的"2010议程"背弃了对工人阶级的保护和补偿，原本作为其选民基础的蓝领工人和社会弱势群体与社民党渐行渐远；左翼党的全国性影响力不足，在难民危机中无视底层民众的诉求；而传统右翼政党——基民盟虽然在近年来提出一些中间派政策，但在欧债危机和难民危机发生时为了保护德国金融资本和制造业的利益而坚定地维护开放。原本属于左翼选民的蓝领工人在政治上便陷入了缺乏代言人的窘境。德国选择党在两次危机之间快速地扛起疑欧主义和反全球化的大旗，积极地回应这些中下层选民的政治诉求，成为他们表达政治主张的唯一通道。因此，这一拥有鲜明反欧元、反移民、反难民倾向的极右翼政党在两次危机后快速赢得了大量来自低技能工人和失业者的选票。

# 第六章 全球化与意大利混合民粹主义的兴起

意大利的年轻民粹政党——五星运动,被称为"意大利政治动物园里的一头奇怪动物"[1],代表了一种超越传统"左右"意识形态划分的新型民粹主义。它在意大利政坛上迅速而意外的崛起,不但改变了意大利的权力格局,还引发了人们对其可能在世界范围内引发的"蝴蝶效应"的担忧,由此成为学界密切关注的对象。

五星运动采用一种行走于"左右"之上的混合民粹主义,是需求与供给共同作用的结果。在需求方面,全球化的冲击造成了社会分野的凸显。经济/阶层分野及"上下对立"为左翼民粹主义的产生提供了合适的土壤;国族/种族/文化分野和"内外对立"则是右翼民粹主义的温床。当两种分野和对立同时凸显时,可能会同时产生左翼和右翼民粹主义,也可能会产生糅合左右的混合民粹主义。但它究竟采取何种形式,却直接取决于政党的供给方式。意大利同时存在两种社会分野,五星运动充分利用这两种分野,对左翼和右翼选民一并进行"纲领供给";而且,为了调和内部的左右分歧,五星运动强调"超越"意识形态,通过互联网直接民主

---

[1] Nicola Maggini, "Understanding the Electoral Rise of the Five Star Movement in Italy", *Paper Presented to the 7th ECPR General Conference*, Bordeaux, 2013, p. 2.

的供给，用技术手段来解决政治理念上的差异，从而把左右选民都聚拢在一起，最终造就了五星运动"左右通吃"的混合民粹主义。

## 一 意大利五星运动的崛起及其既有解释

五星运动创立于 2009 年，在短短的三年内迅速崛起，并在 2013 年意大利大选中引发"选举地震"，一举成为众议院获得本土选票最多的单一政党；而且其得票率在南部、中部和北部都很相近，是唯一真正的全国性政党。[①] 它打破了意大利"第二共和"时期的两极政党竞争局面（中左和中右），形成了五星运动与中左、中右并立的三极格局。因此，有学者称之为"战后西欧民主国家历史上最为成功的政党亮相"[②]，是意大利真正的"政治革命"[③]。虽然有不少人预测它会在突如其来的成功之后很快解体[④]，可它非但存活了下来，还出人意料地获得了瞩目的成绩。在 2018 年 3 月的全国大选中，五星运动的选票不但没有下降，反而比 2013 年初次参加大选增加了近 7 个百分点，以 32.7% 的选票成为响当当的第一大党。这种情况在意大利前所未有。因为此前所有一选成名的政党，在初次选举大胜之后，都会在接下来的选举中遇到挫折，但

---

① Nicolo Conti and Vincenzo Memoli, "The Emergence of a New Party in the Italian Party System: Rise and Fortunes of the Five Star Movement", *West European Politics*, Vol. 38, No. 3, 2015, p. 520.

② Filippo Tronconi, "Conclusion: The Organisational and Ideological Roots of the Electoral Success", in Filippo Tronconi ed., *Beppe Grillo's Five Star Movement: Organisation, Communication and Ideology*, Abingdon and New York: Routledge, 2016, p. 213.

③ Andrea Pedrazzani and Luca Pinto, "The Electoral Base: The 'Political Revolution' in Evolution", in Filippo Tronconi ed., *Beppe Grillo's Five Star Movement: Organisation, Communication and Ideology*, Abingdon and New York: Routledge, 2016, p. 75.

④ Luigi Ceccarini and Fabio Bordignon, "The Five Stars Continue to Shine: The Consolidation of Grillo's 'Movement Party' in Italy", *Contemporary Italian Politics*, Vol. 8, No. 2, 2016, pp. 132–133.

五星运动却是个例外。① 随后，五星运动和同样是民粹政党的联盟党结盟，组建了联合政府上台执政。反建制力量完胜传统主流政党，在意大利是一个新现象，在世界范围内也是罕见的。

五星运动是一种非常"个性化"的存在。一般而言，民粹政党非左即右。丹尼·罗德里克考察了1961—2015年民粹主义政党在全球范围内的兴起，发现绝大多数民粹主义政党都可以被划分为左翼或者右翼。② 例如，在欧洲，法国国民阵线是典型的右翼民粹政党，西班牙的"我们能"是典型的左翼民粹政党，而在意大利，与五星运动联合执政的联盟党也被公认为右翼民粹政党。但是，五星运动却很难归类，它号称自己"非左非右"，围绕它的定位，也是众说纷纭，有人认为它是典型的左翼政党；③ 有人说它不但是右翼，而且是极右翼；④ 还有人视其为非左非右或既左又右。⑤ 在政

---

① Vincenzo Emanuele, "Introduction to the Special Issue: 'Who's the Winner? An Analysis of the 2018 Italian General Election'", *Italian Political Science*, Vol. 13, No. 1, 2018, pp. 1 – 2.

② Dani Rodrik, "Populism and the Economics of Globalization", *Journal of International Business Policy*, Vol. 1, No. 1, 2018, p. 33.

③ 例如，约翰·B. 朱迪斯将五星运动当作左翼的代表，与西班牙的"我们能"政党、希腊的激进左翼联盟归为一类，见 John B. Judis, *The Populist Explosion: How the Great Recession Transformed American and European Politics*, New York: Columbia Global Reports, 2016.

④ 例如，意大利很有影响的《共和报》(*La Repubblica*) 几乎总是将五星运动归为右翼，见 Piergiorgio Corbetta and Rinaldo Vignati, "Left or Right? The Complex Nature and Uncertain Future of the 5 Stars Movement", *Italian Politics & Society*, Nos. 72 – 73, Spring-Fall 2013. 在学界，罗德里克虽然认为五星运动不好归类，但最终还是以其疑欧为由将其归为右翼。Dani Rodrik, "Populism and the Economics of Globalization", *Journal of International Business Policy*, Vol. 1, No. 1, 2018, p. 33.

⑤ 有学者认为五星运动没有明显的意识形态归属，而是展现了一种"后意识形态"的民粹主义特质（见 Gilles Ivaldi et al., "Varieties of Populism across a Left-Right Spectrum: The Case of the Front National, the Northern League, Podemos and Five Star Movement", *Swiss Political Science Review*, Vol. 23, No. 4, p. 371）。李凯旋则将五星运动定性为"社会民粹主义政党"，即"糅合了左右翼议题"的民粹政党。例如，五星运动既主张减税、保护"意大利制造"，反对非法移民，同时也主张水资源公共化、环保主义，加强再分配、完善最低收入保障制度（见李凯旋《透视意大利民粹主义政党》，《当代世界》2018年第6期）。

治主张上，五星运动既有左翼色彩，又有右翼特征，体现出一种有意为之的"意识形态不连贯性"①。而五星运动的选民基础，也能体现出其超越左右的"全民党"特点。如果说五星运动在建立初期的主要支持者为左翼选民的话，到2013年大选，它已经吸引了大量右翼选民，因此选民基础发生了重大变化，内部表现出强烈的异质性，由此迥异于其他意大利政党。在2013年全国大选中，五星运动的选民分为三部分：1/3曾是中左政党的支持者，1/3是中右政党的支持者，还有1/3没有明确的政治背景。② 而在2018年大选中，其选民也是来自社会各个阶层，没有哪个阶层明显占主导（见表6-1③）。为此，有学者认为，五星运动已经对传统的"左""右"意识形态划分标准构成了挑战。④

可以说，由于选民内部突出的异质性，以及意识形态立场缺乏内在的一致性，五星运动成为一种行走于"左右"之上的混合民粹主义的代表。这是一种新现象，需要深入探究。例如，五星运动代表的混合民粹主义产生的条件是什么？为什么它在这些条件下能变成现实的存在？它是意大利独有的、暂时的现象，还是可能在其

---

① Pasquale Colloca and Piergiorgio Corbetta, "Beyond Protest: Issues and Ideological Inconsistencies in the Voters of the Movimento 5 Stelle", in Filippo Tronconi, ed., *Beppe Grillo's Five Star Movement: Organisation, Communication and Ideology*, Farnham: Ashgate Publishing, Ltd., 2015.

② Fabio Bordignon and Luigi Ceccarini, "The Five-Star Movement: A Hybrid Actor in the Net of State Institutions", *Journal of Modern Italian Studies*, Vol. 20, No. 4, 2015, p. 459.

③ 从表6-1来看，五星运动在2013年和2018年大选的选票分布都使它呈现出"全民党"的特点。传统上，蓝领工人和失业者是中左翼政党典型的选民基础，而企业主、经理、自雇佣者等则主要是中右翼政党的支持力量。在2013年大选中，五星运动不论是在蓝领工人和失业者中的得票率，还是在企业主、经理、自雇佣者中的得票率都超过了其他单一主流政党。在2018年大选中，五星运动在这些群体中的支持率都超过30%，大幅领先于其他政党。

④ 参见Fabio Bordignon and Luigi Ceccarini, "The Five-Star Movement: A Hybrid Actor in the Net of State Institutions", *Journal of Modern Italian Studies*, Vol. 20, No. 4, 2015, p. 454; Roberto Biorcio, "The Reasons for the Success and Transformations of the 5 Star Movement", *Contemporary Italian Politics*, Vol. 6, No. 1, 2014, p. 47.

表6-1 2013年和2018年意大利主要政党的大选结果（社会—人口分布） (%)

|  |  | 民主党 | | | 力量党（自由人民党） | | | 北方联盟（联盟党） | | | 五星运动 | | |
|---|---|---|---|---|---|---|---|---|---|---|---|---|---|
|  |  | 2018年 | 2013年 | Δ | 2018年 | 2013年 | Δ | 2018年 | 2013年 | Δ | 2018年 | 2013年 | Δ |
| 总样本 |  | 18.8 | 25.5 | -6.7 | 14.0 | 21.6 | -7.6 | 17.4 | 4.1 | 13.3 | 32.9 | 25.5 | 7.4 |
| 性别 | 男 | 18.9 | 25 | -6.1 | 13.8 | 20 | -6.2 | 17.1 | 4 | 13.1 | 32.8 | 29 | 10.9 |
|  | 女 | 18.7 | 26 | -7.3 | 14.1 | 24 | -9.9 | 17.6 | 5 | 12.6 | 32.9 | 22 | 10.9 |
| 年龄 | 18—34岁 | 15.3 | 19.7 | -4.4 | 12.4 | 20.9 | -8.5 | 17.8 | 4.6 | 13.2 | 35.3 | 31.4 | 3.9 |
|  | 35—49岁 | 15.9 | 20.4 | -4.5 | 13.9 | 19.4 | -5.5 | 17.6 | 4 | 13.6 | 35.4 | 33.2 | 2.2 |
|  | 50—64岁 | 16.5 | 27.8 | -11.3 | 13.0 | 21.2 | -8.2 | 19.7 | 3.4 | 16.3 | 34.0 | 24.6 | 9.4 |
|  | 65岁及以上 | 27.3 | 37 | -9.7 | 16.1 | 27 | -10.9 | 14.6 | 4 | 10.6 | 27.1 | 10 | 17.1 |
| 教育水平 | 小学 | 25.2 | 29 | -3.8 | 12.9 | 27 | -14.1 | 17.6 | 8 | 9.6 | 30.0 | 14 | 16.0 |
|  | 初中 | 15.9 | 23 | -7.1 | 15.2 | 23 | -7.8 | 22.4 | 4 | 18.4 | 33.3 | 18 | 15.3 |
|  | 高中 | 16.1 | 25 | -8.9 | 14.3 | 18 | -3.7 | 14.3 | 2 | 12.3 | 36.1 | 31 | 5.1 |
|  | 大学 | 21.8 | 27 | -5.2 | 12.1 | 15 | -2.9 | 11.3 | 2 | 9.3 | 29.3 | 29 | 0.3 |
| 职业 | 企业主、经理 | 22.5 | 23 | -0.5 | 13.4 | 17 | -3.6 | 12.9 | 3 | 9.9 | 31.2 | 25 | 6.2 |
|  | 自雇佣者 | 11.7 | 15 | -3.3 | 17.6 | 20 | -2.4 | 23.6 | 3 | 20.6 | 31.8 | 29 | 2.8 |
|  | 教师、职员 | 18.9 | 25 | -6.1 | 8.6 | 15 | -6.4 | 14.5 | 5 | 9.5 | 36.1 | 31 | 5.1 |

续表

| | | 民主党 | | | 力量党（自由人民党） | | | 北方联盟（联盟党） | | | 五星运动 | | |
|---|---|---|---|---|---|---|---|---|---|---|---|---|---|
| | | 2018年 | 2013年 | Δ | 2018年 | 2013年 | Δ | 2018年 | 2013年 | Δ | 2018年 | 2013年 | Δ |
| 职业 | 蓝领工人 | 11.3 | 20 | -8.7 | 12.5 | 24 | -11.5 | 23.8 | 5 | 18.8 | 37.0 | 29 | 8.0 |
| | 失业者 | 10.3 | 18 | -7.7 | 20.4 | 25 | -4.6 | 18.2 | 4 | 14.2 | 37.2 | 33 | 4.2 |
| | 学生 | 17.1 | 23 | -5.9 | 11.7 | 11 | 0.7 | 15.0 | 1 | 14.0 | 32.3 | 37 | -4.7 |
| | 家庭主妇 | 15.4 | 22 | -6.6 | 15.7 | 29 | -13.3 | 19.8 | 5 | 14.8 | 36.1 | 21 | 15.1 |
| | 退休人员 | 27.6 | 37 | -9.4 | 16.1 | 25 | -8.9 | 14.6 | 4 | 10.6 | 26.4 | 11 | 15.4 |
| 受雇部门 | 公共部门 | 17 | 29 | -12.0 | 8.7 | 14 | -5.3 | 12.8 | 4 | 8.8 | 41.6 | 31 | 10.6 |
| | 私人部门 | 17.6 | 21 | -3.4 | 10.5 | 20 | -9.5 | 18.7 | 5 | 13.7 | 34 | 30 | 4.0 |
| 教会活动 | 从来没有 | 19.8 | 28 | -8.2 | 10.8 | 17 | -6.2 | 15.9 | 2 | 13.9 | 33.7 | 32 | 1.7 |
| | 很少 | 16.4 | 27 | -10.6 | 13.3 | 22 | -8.7 | 19.3 | 4 | 15.3 | 34.9 | 26 | 8.9 |
| | 每月 | 13.9 | 21 | -7.1 | 17.9 | 25 | -7.1 | 19.5 | 4 | 15.5 | 31.4 | 26 | 5.4 |
| | 每周 | 22.4 | 25 | -2.6 | 16.2 | 23 | -6.8 | 15.7 | 6 | 9.7 | 30.9 | 19 | 11.9 |

说明：表中"Δ"表示变动幅度。

资料来源：Aldo Paparo, "Challenger's Delight: The Success of M5S AadLega in the 2018 Italian General Election," *Italian Political Science*, Vol. 13, No. 1, May 2018, p. 78.

他地区出现？对这些问题的分析，有助于促进对民粹主义表现形式及其决定因素的研究，具有重要的意义。既有研究的切入点各有不同，大体从社会行为体、政治行为体和政治制度三个方面进行解释。

在社会行为体方面，既有文献主要探讨了选民投票给五星运动的原因。詹卢卡·帕萨雷利讨论了选民偏好对五星运动成功的影响。他发现，五星运动的成功，经常被归因为能够占据针对"旧政治"势力的极端抗议空间。"抗议型投票"被视为推动五星运动发展的一个关键动力。在政治上不满的选民可能会暂时撤回对其偏好的政党或政党候选人的支持，以传递不满的信号，促使该政党反省改革。这种动机使得抗议投票实际上是一种"发声"（voice）而不是退出（exit）。但帕萨雷利也发现，五星运动的成功，不仅仅是抗议型投票的结果，即选民为了表达对体制的不满和对精英的不满才投票支持五星运动。他们投票给五星运动，还有"议题型投票"（issue voting）在起作用，即选民因为在某些议题（如对移民和欧盟的态度）上与五星运动有相似的偏好而投票支持五星运动。当这两种机制同时发挥作用时，五星运动的得票概率会大大增强。① 罗伯托·比奥尔奇认为，在意大利出现经济和社会危机时，主流政党及工会都无法有效应对，造成选民对他们的失望和怨愤，这就给五星运动的趁势崛起提供了政治机遇。② 保罗·纳塔莱也强调抗议型投票的作用，认为五星运动的成功是传统政党遇到危机和选民对作为一个整体的政治阶级强烈反弹的结果。③ 王敏认为，选民对传统政治力量的不满，特别是对治理腐败和经济紧缩政策的不

---

① Gianluca Passarelli, "The Five Star Movement: Purely a Matter of Protest? The Rise of a New Party between Political Discontent and Reasoned Voting", *Party Politics*, Vol. 24, No. 2, 2018, pp. 129–140.

② Roberto Biorcio, "The Reasons for the Success and Transformations of the 5 Star Movement", *Contemporary Italian Politics*, Vol. 6, No. 1, 2014, pp. 37–53.

③ Paolo Natale, "The Birth, Early History and Explosive Growth of the Five Star Movement", *Contemporary Italian Politics*, Vol. 6, No. 1, 2014, pp. 16–36.

满是五星运动兴起的主要原因。①

在政治行为体方面,既有文献主要探讨了五星运动自身的组织结构和竞选策略。菲利波·特龙科尼强调了作为政党的五星运动在组织结构和意识形态定位上的特性对其成功的影响。他认为,在组织因素方面,五星运动有格里洛这个魅力型领袖;而且与传统政党不同,在政党顶层和基层党员之间不存在一个庞大的政党官僚队伍;它还广泛利用"Meetup"社交平台,使格里洛原子化的博客粉丝能够通过"Meetup"形成扎根于地方社区的组织,组建为一个容易动员的"军队",把领袖在博客上的呼吁变成广场上的主张。这些对五星运动的成长和壮大非常有帮助。而在意识形态定位上,五星运动故意模糊其意识形态站位,对左翼选民强调环境保护、基本收入保障、支持公共医疗和教育系统等议题;对右翼选民则强调其支持减税、批评欧元、同情小企业主、收紧移民政策等立场。这种战略使五星运动吸引了尽可能多的支持者。② 罗伯托·比奥尔奇认为,一种新的社会运动要获得成功,很重要的一点是它可以获得的资源。五星运动之所以成功,部分是因为它有两种资源可以利用,即格里洛作为广为人知的喜剧演员的个人传播技巧和影响力,以及互联网这个资源。③ 利萨·兰佐内和德韦恩·伍兹则认为,五星运动通过三种动员机制,即将选民的怨愤情绪政治化、利用社会分裂以及把怨愤和不被代表的情绪推向极化,来获得意大利不同地区选民的支持。④ 尼科洛·孔蒂和温琴佐·梅莫利则认为,

---

① 王敏:《意大利五星运动述评》,《国际研究参考》2017 年第 9 期。
② Filippo Tronconi, "Conclusion: The Organisational and Ideological Roots of the Electoral Success", in Filippo Tronconi ed., *Beppe Grillo's Five Star Movement: Organisation, Communication and Ideology*, Abingdon and New York: Routledge, 2016, pp. 217 – 224.
③ Roberto Biorcio, "The Reasons for the Success and Transformations of the 5 Star Movement", *Contemporary Italian Politics*, Vol. 6, No. 1, 2014, pp. 37 – 53.
④ Liza Lanzone and Dwayne Woods, "Riding the Populist Web: Contextualizing the Five Star Movement (M5S) in Italy", *Politics and Governance*, Vol. 3, No. 2, 2015, pp. 54 – 64.

作为一个政坛新手的五星运动之所以获得成功，主要是因为与其他政党相比，它的竞选纲领与选民认为最为重要的问题之间体现出高度契合，能更好地反映选民的需求。① 董一凡在分析2018年意大利大选结果时指出，由于民众对主流政党深感失望，希望获得"另一种选择"，而以五星运动为代表的民粹主义政党正是打了"另选牌"，在经济和移民等方面提出不切实际的激进举措来吸引选民。② 孙彦红认为，五星运动之所以在大选中获得空前的高支持率，主要是因为其主张迎合了当前该国民众迷茫不安的心理和对传统政党的失望不满情绪。③

在政治制度方面，既有文献主要探讨了意大利选举制度对五星运动崛起的影响。菲利波·特龙科尼用"选举可竞争性"（electoral contestability）来解释制度因素对五星运动的影响。所谓"可竞争性"，是指"竞选对新政党的开放性"，而开放性则受到制度屏障是否存在以及是否具有渗透性的影响。制度屏障涉及三方面：选举规则所提供的激励和形成的制约；获取国家资源的条件；次国家层面选举空间的存在。对于新政党而言，选举门槛低、容易获取公共资源（如资金和传播渠道）能够降低政党进入政治体系的成本。而且，新政党容易在次国家层面先获得可见度和代表席位，然后利用这一资源促成全国大选层面的成功。菲利波·特龙科尼认为，意大利选举制度对新政党规定了较高的进入门槛，特别是该政党选择不加入某个主流政党联盟的话，进入的难度就更大。这对选择不结盟的新政党——五星运动是不利的。另外，意大利只对已经获得议会席位的政党提供资金支持，在五星运动获取地方议会席位之前，

---

① Nicolo Conti and Vincenzo Memoli, "The Emergence of a New Party in the Italian Party System: Rise and Fortunes of the Five Star Movement", *West European Politics*, Vol. 38, No. 3, 2015.
② 董一凡：《意大利大选评析》，《国际研究参考》2018年第4期。
③ 孙彦红：《意大利大选后政局走向及对欧盟的影响》，《当代世界》2018年第4期。

一直得不到国家的资助。而且，五星运动的一大竞选主张就是废除国家对政党的资金支持，它还很自豪地把已经获取的资金全部退回。所以，在国家资源获取方面，五星运动也处于不利地位。但是，次国家层面选举舞台的存在却有助于五星运动在全国层面的崛起。2012年，五星运动在西西里地方选举中一举拿下14.9%的选票，这一成就明显有利于五星运动在稍后数月举行的全国大选中的表现。① 因此，菲利波·特龙科尼认为，次国家层面选举空间的存在是五星运动取得成功的制度原因。不过，尼科洛·孔蒂和温琴佐·梅莫利认为，2013年的选举制度其实对五星运动不利：由于选举制度中的"多数奖励"规则，五星运动在2013年大选中其实受到了亏待，选票并没有成比例地转化为议席。②

不过，总体来看，既有研究侧重的是五星运动这一特定政党本身崛起的原因，它们的关注点并不在于五星运动所代表的混合民粹主义这个更有一般意义的现象，即五星运动为何在政治主张上兼具左翼和右翼两种意识形态，在选民基础上囊括传统左翼选民和右翼选民以及非左非右的选民。我们认为，对混合民粹主义成因的探讨，具有更加广泛的意义。

## 二 全球化双重冲击下的混合民粹主义：一个分析框架

一般而言，民粹主义可以分为左翼民粹主义和右翼民粹主义。与传统左右翼政党不同，民粹主义的动员是通过建构"人民"与

---

① Filippo Tronconi, "Conclusion: The Organisational and Ideological Roots of the Electoral Success", in Filippo Tronconi ed., *Beppe Grillo's Five Star Movement: Organisation, Communication and Ideology*, Abingdon and New York: Routledge, 2016, pp. 216–217.

② Nicolo Conti and Vincenzo Memoli, "The Emergence of a New Party in the Italian Party System: Rise and Fortunes of the Five Star Movement", *West European Politics*, Vol. 38, No. 3, 2015.

"建制派"、"人民"与"精英"的对立来完成的，它们也都极力利用在人民生活中十分凸显的社会分野以及基于社会分野的对立情绪进行动员。但是，左翼和右翼侧重的社会分野有所不同。左翼民粹主义主要利用经济/阶层分野，描绘的是富人集团及其政治代言人和无权无势、不被代表的低收入群体之间的对立，展现的是底层和中层联合反对上层的纵向政治[1]，其诉求也是偏重于社会底层、为弱势群体提供社会保护。右翼民粹主义强调的是国族（nation）/种族/文化上的分野，它描绘的画面是：具有同一国族、种族、宗教或文化认同的"人民"与"他者"的对立，体现了本土主义的立场。例如，在美国，被特朗普的右翼民粹主义妖魔化的是墨西哥人、中国人和穆斯林。在欧洲，这个"他者"则是穆斯林移民、吉卜赛人或犹太人等少数族裔群体、超越民族国家之上的布鲁塞尔官员，等等。[2] 用罗杰斯·布鲁贝克的话来说，左翼民粹主义强调对立的纵向维度，从经济或政治上界定"人民"这个集体；右翼民粹主义强调对立的横向维度，从文化或种族上界定"人民"[3]。

无论是在左翼民粹主义还是在右翼民粹主义描绘的图景中，"建制派""精英"都处在"人民"的对立面。他们不会遭受"人民"的疾苦，文化价值观和生活方式也与"人民"不同，在文化上和经济上的流动性都很强，是无根的世界主义者，对民族团结无动于衷，他们的情感投资和经济投资很容易在不同国家之间转移，他们的文化认同和经济利益是和"人民"脱钩的。其中，左翼民

---

[1] John B. Judis, "Introduction: What Is Populism, and Why Is It Important?", in *The Populist Explosion: How the Great Recession Transformed American and European Politics*, New York: Columbia Global Reports, 2016.

[2] Dani Rodrik, "Populism and the Economics of Globalization", *Journal of International-al Business Policy*, Vol. 1, No. 1, 2018, p. 24.

[3] Rogers Brubaker, "Why Populism?", *Theory and Society*, Vol. 46, No. 5, 2017, pp. 363–364.

粹主义更强调精英们跨国的、全球性的经济纽带、视野和承诺。右翼更倾向于突出精英的文化外在性，批判精英们只顾欢迎移民和支持难民，而忽视了辛苦劳作的当地人，支持多元文化主义而把普通人贬为种族主义者和恐穆主义者。① 可以说，左翼和右翼民粹主义都是反精英、反体制的，但它们会根据社会分野的不同来选择叙事方式：前者强调经济/阶层分野和叙事，后者强调国族/种族/文化分野和叙事。

丹尼·罗德里克为分析民粹主义为何采用不同的形式提供了一个简约的分析框架。他指出，要了解民粹主义表现为左翼还是右翼，区分民粹主义崛起的需求方和供给方非常重要，民粹主义的兴起是供给方和需求方同时起作用的结果。② 从需求的角度来看，全球化对民族国家造成的冲击主要有两种：一种是贸易、金融和外资冲击；另一种是移民和难民冲击。全球化带来的冲击为民粹主义的产生提供了土壤。但是，它们很少能决定民粹主义的发展方向和表现内容。决定其方向和内容的，是社会上相对突出从而可供利用的社会分野，以及民粹主义领袖向选民提供的叙事。通过为受到冲击的选民提供意义和叙事，民粹主义情绪被导引至特定的纲领下——而这正是供给方开始介入的地方。由于叙事的不同，产生了左翼和右翼两种民粹主义。而究竟采用哪种叙事，取决于哪种社会分野在人民的生活中更为显著，从而更容易为民粹主义政客所利用。罗德里克认为，当全球化的冲击凸显为移民和难民冲击的时候，民粹主义政客更容易利用国族/种族/文化分野进行动员，从而产生右翼民粹主义，这大体上就是欧洲发达国家的情况。如果全球化冲击主要体现为贸易、金融和外资冲击，就更容易利用经济/社会阶层的分

---

① Rogers Brubaker, "Why Populism?", *Theory and Society*, Vol. 46, No. 5, 2017, pp. 363 – 364.

② Dani Rodrik, "Populism and the Economics of Globalization", *Journal of International Business Policy*, Vol. 1, No. 1, 2018, p. 24.

野进行动员,从而产生左翼民粹主义,这就是南欧和拉美的情况。而在美国,由于两种冲击同时凸显,所以产生了左翼和右翼两种不同类型的民粹主义。① 罗德里克的分析框架如图6-1所示。

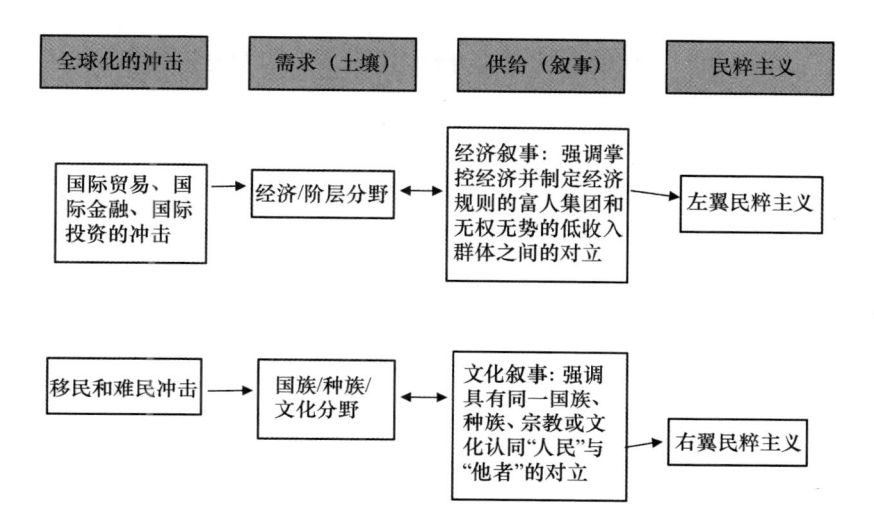

**图6-1 罗德里克的民粹主义供求分析框架**

资料来源:作者自制。

罗德里克的上述分析框架为民粹主义在不同地区为何表现为不同的形式提供了很好的解释,但也存在一些局限。鉴于此,我们将对罗德里克的上述分析框架进行一定的修正,并在此基础上分析兼具左翼和右翼两种意识形态的混合民粹主义何以生成。

在需求侧,罗德里克认为,当全球化的冲击凸显为移民和难民冲击的时候,民粹主义政客更容易利用国族/种族/文化分野进行动员,从而产生右翼民粹主义。但是,移民和难民冲击并不是右翼民粹主义产生的必要条件;对移民和难民的反对也不是右翼民粹主义

---

① Dani Rodrik, "Populism and the Economics of Globalization", *Journal of International Business Policy*, Vol.1, No.1, 2018, p.13.

的唯一表现形式。当资本和贸易的全球化或区域一体化对民族国家造成冲击并引发严重的国内问题时,也会引发以"国族"为本位的、"排外"的右翼民粹主义,例如,特朗普对中国和墨西哥的妖魔化,又如罗德里克所说的疑欧主义者对没有特定面孔的布鲁塞尔官员的抨击。罗德里克虽然认为无法将意大利五星运动简单地归为左翼还是右翼,但由于它疑欧,他还是将之大体归为右翼,原因应该就在于五星运动基于"国族"的分界,从本土主义的立场出发来指责欧盟(以及主导欧盟的德国和法国)对意大利的干预。此外,移民和难民的涌入,不但分走了一部分社会福利支出,而且直接对该国的低技能劳动力构成就业竞争,让他们在面对作为买方的资本时处于更加不利的谈判地位,经济状况因此恶化,使得经济上的贫富分野更加明显。在两种分野都很明显的情况下,经济分野和文化分野所造成的压力,往往同时交织在现实中的弱势群体身上。但是,基于哪种分野的民粹主义叙事方式更加凸显,则取决于供给侧的话语供给。例如,也许个体关心更多的是经济分野,但如果供给方在实际操作中发现更方便利用文化分野作为抗议正当化的理由,那么,最终凸显的也可能是基于文化分野的叙事。所以,是供给内容而不是需求,直接塑造了民粹主义的最终表现形式。

在供给侧,罗德里克认为,民粹主义政客通过利用经济/社会阶层分野和国族/种族/文化分野中的一种或者另一种来进行动员。利用前者会产生左翼民粹主义;利用后者则会产生右翼民粹主义。但是,民粹主义政客未必只利用一种社会分野,为了争取更多选民的支持有可能同时利用两种社会分野。只要社会上存在经济/社会阶层分野和国族/种族/文化分野,就会产生民粹主义的土壤;当两种土壤都很"丰厚"的时候,其结果可能是两种民粹主义的并立,也可能是两种民粹主义的糅合。至于两种民粹主义什么时候会并立,什么时候会糅合,则取决于供给方针对特定阶段选民心理和需求所采取的供给策略。如果一个政党的供给策略能够让左翼和右翼都认同，能够克服或超越意识形态立场的分歧，就能把他们同时聚集在自己麾下，从而形成兼具左右意识形态特点的混合民粹主义。所以，对于供给方来说，要想同时获取左右选民的支持，关键在于能否找到一种可以超越意识形态分歧并能自圆其说的供给策略。我们的分析框架如图6-2所示。

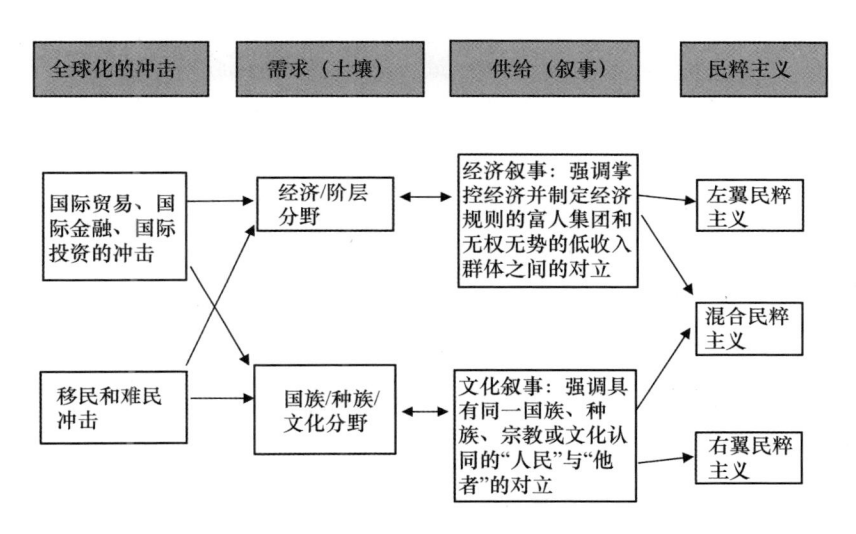

图6-2 修正后的民粹主义供求分析框架

资料来源：作者自制。

## 三 需求侧：意大利的经济/阶层分野和种族/国族/文化分野

五星运动成立于2009年，在2013年的大选中异军突起，又在2018年大选中稳坐头把交椅。所以，自2009年前后以来意大利的经济、社会和政治状况与混合民粹主义的出现息息相关。这些年来，意大利的两种社会分野和基于两种分野的对立情绪都很显著，从而为混合民粹主义的产生提供了适宜的土壤。

## （一）经济/阶层分野与"上下对立"

意大利存在鲜明的经济/阶层分野。意大利国家统计局在2017年的一份报告中，以家庭为单位，根据该家庭"主要养家者"（chief breadwinner）的职业、教育和国籍等因素把意大利人分为九大社会群体（见表6-2）、三个收入阶层（与传统的阶级划分并不一一对应）。其中，处于金字塔最顶端的"统治阶层"，不但掌握着生产资料，而且掌握着决策权力。这一阶层主要由资本所有者、高层官员和高技能劳动者组成。虽然他们也遭受了经济危机的冲击，但其收入始终稳居最高层，远远高出全国平均水平。而收入中下层集中的是低技能工人家庭，特别是南部和岛屿地区的低技能劳动者。可以说，在意大利，不同收入阶层之间具有鲜明的分野。更重要的是，意大利国家统计局认为，这些群体之间收入分野是结构性的，向上的社会流动很困难，呈现出阶层固化之势。[1]

表6-2　　　　　　　意大利的社会群体分层

| 收入阶层 | 社会群体 | 养家者的教育水平 | 养家者的职业 | 家庭人口比重（与地区分布） |
| --- | --- | --- | --- | --- |
| 平均收入高于全国 | 统治阶层（ruling class） | 大学或以上学历 | 企业家、高官、经理、自由职业者、退休者 | 7.5% |
| | "银领养老"（silver pensioner）家庭 | 高中或以上学历 | 退休者、退而不休担任经理、商人、自由职业者的人 | 8.6% |
| | 职员家庭 | 高中或以上学历 | 职员、自雇佣者 | 20% |

---

[1] ISTAT, "Italy Today: A Reading through the Social Groups", Annual Report 2017: The State of the Nation, https://www.istat.it/en/files/2017/06/Annual_ report_ -2017_ summary.pdf.

续表

| 收入阶层 | 社会群体 | 养家者的教育水平 | 养家者的职业 | 家庭人口比重（与地区分布） |
|---|---|---|---|---|
| 平均收入接近全国 | 年轻蓝领工人家庭 | 初中、高中学历 | 蓝领工人、体力劳动者 | 10.2% |
| | 退休蓝领工人家庭 | 多为初中学历 | 退休者 | 17.3% |
| 低于全国平均收入 | 低收入意大利家庭 | 多为初中学历 | 蓝领工人、体力劳动者 | 13.6%（多在南部、岛屿） |
| | 传统大区（provincial）家庭 | 多为初中学历 | 商贩、艺术家、退休者 | 6%（多在南部、岛屿、人口少于5万人的城市） |
| | 年轻失业者、独居老妇家庭 | 小学或初中学历 | 无业 | 8.9% |
| | 有移民的意大利低收入家庭（最底层） | 多为高中学历，10%有大学学历 | 低技能岗位 | 7.8%（多在北部、中部） |

资料来源：ISTAT,"Italy Today：A Reading through the Social Groups", Annual Report 2017：The State of the Nation, https：//www.istat.it/en/files/2017/06/Annual_report_-2017_summary.pdf.

意大利的经济/阶层分野，与新自由主义的经济全球化有直接关联。经济全球化在本质上是商品、服务与资本和劳动力等生产要素跨越国界的自由流动。[①] 经济全球化具有收入分配效应，由于不同社会群体具有不同的要素禀赋，有的群体在经济全球化中受益，有的群体在经济全球化中受损。在发达国家，经济全球化的受益者主要是物质资本要素所有者和人力资本要素所有者，

---

① 欧洲经济一体化的精髓也是四大流动自由，即商品、服务、资本和人员在欧盟成员国之间的自由流动，所以本书把欧洲经济一体化作为经济全球化的一部分进行分析。

受损者则主要是作为非熟练/半熟练劳动力的低技能劳动力。这种分配效应起码可以通过"贸易机制"和"生产投资机制"来实现。一方面，根据要素禀赋理论，国际经济分工是根据一国的要素禀赋进行的，各国会出口用本国充裕要素生产的产品，而进口需要使用本国稀缺要素生产的产品。斯托尔珀—萨缪尔森定理进一步指出，商品和服务的跨国自由流动，在收入分配上不利于一个国家稀缺要素所有者。在现实中，由于发展中国家的低技能劳动力充裕，因此往往出口密集使用半熟练/非熟练的低技能劳动力的产品，而发达国家的物质资本或人力资本充裕，因此更多出口物质资本或人力资本密集型产品。这样，通过与发展中国家的贸易，发达国家进口低技能劳动密集的产品，从而减少了对本国低技能劳动力的需求。结果，发达国家的低技能劳动力将会面临就业机会减少、收入降低等问题，成为经济全球化的输家。这是经济全球化冲击发达国家低技能工人的"贸易机制"。另一方面，经济全球化还可以通过"生产投资机制"冲击发达国家的低技能劳动力。具体而言，在新自由主义全球化背景下，由于资本能够自由流动，资本可以通过对外直接投资或外包的方式来转移生产地点，从而使得发达国家的工人尤其是非熟练工人容易被劳动充裕国家的劳动力取代。因此，中低技能劳动力相对于资本的谈判力就受到了削弱，从而可能导致其劳动报酬下降和工作条件恶化。

在全球比较的视野下，作为一个发达国家意大利的非熟练/半熟练的低技能劳动力相对稀缺，而物质资本和人力资本相对充裕。对于意大利来说，一方面，在国际贸易中，来自劳动充裕的发展中国家的进口商品对意大利劳动密集型产品造成冲击，减少了本国对这些劳动密集型产品的生产，从而降低了对低技能劳动力的需求。另一方面，意大利是欧盟成员国，欧盟实行边界开放原则，资本和人员的跨国流动非常便利。资本家可以从劳动充裕而资本相对稀缺的国家如一些东欧国家招募到更加便宜的劳动力，或者把工厂转移到此类国家。同时，移民和难民的涌入也为意大利提供了更加廉价和驯服的劳动力。因此，在商品、服务、资本、劳动力自由流动的冲击下，意大利的低技能工人首当其冲地受到了打击。例如，意大利著名的汽车业巨头菲亚特集团，在发展中国家不断地扩大投资，同时在国内裁员、缩小生产规模。2010年底，菲亚特集团宣布2011—2014年在巴西投资13亿欧元建造新厂并创造3500个就业岗位，同时它在2011年先后关闭了国内的三家工厂，裁员数千人。对此，意大利重建共产党指出，菲亚特已经从"意大利工厂"变成了"裁员工厂"①。

另外，在金融全球化的作用下，2008年以来，来自体系中心大国——美国的金融危机迅速传导至全球，意大利的银行也遭遇流动性不足的问题。为重新获得流动性，银行开始减少对企业和消费者的贷款，或者提高贷款标准，结果导致投资乏力，消费者信心下降。信贷紧缩、市场需求疲弱，对意大利各种类型的企业都造成了冲击，其中小型企业遭受的冲击更大，因为大型企业还可以通过延缓支付供应商货款或压低价格，把危机部分地转嫁到小型企业身上。2009年，小型企业集中的北部大区伦巴第和威尼托出现当时最大规模的企业破产：分别有1963家和880家企业破产。企业破产，就业率随之下跌。意大利的小型企业占本国企业的95%，雇用了50%的工人，破产的影响不可谓不大。②

2008年以来，意大利的失业率一直居高不下，其中最高值出现在2014年，达到12.68%，2017年为11.21%。③ 意大利的失

---

① 李凯旋：《意大利劳动力市场灵活化改革解析》，《当代世界与社会主义》2018年第2期。
② Diego Coletto, "Effects of Economic Crisis on Italian Economy", Eurofund, 31 May 2010, https：//www.eurofound.europa.eu/publications/article/2010/effects-of-economic-crisis-on-italian-economy.
③ World Bank Open Data, https：//data.worldbank.org/indicator.

业现象有三个突出特点：在地域上，南部失业率最高；在人口特征上，青年失业率非常高。另外，失业率的上升主要集中在特定行业，如酒店行业、餐饮业、建筑业以及一些工业部门等①，而这些是低技能工人聚集的行业。可见，经济危机让原本处于收入底层的低技能工人家庭雪上加霜。

失业率是与贫困率相连的。在失业保障方面，大中型企业的工人作为"内部人"能享受有力的劳动保护。但是，这种保护并没有延伸到工人中的"夹心层"和"外部人"。因此，在意大利没能进入正规劳动力市场就业的"外部人"，在遭遇失业风险时，享受不到国家的制度保障，完全依赖于家庭的支持。② 根据意大利国家统计局的统计，2008 年以来，意大利的绝对贫困率节节攀升，全国平均绝对贫困率从 2008 年的 4.6% 不断走高，2013 年达到最高值 7.9%，到 2017 年还有 6.9%。从地域分布来看，南部和岛屿地区的贫困率一直很高。2013 年，南方绝对贫困率高达 12.6%，2017 年仍高居 10.3%。③

为改善处境，工人纷纷走上街头进行要工作、反裁员的抗议游行。例如，2014 年 10 月，在意大利最大的劳工组织——意大利总工会的组织下，首都罗马举行大罢工，参与人数最高时达 100 万人。意大利总工会负责人苏珊娜·卡穆索对示威人群表示："我们要每个人都有工作，并且有权利地工作；这是为那些无业、无权、受难、没有确定未来的人们举行的游行。"④ 在罗马

---

① Roberto Di Quirico, "Italy and the Global Economic Crisis", *Bulletin of Italian Politics*, Vol. 2, No. 2, 2010, p. 13.

② 李凯旋：《意大利劳动力市场灵活化改革解析》，《当代世界与社会主义》2018 年第 2 期。

③ ISTAT, "Poverty in Italy", 26 June 2018, https：//www.istat.it/en/archivio/217653, https：//www.istat.it/en/archive/128451; and "Poverty in Italy", 15 July 2010, https：//www.istat.it/it/files//2011/01/poverty2009.pdf.

④ BBC：《意大利总工会发起大罢工抗议就业改革》，2014 年 10 月 25 日，https：//www.bbc.com/zhongwen/simp/world/2014/10/141025_italy_labour_rally。

大罢工数日之后，钢铁工人又聚集在德国驻意使馆前进行示威，抗议德国钢铁巨头蒂森克虏伯股份公司在意大利的裁员计划，并与警察发生暴力冲突。钢铁工人的示威得到了其他工会的同情和支持，卡穆索更是宣称："政府应该给出答案，而不是用棍棒击打工人。"① 之后，在那不勒斯和佛罗伦萨等城市，示威队伍还把矛头对准了"产业家协会"，认为它是真正的敌人，应该和政府一起对当前的劳动政策及低收入阶层风雨飘摇的生活负责。正是在这一背景下，有观察称"意大利的阶级斗争又回来了"②。

**（二）国族/种族/文化分野与"内外对立"**

在经济/阶层的纵向分野与对立之外，意大利也存在横向上的国族/种族/文化分野和对立，这主要表现在以"意大利人"为本位的对移民的排斥及对欧盟的怀疑态度上。

由于意大利半岛紧靠中东、非洲和前苏东国家，自20世纪中期以来，意大利就成为国际移民通道上的一个中心枢纽。20世纪80年代意大利经历了第一次大规模的来自突尼斯的移民潮。1989年柏林墙倒塌后，来自东欧罗马尼亚、阿尔巴尼亚和乌克兰的移民增多。③ 根据意大利国家统计局的统计，截至2017年1月1日，有5047028名拥有外国国籍的人生活在意大利，相当于全国总人口的8.2%。这个数字统计的是合法移民，包括外国移民在意大利出生的孩子（2014年为75067人，占新生儿的14.9%），但未包括后来取得意大利国籍的人，也没有包括非法移民，因为非法移民的数据

---

① RT, "Clashes at German Embassy in Rome over Thyssen Krupp Plans to Cut Jobs", 30 October 2014, https://www.rt.com/news/200731-italy-protest-clash-police/.
② Alfredo Mazzamauro, "'An Injury to All': The Class Struggle Is Back in Italy", Clash City Workers, 25 November 2014, http://www.clashcityworkers.org/english/1756-italy-class-struggle-back.html.
③ Christiana Lano, "Facts and Figures about Migration to Italy", The Borgen Project, 25 July 2017, https://borgenproject.org/migration-to-italy/.

难以统计。在移民构成上，2003年，东欧移民占了意大利移民的几乎一半，北非移民则占了另一半，形成两大移民群体。[1] 到2013年，移民的构成变成欧洲（50.8%）、非洲（22.1%）、亚洲（18.8%）、美洲（8.3%）和大洋洲（0.1%）。[2]

而且，这些移民在意大利的地区分布并不均衡，明显集中于发达地区。例如，根据意大利国家统计局的统计，截至2015年1月1日，59.5%的移民居住在发达的意大利北部地区，25.4%的生活在中部，只有15.1%的生活在南部地区。而且，在生育率上也表现出类似的地区差异：在北部的移民的生育率最高，平均一个妇女生2.09个孩子，在南部的移民生育率较低（1.85%），但也大大超过了意大利人的生育率（1.29%）。[3] 可以说，经济发达的北部地区面临着更加突出的移民冲击。

在难民方面，20世纪，涌入意大利的难民和寻求庇护者只是移民潮中微不足道的一部分：在1985年到1999年这14年间，意大利只收到大约10万份避难申请。而且，和其他欧洲国家相比，意大利收容的难民和寻求庇护者都不是很多。但是，2011年后形势就大不相同了。2010年末开始的"阿拉伯之春"，使得北非和中东的威权政体纷纷倒台或摇摇欲坠，为了逃避内战和不稳定的局势，这些国家越来越多的人开始逃亡欧洲，对欧洲造成极大的压力。与这些国家毗邻的意大利则成了难民第一个登陆的欧盟国家。仅2011年一年，意大利就收到3.7万份庇护申请，2012年又有1.7万份，2013年为2.7万份，2014年为4.5万份。2015年，叙

---

[1] Christiana Lano, "Facts and Figures about Migration to Italy", The Borgen Project, 25 July 2017, https：//borgenproject.org/migration-to-italy/.

[2] IDOS, "Dossier Statistico Immigrazione 2012", quoted from "Immigration to Italy", https：//en.wikipedia.org/wiki/Immigration_ to_ Italy#cite_ note-idos2-7.

[3] ISTAT, "Indicatori Demografici", 12 febbraio 2015, http：//www.programmaintegra.it/wp/wp-content/uploads/2015/02/Indicatori-demografici-12-feb-2015-Testo-integrale.pdf.

利亚内战和其他人道主义危机导致100多万难民涌入欧洲大陆。其中来到意大利的难民和庇护寻求者在2015年一年里就达到15.4万名，2016年则又新增了18.1万名。而根据欧盟关于难民管理的《都柏林协定》，意大利必须接待这些登陆的难民并提供协助。①

意大利并未做好充分的准备来接收移民，结果，移民很早就被当成一个"问题"、一种"紧急状况"来对待。根据意大利学者对有关移民话语的研究，从20世纪90年代以来，意大利的大众传媒就用非常负面的语言来描述移民，把他们视为对意大利脆弱的边界和海岸线的"野蛮入侵"。而且，从那时起，移民不再和劳动市场新闻联系在一起，而是和犯罪联系在一起。意大利明爱会（Italian Caritas）2009年10月发布的一份文件显示了公共舆论的这种变化：根据一份舆论调查，10个意大利人里有6个相信移民与犯罪具有直接联系。②2009年欧洲债务危机爆发以后，在意大利的移民所面临的敌意加深了："现在人们因为这场危机而指责移民。""他们说我们抢走了工作、住房，甚至幼儿园名额——因为我们生的孩子太多了。"③2011年以来的难民大批涌入，给意大利的安全、认同、就业、社会福利等都造成了较大的冲击。据统计，2012年，意大利总计有投诉933895起，其中投诉外来移民的有290903起，占总投诉数量的31.1%。根据2014年发布的移民投诉报告，有49%的路上抢劫事件、49%的在商店抢劫和住宅中心抢劫以及57%的住宅盗窃事件、60%的商店偷窃事件和66%的道路扒窃事件都是移

---

① Angelo Scotto, "From Emigration to Asylum Destination, Italy Navigates Shifting Migration Tides", Migration Policy Institute, 24 August 2017, https://www.migrationpolicy.org/article/emigration-asylum-destination-italy-navigates-shifting-migration-tides.

② Elena Benelli, "Migration Discourses in Italy", *Conserveriesmémorielles* [Enligne], No. 13, 2013.

③ Sylvia Poggioli, "Italy's Bad Economy Leaves Immigrants Vulnerable", National Public Radio, 17 January 2012, https://www.npr.org/2012/01/17/145305021/italys-bad-economy-leaves-immigrants-vulnerable.

民所为。① 2013 年意大利国家选举研究协会②在当年大选后所做的一项民意调查表明，意大利人对移民总体持负面态度，有 55.7% 的人认为移民对意大利经济来说并不代表资源，有 60.9% 的人表示不信任移民，认为应该加强对移民的归化，让他们顺从意大利的风俗习惯。2018 年，欧洲一个思想库的政策研究也显示，在 10 个意大利人中有 6 个对来自非欧盟国家的移民持负面态度（59% 的负面态度 vs. 32% 的肯定态度）。而且，只有 38% 的人认为移民对意大利有贡献（55% 的人认为移民对国家没有贡献）。③

在难民危机和经济危机的双重冲击下，意大利人对欧盟的态度也发生了变化。作为欧盟创始成员国之一的意大利曾经非常"挺欧"，现在已变为十分疑欧的国家之一了。面对蜂拥而至的难民，意大利人很普遍的一个看法是：意大利被欧盟抛弃了，不得不独立面对这场危机，虽然没有足够的资金支持但还是不得不承担重负。而且欧盟现有的《都柏林协定》对意大利很不利，因为它规定：庇护寻求者必须在他们抵达的第一个欧盟国家申请庇护，不管这个国家是不是难民的目的地，这个国家都必须承担难民接待、资格审核等一系列责任。这就给意大利这样被难民席卷的"前线国家"造成了过大的压力。④ 这让意大利人感到很不公平，认为欧盟及其他成员国对意大利漠不关心，没有显示出应有的团结。⑤

---

① 田小惠、谢林：《意大利难民接收现状的分析》，《国际研究参考》2017 年第 4 期。
② 关于意大利 2013 年大选后民意调查的数据，请见意大利国家选举研究协会网站（http://www.itanes.org/dati/）。
③ Daniel Debomy et al., "The Italians and Europe, Chronicle of Disenchantment", *Europe Power of Values Policy Paper*, No. 217, 2018.
④ Naomi O'Leary, "How Italy Turned Euroskeptic", *Politico*, 19 February 2017, https://www.politico.eu/article/italy-euroskeptic-surge-migration-crisis-eu/.
⑤ Daniel Debomy et al., "The Italians and Europe, Chronicle of Disenchantment", *Europe Power of Values Policy Paper*, No. 217, 2018.

另外，作为欧元区国家的意大利，在经济危机的冲击下，由于丧失了独立的货币政策，不能再用货币贬值、增发货币等方式来应对经济危机、刺激经济发展。因此，很多意大利人认为欧元应该对经济危机负责。意大利人对欧元的支持自2010年以来一直呈下降趋势，并一直低于德国和法国（见图6-3）。与此同时，欧盟还限制意大利的政府债务规模，要求减少公共支出，实行财政紧缩，这些都严重影响了意大利人的日常生活，使他们对欧盟的疏离和敌意不断上升，反对欧盟要求的财政紧缩的游行不断爆发。在2012年的一次游行中，示威者占领了比萨斜塔，并打出了这样的旗号："站起来！我们不为你们的危机买单！"[1] 在2017年11月爆发的一次大规模反欧盟抗议游行中，示威者还把欧盟比作黑手党，打出了"挣脱欧盟和欧元的牢笼""对欧盟这个黑手党说不"的标语，发出"我们再也不当你们的奴隶了"的呼声。[2] 根据欧洲晴雨表的调查，对欧盟"根本不依恋"的比例呈上升趋势：从2007年的9%增加到2018年的16%，2016年则高达21%。全球领先的德国数据统计公司Statista的调查则表明，2015年，超过一半的受访者说他们在过去一年里对欧盟的信任减少了；2017年，40%的受访者说他们不像以前那么信任欧盟；到2018年，51%的意大利人不信任欧盟。[3] 在此背景下，以意大利人为中心的本土主义呼声越来越高。

---

[1] Feliciano Tisera and Daniel Alvarenga, "Anti-austerity Strikes Sweep Southern Europe", *Reuters*, 14 November 2012, https://www.reuters.com/article/uk-eurozone/anti-austerity-strikes-sweep-southern-europe-idUSLNE8AD02120121114.

[2] Oli Smith, "'We Will Never Be Your Slaves!' Italy in Crisis as Thousands Demand Exit from 'EU Mafia'", *Express*, 13 November 2017, https://www.express.co.uk/news/world/878586/Thousands-anti-EU-protest-Rome-Nato-euro-Brexit.

[3] Statista, "How Has Your Trust in the European Union Change over the Last Year?", https://www.statista.com/statistics/781028/trust-in-the-european-union-eu-in-italy/; "Do You Trust the European Union?", https://www.statista.com/statistics/646467/trust-in-the-european-union-italy/.

**支持欧元作为统一货币**

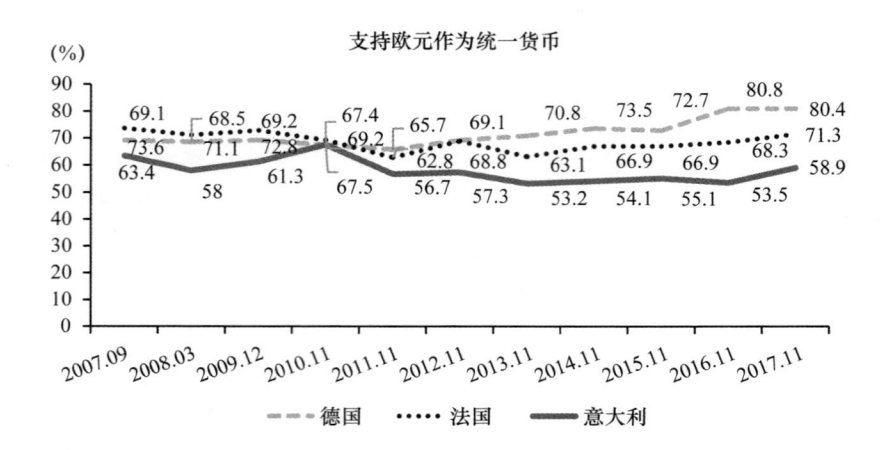

| 时间 | 德国 | 法国 | 意大利 |
|---|---|---|---|
| 2007.09 | 69.1 | 73.6 | 63.4 |
| 2008.03 | 68.5 | 71.1 | 58 |
| 2009.12 | 69.2 | 72.8 | 61.3 |
| 2010.11 | 67.4 | 69.2 | 67.5 |
| 2011.11 | 65.7 | 62.8 | 56.7 |
| 2012.11 | 69.1 | 68.8 | 57.3 |
| 2013.11 | 70.8 | 63.1 | 53.2 |
| 2014.11 | 73.5 | 66.9 | 54.1 |
| 2015.11 | 72.7 | 66.9 | 55.1 |
| 2016.11 | 80.8 | 68.3 | 53.5 |
| 2017.11 | 80.4 | 71.3 | 58.9 |

**图 6-3　意大利、法国和德国对欧元的态度比较**

资料来源：Routers 根据 Eurostat 和 Eurobarometer 的数据整合而成，http：//fingfx.thomsonreuters.com/gfx/rngs/EUROZONE-ITALY-EURO/010070BW0S1/index.html。

## （三）作为高高在"上"的"外人"，建制派精英成为两种对立情绪指向的焦点

意大利的政治表现出典型的"党强政弱"特点。政党不仅把持国家权力，而且将触角延伸到社会生活的各个领域，掌握资源，向其支持者分配利益。乔瓦尼·马拉尼尼曾评论说，意大利不是民主政治，而是由政党统治。① 2008—2018 年，意大利先后经历了由力量党主导的中右联盟政府、蒙蒂领导的技术官僚政府、民主党主导的中左联盟政府。在新自由主义席卷全球的大背景下，在作为新自由主义制度化体现的欧盟的压力下，这些主流政党、"建制派"精英，无论左右，都表现出新自由主义的执政理念：重视可以跨国转移资源的资本的意愿，降低劳动力市场保护，紧缩福利支出。可以说，迎合资本、迁就欧盟是 2008 年以来意大

---

① 转引自刘光毅、史志钦《贝卢斯科尼现象的思考》，《当代世界》2012 年第 8 期。

利建制派的共同做法。在难民大量涌入意大利之后，执政的民主党对其表现出同情和包容，从而被饱受难民冲击的普通百姓斥为不懂人间疾苦。

面对经济/阶层分野，意大利的建制派精英选择的是亲跨国资本、轻劳动保护，削减公共开支、实行财政紧缩，起码从政策的短期效果来看是如此。2008年经济危机爆发后，贝卢斯科尼政府一方面大力援救银行（理由是防止出现骨牌效应）和大企业（理由是为挽救就业），另一方面减少公共开支，而包括民主党在内的反对党也认同这一政策导向。① 贝卢斯科尼主张国会应该立即采取行动，通过宪法修正案，实现预算平衡。预算平衡修正案随后在2012年蒙蒂执政期间被通过，规定将来的意大利政府只能在极其特殊的情况下并经议会许可才可以采取赤字预算。为缩减开支，蒙蒂政府还大力推动养老改革，2011年12月通过的"拯救意大利法令"吸收了贝卢斯科尼政府的改革要义，大幅提高退休年龄，使得领取退休金的条件更加严苛。② 蒙蒂技术官僚政府之后的执政党是以民主党为主的中左联盟。2013—2018年任民主党党魁的伦齐，担任过一届政府总理。在其执政期间，他的"旗帜性"改革方案是推出"就业法案"。该法案使大企业更容易解雇员工。大企业对放宽解雇限制欢欣雀跃；工会则认为，企业可以更轻易地解雇员工削弱了工人的基本权利。有学者甚至指出，如果伦齐能够重写宪法，那么他或许会把意大利宪法第一条改为"意大利共和国是建立在企业自由之上"，而非"劳动之上"③。因此，对于伦齐政府的劳

---

① Roberto Di Quirico, "Italy and the Global Economic Crisis", *Bulletin of Italian Politics*, Vol. 2, No. 2, 2010, p. 8.
② 李凯旋：《意大利养老金改革及启示》，《欧洲研究》2017年第5期。
③ 李凯旋：《意大利劳动力市场灵活化改革解析》，《当代世界与社会主义》2018年第2期。

动市场改革，意大利工会用罢工来回应。一位金属行业工人的话很有代表性："如果意大利天天有示威，那不是因为人民愚蠢，而是因为他们受够了政府总拿最弱势的群体来开刀。"① 蒙蒂和伦齐政府的改革从长期来看会提高意大利经济的竞争力，但其政策却难免会带来当下的阵痛，必然要求部分群体承担起改革的代价，而普通劳动者恰好是当下的利益受损者，因此改革自然会引起这些普通劳动者的反弹。

面对国族/种族/文化分野，一方面，建制派精英们选择把超国家机构——欧盟的要求置于本国民众吁求之上。一个典型的表现是，自2008年经济危机以来，各届政府都在欧盟的压力下实行财政紧缩政策，即便是以降低民众的福利开支和社会保护为代价。结果，他们被批评为欧盟的傀儡，把欧洲的技术理念置于国内民主吁求和老百姓真实的日常经济经历之上。② 另一方面，在对待移民和难民上，2013—2018年执政的中左联盟体现出比较宽容的态度，不像北方联盟、五星运动那样态度强硬。2015年4月，伦齐在《纽约时报》上发表署名文章，题为"帮助移民是每个人的责任"，展现了对移民和难民的人道主义责任感："地中海，我们文明的摇篮，正在变成数以千计默默无名、哀哀无望的男男女女、稚子儿童的丧身之地""母亲们眼见儿女命丧大海，她们的哀号将在我们心头萦绕""我们必须阻止这场屠杀"③。因此，尽管伦齐呼吁甚至威胁欧盟其他国家要公平分担接收难民的责任，但他对移民的态度还是"先救起来再说"。对于反移民的言论和行为，他还站在"反法

---

① BBC, "Italy Trade Unions Strike over Renzi's Labour Reforms", 12 December 2014, https://www.bbc.com/news/world-europe-30447158.

② Helen Thompson, "Want to Understand What Is Wrong with Europe? Look at Italy", *The New York Times*, March 8, 2018.

③ Matteo Renzi, "Helping the Migrants Is Everyone's Duty", *The New York Times*, April 22, 2015.

西斯主义"的道德高地加以指责。① 结果，滞留在意大利的难民人数急剧增长，伦齐招致反对党和广大民众的猛烈抨击。

2016年，伦齐发起修宪公投，被认为是该年内继英国脱欧公投后影响欧洲一体化前景的最重大事件。② 由于他把个人的政治生命与公投绑在一起，公投被普遍视为对伦齐表达不满的一个机会：高达67%的选民都参与了投票，投反对票的占了60%之多，既有左翼选民也有右翼选民。结果，伦齐黯然下台，被称为"民主对新自由主义"的胜利。③

总之，意大利的主流政党、建制派精英，无论左右，都集体选择了亲资本的立场，将欧盟的指令置于中下层民众的呼声之上，他们（主要是民主党）还站在道德高地指责对移民的敌视，而广大中下层民众却难以在现有的政治体制内发出自己的声音，成为不被代表的人群，对政治怀有深深的无力感。2013年大选后的相关民意调查显示：84%的人认为自己丝毫也不能影响政府的所作所为；77.5%的人表示他们不信任议会；88.6%的人表示不信任政党，认为他们选出的精英只对选票感兴趣，对选民的想法毫不在乎；93.7%的人认为一旦当选，议员很快就会脱离群众。更重要的是，左右两派的建制派精英在执政期间都没有解决严重的失业问题和债务问题，非但没有明显推动经济的增长，还把意大利变成了一个巨大的"欧洲难民营"。因此，建制派失去了广大中下层民众的信任，被视为腐败无能、脱离人民、高高在"上"的"外人"，成为众矢之的。反建制、反精英，也成为政治偏好迥异的广大中下层选民共同的立场。

---

① ANSA, "Di Maio Ups Ante in Campaign, Renzi Claims Anti-Fascism", 15 February 2018, http://www.ansa.it/english/news/2018/02/15/di-maio-ups-ante-in-campaign-renzi-claims-anti-fascism_6ed34623-d727-430b-95e8-11f808e3b9fa.html.

② 罗红波、孙彦红主编：《变化中的意大利》，社会科学文献出版社2017年版，第143页。

③ Cinzia Arruzza, "Democracy against Neoliberalism", *Jacobin*, December 5, 2016.

总之，意大利存在生活困顿、不被代表的低收入群体与有资源、有话语权的"统治阶层"之间的经济/阶层分野和"上下对立"，以及"意大利人"vs"移民＋欧盟"的国族/种族/文化分野和"内外对立"，从而为左翼和右翼民粹主义的"生长"提供了沃土。但是，同样在意大利，同样是在两种土壤都存在的情况下，为什么北方联盟形成的是右翼民粹主义，而五星运动却是混合民粹主义？这就引入了"供给"问题：究竟会产生哪种类型的民粹主义，取决于民粹政党如何成功利用社会分野与对立，针对选民需求进行有效供给。

## 四　供给侧：五星运动的话语叙事与互联网直接民主

针对意大利存在的两种社会分野，五星运动充分利用上下对立、内外对立，以"人民"及其"敌人"为主角，建构了一套话语叙事，以抗议者的姿态在不同语境中对人民的"敌人"大加鞭挞。话语就是政治行动的一种，是政治行为体重新创造现实的一个根本手段。① 喜剧演员出身的格里洛以夸张生动的话语、出色的传播技巧，吸引了众多追随者。他的个人魅力对五星运动的成功功不可没。② 同时，五星运动还以建设者的身份出现，对选民投其所好，推出自己的替代方案。为了争取尽可能多的选民，五星运动有

---

① Lorenzo Mosca et al., "An Internet-Fuelled Party? The Movimento 5 Stelle and the Web", Chapter 6, in Filippo Tronconi ed., *Beppe Grillo's Five Star Movement: Organisation, Communication and Ideology*, Abingdon and New York: Routledge, 2016, p. 128.

② 从2009年10月五星运动成立到2017年9月迪马约继任五星运动的领导人，在这八年间，格里洛一直是五星运动的"魅力型"领袖；甚至在迪马约继任后，他仍然在幕后发挥着关键作用。由于本书重点分析的是五星运动在两次大选中争取选民的策略（而非执政后的政策），而格里洛对于五星运动两次大选获胜所发挥的作用远远超过迪马约，所以本书重点着墨于格里洛而非迪马约。

意采取了一种"跨意识形态"的话语叙事,不追求意识形态的内在一致性,以便左右逢源。那么,它又如何自圆其说、让左右选民都买账的呢?事实上,五星运动在利用左右选民都对建制派精英不满的同时,提供了其他政党没有的独特的供给方案:互联网"直接民主"。通过互联网平台,让左中右选民聚集在一起共同讨论、争辩和投票,以"问题"为导向,用协商民主的方式,来处理意识形态差异。由于让不同立场的选民都找到了"当家作主"的感觉,五星运动自然就能把差异极大的选民都聚集在自己麾下。

### (一)利用经济/阶层分野与"上下对立"争取左翼选民

一方面,在基于"经济/阶层分野"的上下对立中,五星运动把"人民"的"敌人"界定为大公司(资本要素)及亲资本的"政治卡斯特"(castapolitica)等掌握权势的阶层。格里洛不停地批判大公司的经济和政治权力,批判金钱的主导地位[1],批判政治阶层的腐败。

另一方面,在"破"之外,还有"立"。面对民众关于改善经济社会处境的强烈吁求,五星运动也投其所好地进行回应。意大利国家选举研究协会在2013年大选后的调查表明:90.9%的人认为社会保护应该成为任何一届政府的首要目标;83.5%的选民认为政府应该采取干预措施以缩小国内收入差距;95.2%的人认为应该给予环保更多的关注。[2] 五星运动则趁机提出高度契合民众需求的竞选主张。以2013年大选竞选纲领为例。和其他主要政党相比,五星运动在主张福利国家扩张、教育扩张、加强市场管制、关注环保问题等方面的表现十分突出。由于这些主张具有明显的左翼色彩

---

[1] Nicola Maggini, "Understanding the Electoral Rise of the Five Star Movement in Italy", *Czech Journal of Political Science*, No.1, 2014, pp.37–59.

[2] 关于意大利2013年大选后民意调查的数据,请见意大利国家选举研究协会网站(http://www.itanes.org/dati/)。

（此次竞选纲领几乎没有涉及欧洲和移民等反映五星运动右翼倾向的议题），因此，基于这次竞选纲领，专门分析政党立场的"竞选纲领项目"还把五星运动归为典型的左翼政党（rile = -49.032，甚至远远超过民主党：rile = -6.863，见表6-3）。

表6-3　对意大利四个政党2013年大选竞选纲领的内容分析结果

| 政党名称 | 自由人民党 | 民主党 | 北方联盟 | 五星运动 |
| --- | --- | --- | --- | --- |
| 总数 | 210 | 204 | 210 | 155 |
| per 107 国际主义（积极） | 0.476 | 1.471 | 0.476 | 0 |
| per 108 欧共体/欧盟（积极） | 2.857 | 11.765 | 2.857 | 0 |
| per 201 自由和人权 | 1.905 | 4.902 | 1.905 | 0 |
| per 202 民主 | 1.905 | 8.824 | 1.905 | 7.742 |
| per 203 宪政（积极） | 0 | 0.98 | 0 | 1.29 |
| per 204 宪政（消极） | 2.857 | 0 | 2.857 | 0 |
| per 301 分权 | 3.333 | 1.961 | 3.333 | 0 |
| per 302 集权 | 0 | 0 | 0 | 1.29 |
| per 303 治理和行政效率 | 9.524 | 8.333 | 9.524 | 1.29 |
| per 304 反腐败 | 2.381 | 0.98 | 2.381 | 5.161 |
| per 305 政治权威 | 0.476 | 9.804 | 0.476 | 0 |
| per 401 自由市场经济 | 2.381 | 0 | 2.381 | 0 |
| per 402 激励（积极） | 16.19 | 0.49 | 16.19 | 2.581 |
| per 403 市场管制 | 6.19 | 3.431 | 6.19 | 23.226 |
| per 404 经济计划 | 0.476 | 0 | 0.476 | 0 |
| per 408 经济目标 | 0.476 | 0 | 0.476 | 0 |
| per 410 经济增长（肯定） | 0.952 | 0.49 | 0.952 | 0 |
| per 411 技术与基础设施（肯定） | 10.476 | 0 | 10.476 | 3.226 |
| per 413 国有化 | 0 | 0 | 0 | 0.645 |
| per 414 经济正统 | 1.429 | 0 | 1.429 | 0.645 |

续表

| 政党名称 | 自由人民党 | 民主党 | 北方联盟 | 五星运动 |
|---|---|---|---|---|
| per 416 反增长经济（肯定） | 0 | 3.922 | 0 | 1.935 |
| per 501 环境保护 | 6.19 | 0 | 6.19 | 25.806 |
| per 502 文化（肯定） | 3.333 | 0 | 3.333 | 0 |
| per 503 平等（肯定） | 0.952 | 18.627 | 0.952 | 0 |
| per 504 福利国家扩张 | 6.667 | 0 | 6.667 | 14.194 |
| per 506 教育扩张 | 5.238 | 5.882 | 5.238 | 7.742 |
| per 603 传统道德（肯定） | 0.952 | 0 | 0.952 | 0 |
| per 604 传统道德（否定） | 0 | 1.961 | 0 | 0 |
| per 605 法律与秩序（肯定） | 4.286 | 3.431 | 4.286 | 1.29 |
| per 606 公民意识（肯定） | 0.476 | 2.941 | 0.476 | 0 |
| per 701 劳工团体（肯定） | 3.333 | 9.804 | 3.333 | 1.29 |
| per 702 劳工团体（否定） | 0.952 | 0 | 0.952 | 0 |
| per 703 农业与农民（肯定） | 1.905 | 0 | 1.905 | 0 |
| per 704 中产阶级与专业团体 | 1.429 | 0 | 1.429 | 0 |
| per 705 边缘少数群体的权利 | 0 | 0 | 0 | 0.645 |
| rile | 3.81 | -6.863 | 3.81 | -49.032 |
| Planeco 计划经济 | 6.667 | 3.431 | 6.667 | 23.226 |
| Markeco 市场经济 | 3.81 | 0 | 3.81 | 0.645 |
| Welfare 福利 | 7.619 | 18.627 | 7.619 | 14.194 |

说明：（1）第一列：关于某个议题的"准语句"（quasi-sentences）占该党竞选纲领编码文本的百分比；（2）rile，表示政党意识形态立场的指标，负号表示左倾，正号表示右倾。

资料来源：Andrea Volkens, Pola Lehmann, Theres Matthieß, Nicolas Merz, Sven Regel, and Bernhard Weßels, The Manifesto Data Collection. Manifesto Project （MRG/CMP/MARPOR）. Version 2018a. Berlin：Wissenschaftszentrum Berlin fürSozialforschung, 2018. https：//manifesto-project. wzb. eu/datasets.

在2018年大选中，五星运动继续高度关注民生问题。2018年的竞选纲领宣称要废除400项"无用的"法律以解放意大利经济，主张国家干预经济以保障公民的福利，国家拥有多数股权的公司应在经济发展中发挥根本作用，保护"意大利制造"，为小企业、农民和家庭设立公共投资银行，改革打算把退休年龄提高到67岁的2011年养老金方案，消除无用的"政治成本"，改善工人的薪酬待遇、对上市公司经理和董事的经济待遇设立上限以降低工资差距，为年轻人进入公共部门工作创造条件，等等。但最核心的"大招"是：为所有生活贫困的意大利人提供"公民工资"（reddito di cittadinanza），每个成人每月780欧元。①

五星运动的左翼经济主张对失业率和贫困率双高的南部地区尤其具有吸引力。在2018年大选中，五星运动一举拿下南部近一半选票（见表6-4），证明五星运动的纲领供给高度迎合了选民的需求，供给策略非常成功。

## （二）利用文化分野与对立吸引右翼选民

在文化分野中，"人民"的"敌人"被界定为外来移民尤其是非法移民，以及对意大利人的命运显得无动于衷的欧盟。

### 1. 移民牌

在正式纲领中，五星运动对移民的立场没有北方联盟那么严苛。但是，其领袖为了迎合右翼选民中强烈的反移民情绪而频频发

---

① 五星运动2018年大选竞选纲领，见五星运动官网（https://www.movimento5stelle.it/programma/），以及ANSA，"Election 2018: M5S Manifesto",15 February 2018, http://www.ansa.it/english/news/2018/02/15/election-2018-m5s-manifesto_969d5099-d9fe-4da8-a36f-0b623fc521c6.html, last accessed on 25 December 2018. 但是，在五星运动上台执政后，一些选民尤其是北方富裕地区的选民担心福利开支的增加将造成加税的可能，所以从支持五星运动改为支持北方联盟，造成前者支持率的下跌，见Holly Ellyatt, "Italy's Populist Government Is Said to Be 'Cannibalizing' Itself as Voters Start to Take Sides", CNBC, 5 November 2018, https://www.cnbc.com/2018/11/05/italy-voter-opinion-polls-show-lega-is-gaining-voters-from-m5s.html, last accessed on 4 March 2019.

表6-4　2013年和2018年意大利主要政党（联盟）大选结果（地区分布） (%)

| | 政党/政党联盟 | 北部 2018 | 北部 2013 | 北部 Δ | 红区(red zone) 2018 | 红区 2013 | 红区 Δ | 南部 2018 | 南部 2013 | 南部 Δ | 意大利 2018 | 意大利 2013 | 意大利 Δ |
|---|---|---|---|---|---|---|---|---|---|---|---|---|---|
| 众议院 | 北方联盟（联盟党） | 27.3 | 9.4 | 17.9 | 18.7 | 1.5 | 17.2 | 8.0 | 0.2 | 7.8 | 17.3 | 4.1 | 13.3 |
| 众议院 | 力量党（自由人民党） | 12.7 | 19.4 | -6.7 | 10.2 | 17.1 | -6.9 | 17.5 | 25.6 | -8.1 | 13.9 | 21.6 | -7.6 |
| 众议院 | 中右联盟 | 44.1 | 31.2 | 12.9 | 33.0 | 21.1 | 11.9 | 31.8 | 30.8 | 1.0 | 37.0 | 29.2 | 7.8 |
| 众议院 | 五星运动 | 23.5 | 23.7 | -0.2 | 27.7 | 25.7 | 2.0 | 43.4 | 27.3 | 16.1 | 32.7 | 25.6 | 7.1 |
| 众议院 | 民主党 | 19.5 | 24.3 | -4.8 | 26.7 | 35.4 | -8.7 | 14.2 | 22.0 | -7.8 | 18.7 | 25.4 | -6.7 |
| 众议院 | 中左联盟 | 25.4 | 28.1 | -2.7 | 30.6 | 38.9 | -8.3 | 17.6 | 26.8 | -9.2 | 22.9 | 29.6 | -6.7 |
| 参议院 | 北方联盟（联盟党） | 27.3 | 9.9 | 17.4 | 18.8 | 1.6 | 17.2 | 8.5 | 0.2 | 8.3 | 17.6 | 4.3 | 13.3 |
| 参议院 | 力量党（自由人民党） | 13.0 | 19.8 | -6.8 | 10.4 | 17.7 | -7.3 | 18.3 | 26.4 | -8.1 | 14.3 | 22.1 | -7.8 |
| 参议院 | 中右联盟 | 45.2 | 32.9 | 12.3 | 33.9 | 22.1 | 11.8 | 33.2 | 33.3 | -0.1 | 37.5 | 31.0 | 6.5 |
| 参议院 | 五星运动 | 23.9 | 21.8 | 2.1 | 27.7 | 24.2 | 3.5 | 42.8 | 25.2 | 17.6 | 32.2 | 23.6 | 8.6 |
| 参议院 | 民主党 | 19.8 | 26.1 | -6.3 | 27.3 | 37.6 | -10.3 | 14.8 | 23.7 | -8.9 | 19.1 | 27.3 | -8.2 |
| 参议院 | 中左联盟 | 25.2 | 29.6 | -4.4 | 31.3 | 40.6 | -9.3 | 18.1 | 28.9 | -10.8 | 23.0 | 31.4 | -8.4 |

说明：表中"Δ"表示变动幅度。

资料来源：Aldo Paparo, "Challenger's Delight: The Success of M5S and Lega in the 2018 Italian General Election", *Italian Political Science*, Vol. 13, No. 1, 2018, p. 72.

布反移民言论，从而给该党笼罩上右翼色彩。

五星运动的支持者既有左翼也有右翼。2013年大选使用的竞选纲领在刚刚制定时，五星运动的支持者还是以左翼为主，所以没有明显的反移民立场，只有一条是与移民归化相关的，被列在"教育"一项下："应该免费教外国人意大利语，如果外国人想申请意大利公民权，就必须学意大利语。"2018年大选的纲领是由左翼和右翼支持者同时投票表决才最终形成的，所以没有针对移民或难民本身进行指责，而是把移民和难民带来的问题集中在对政府的控诉上。例如，五星运动宣称，移民管理是主流政党最大的败笔；移民被描绘成社会公敌，那只不过是政客们试图把注意力从自己的责任上移开而已。五星运动提出的解决方案也侧重在国家之间的责任分担上：应坚持公平分担原则，管理和接待难民的责任和负担必须基于客观的、可量化的参数，如人口、GDP和失业率，在所有欧盟成员国之间平等分摊；要求国际保护资格申请的审核在来源国或中转国的使领馆或者在欧盟驻第三国的代表处进行；完全停止向发生冲突的、直接或间接与国际恐怖主义有联系的国家售卖武器；打击人口贩运，等等。

如上所述，五星运动正式的竞选纲领中并没有明显的反移民论调，但是随着意大利移民问题变得越来越突出，为了和北方联盟等竞争对手争取右翼选民，五星运动的领袖"见机行事"，频频发表反移民言论，从而使该党具备了反移民的右翼民粹政党特征。例如，格里洛反对根据属地原则自动给予在意大利出生的移民子女公民权。2012年，他在博客中写道："给那些出生在意大利但父母没有意大利国籍的人公民权，这没道理。"后来，他甚至走得更远，声称他在五星运动中"只想看到意大利人"。他还公开反对罗马尼亚的罗姆人（吉卜赛人）移民到意大利。面对反对他的声音，他十分愤怒地回应道："凡说我是法西斯的人，都没长脑子，还拍体制的马屁"①。反法西斯主义还被他说成是自由主义的建制派用来让普通老百姓闭嘴的工具。② 格里洛把非法移民和老鼠、垃圾相提并论。2015年，他呼吁当时的罗马市长下台，在推特上说，应该"抢在罗马被老鼠、垃圾和非法移民淹没之前"尽快进行选举。③ 2016年12月，柏林恐怖袭击的嫌犯在意大利米兰被击毙之后，格里洛在博客上宣称所有非法移民都应该被驱逐出意大利，他把移民和恐怖分子联系在一起，说："移民局势已经失控了""我们的国家已经成为恐怖分子来来往往的地方，我们却无法识别、举报他们，他们能借着《申根协定》在整个欧洲漫游而不被打扰。"同时，格里洛还要求修订关于移民管理的《都柏林协定》。④ 除了格里洛，2017年8月，即将领导五星运动2018年大选的迪马约，还针对在地中海救援移民船只的组织，呼吁"立即停止海上出租车服务"⑤。迪马约建议立即遣返所有新来意大利海岸的非法移民⑥，以及意大利应该提高自己的出生率，而不是把这事儿交给移民。⑦

---

① Marianne Arens and Peter Schwarz, "Italy: Beppe Grillo's Inexorable Move to the Right", *World Socialist Web Site* (*WSWS*), 24 January 2013, https://www.wsws.org/en/articles/2013/01/24/gril-j24.html.

② Chuck Mertz, "Opportunist Populism: On Italy's Five Star Movement", *Verso Books*, 8 March 2018, https://www.versobooks.com/blogs/3673-opportunist-populism-on-italy-s-five-star-movement.

③ BBC, "Italy: Beppe Grillo under Fire for Migrant Tweet", 18 June 2015, https://www.bbc.com/news/blogs-news-from-elsewhere-33167343.

④ ANSA, "Grillo Calls for Mass Deportations", 23 December 2016, http://www.ansa.it/english/news/politics/2016/12/23/grillo-calls-for-mass-deportations-2_c2583737-0f97-4157-a2f3-d2a9137728b6.html.

⑤ Reuters, "Italian Prosecutors Widen Investigation to Include MSF over Migrant Rescues: Source", 5 August 2017, https://www.reuters.com/article/us-italy-migrants-medecins-sans-frontier-idUSKBN1AL0HZ?il=0.

⑥ ANSA, "Election 2018: M5S Manifesto", 15 February 2018, http://www.ansa.it/english/news/2018/02/15/election-2018-m5s-manifesto_969d5099-d9fe-4da8-a36f-0b623fc521c6.html.

⑦ Emily Schultheis, "How Italy's Five-Star Movement Is Winning the Youth Vote", *The Atlantic*, March 2, 2018.

2. "软"疑欧

疑欧是五星运动另一个吸引右翼选民的手段。意大利有很强的"挺欧"传统，曾经非常欢迎欧元。在传统上，意大利人对本国政府缺乏信任，他们希望加入欧盟后，能够从其他有优良制度的国家学到一些好的做法。① 但是，自2008年经济危机爆发以来，意大利在欧盟的要求下实行了财政紧缩的政策，不得不缩减社会保护等公共开支，疑欧情绪就开始蔓延了。正是看到这一现象，五星运动积极主动打"疑欧"牌。

格里洛宣称欧盟是"彻头彻尾的失败"，需要对它进行"重新构想"。他抨击欧盟和法国："它是一个庞大的机器，在布鲁塞尔和斯特拉斯堡分别设了两个议会，就是为了讨好法国。"格里洛反欧盟论调中一个反复出现的主题是欧盟的代表性问题，认为欧盟被一群对"活生生的人"漠不关心的技术官僚和追求私利的政客所主导。"布鲁塞尔的官僚们歪曲了欧洲的民主梦。今天，我们不是在和伊斯兰国或者俄罗斯开战，我们是跟欧洲央行开战！"②

格里洛还主张就是否脱离欧元区、重新使用里拉进行公投。在2012年5月接受彭博新闻社访谈的时候，格里洛抨击说："欧元就是绕在我们脖子上的绳索，每天都收得很紧。"③ 在2013年大选后发行的一期德国《商报》刊登的一篇采访中，这位五星运动的领导人称，意大利实际上已被从欧元区剔除。他表示，北欧国家一旦收回对意大利国债的投资，就会"像甩掉烫土豆一样，把意大利

---

① Tonia Mastrobuoni, "Beppe Grillo-Floating on the Eurosceptic Wave", *Vox Europ*, 8 June 2012, https://voxeurop.eu/en/content/article/2135871-beppe-grillo-floating-eurosceptic-wave.

② Liza Lanzone and Dwayne Woods, "Riding the Populist Web: Contextualizing the Five Star Movement (M5S) in Italy", *Politics and Governance*, Vol. 3, No. 2, 2015, pp. 61–62.

③ Marianne Arens and Peter Schwarz, "Italy: Beppe Grillo's Inexorable Move to the Right", *World Socialist Web Site* (*WSWS*), January 24, 2013, https://www.wsws.org/en/articles/2013/01/24/gril-j24.html.

扔出欧元区"①。他强调民族国家的主权："我赞成出现一个不同的欧洲，让各国都能采取自己的财政和货币制度。"许多意大利人认为，2011年贝卢斯科尼政府的倒台和蒙蒂领导的技术官僚政府的建立是欧盟在德国的策划下导演的，是德国总理默克尔对意大利总统纳波利塔诺施压，从而结束了贝卢斯科尼的总理生涯，并让亲欧的蒙蒂取而代之。格里洛紧紧抓住蒙蒂政府的紧缩政策，作为意大利失去主权国家自由的证据来煽动疑欧情绪。②2012年12月，他说道："如果我们去年破产的话，欧洲就玩完了。所以他们派了蒙蒂来控制局势，好让德国和法国的银行把它们的钱要回去。"③

当然，由于多数意大利人认为留在欧盟对本国有利，因此五星运动并不主张脱离欧盟，从而体现出一种"软疑欧"立场。同时，五星运动的疑欧反映出一种右翼倾向。左翼和右翼政党都可能疑欧，但是，左翼更多地关注经济—社会议题，认为欧盟是新自由主义政体，偏向自由市场经济，在欧盟框架下很难实现经济正义和社会正义；右翼疑欧，则出于对国家主权和文化认同的考虑，反对欧盟对民族国家主权的"上缴"④。就此而言，五星运动表现出右翼疑欧的特点。

正如有观察者所看到的那样，只要意大利仍然身处经济危机

---

① 《格里洛：意大利事实上已在欧元区之外》，德国之声（DW），https：//www.dw.com/zh/格里洛意大利事实上已在欧元区之外/a-16667223。

② Liza Lanzone and Dwayne Woods, "Riding the Populist Web: Contextualizing the Five Star Movement (M5S) in Italy", *Politics and Governance*, Vol. 3, No. 2, 2015, pp. 61 – 62; Ajay Nair, 'We Need to Say NO!' Leader of Eurosceptic Italian Five Star Movement Says He WILL Succeed", *Express*, 9 February 2017, https: //www.express.co.uk/news/world/765329/beppe-grillo-italian-five-star-movement-eurosceptic-bbc-after-brexit.

③ Catherine Boyle, "Italy's Clown Prince: Monti 'Needs to Disappear'", *CNBC*, 12 December 2012, https: //www.cnbc.com/id/100001037.

④ Maurits J. Meijers, "Radical Right and Radical Left Euroscepticism: A Dynamic Phenomenon", *Jacques DelorsInstitut Policy Paper*, No. 191, 2017, pp. 1, 6.

中,并且财政政策让危机更为恶化,那么疑欧民粹主义就仍然是一块吸票的磁石。①

## (三)利用对建制派精英的批判和互联网的直接民主聚拢立场迥异的选民

五星运动一方面通过左倾的经济社会主张吸引左翼选民,另一方面又通过本土主义的主张来吸引右翼选民。而反精英、反体制是左右翼选民的共同点,所以,五星运动多以抗议者的姿态出现,对建制派精英大加鞭挞,从而把立场不同的选民都吸引过来。在左中右选民都有的情况下,如何处理内部的意识形态分歧?格里洛强调:五星运动"不是一个意识形态运动",人们不应该受意识形态的制约,而要追求"免于任何意识形态影响的自由"②,试图以一种"超然"的形象来超越分歧。但它提供的不仅仅是"口惠",它还通过互联网直接民主这一独一无二的供给方案,为选民们提供了切切实实的对传统政治制度的替代选项。

一方面,五星运动利用民众对现有政治体制的失望、愤怒和不信任,来挑动民众对建制派的对立情绪。在五星运动2013年大选的竞选纲领中,第一句话就是对建制派的批判:"当前的国家组织是官僚主义的,过于庞大、昂贵而无效。"③ 格里洛强烈谴责作为一个阶层存在的"政治卡斯特",他说:所有政客"都联合起来保卫这个官僚阶层……总是提名同样的统治者来维护他们自己的利

---

① Tonia Mastrobuoni,"Beppe Grillo-Floating on the Eurosceptic Wave",*Presseurop*,8 June 2012,http://www.presseurop.eu/en/content/article/2135871-beppe-grillo-floating-eurosceptic-wave.

② Marianne Arens and Peter Schwarz,"Italy: Beppe Grillo's Inexorable Move to the Right",*World Socialist Web Site*(*WSWS*),24 January 2013,https://www.wsws.org/en/articles/2013/01/24/gril-j24.html.

③ 五星运动2013年大选使用的竞选纲领,见 Manifesto Project,https://visuals.manifesto-project.wzb.eu/mpdb-shiny/cmp_dashboard_dataset/.

益""意大利的卡斯特就像一个杀死宿主的寄生虫"①。他声称现有的主流政党和他们所代替的第一共和时期的政党没什么两样:"政治早就死了。只有秃鹫还在,瓜分着意大利的躯体。"他还利用年轻人对"老政治"(old politics)的不满来特别拉拢年轻人:"这些政客不知道自己在说些什么。他们谈论未来。他们都70岁了,还谈论他们永远都不会见到的未来。我们需要年轻的血液。"②

五星运动突出自己和政治阶级的不同,把自己塑造成和"人民"一样的正义的弱势群体:"我们双方就像大卫和歌利亚。我们只有网络、只有Meetups,只有激情和我的集会。他们拥有其他的一切。我们是最末的,是被排斥的,被嘲弄的。而这就是我们要胜利的原因。"③ 他还说:"你们得明白,我的脑子和政客的脑子转得不一样。"④ 五星运动十分注意塑造自己廉洁清新的形象:五星运动主张"有犯罪记录的人没有资格竞选公职",号召"废除议员的任何特权",并把这两条写入2013年大选的竞选纲领中。它的伦理准则还规定,五星运动的议员每月接受的工资不应超过5000欧元,超过的部分应该返还国家——这远远少于其他议员获得的薪水;议员应该报告每月与议会活动有关的开支,如果违反了这些准则,就要辞职。⑤ 而且,五星运动党员担任议员不能超过两个任期,以避

---

① Gilles Ivaldi et al., "Varieties of Populism across a Left-Right Spectrum: The Case of the Front National, the Northern League, Podemos and Five Star Movement", *Swiss Political Science Review*, Vol. 23, No. 4, pp. 359, 360.

② Liza Lanzone and Dwayne Woods, "Riding the Populist Web: Contextualizing the Five Star Movement (M5S) in Italy", *Politics and Governance*, Vol. 3, No. 2, 2015, p. 60.

③ Liza Lanzone and Dwayne Woods, "Riding the Populist Web: Contextualizing the Five Star Movement (M5S) in Italy", *Politics and Governance*, Vol. 3, No. 2, 2015, p. 60.

④ Ajay Nair, "'We Need to Say NO!' Leader of Eurosceptic Italian Five Star Movement Says He WILL Succeed", *Express*, 9 February 2017, https://www.express.co.uk/news/world/765329/beppe-grillo-italian-five-star-movement-eurosceptic-bbc-after-brexit.

⑤ Lorenzo Mosca et al., "An Internet-Fuelled Party? The Movimento 5 Stelle and the Web", in Filippo Tronconi ed., *Beppe Grillo's Five Star Movement: Organisation, Communication and Ideology*, Abingdon and New York: Routledge, 2016, p. 136.

免成为职业政客，靠政治牟利。总之，五星运动十分注意塑造自己的清新形象来衬托建制派的腐败。

另一方面，五星运动不光"破旧"，它还"立新"。五星运动诞生于互联网，它为广大选民提供了区别于传统代议制民主的"互联网直接民主"这一独一无二的供给方案，给选民们带来了前所未有的新鲜体验，从而凝聚了大批支持者。

2009年，五星运动公布了作为五星运动"党章"的"非章程"（Non Statuto），其中第一条规定：五星运动是一个用于观点的比较与协商的平台和工具，发源于格里洛的博客（www.beppegrillo.it），并以其为中心。五星运动的"总部"就是网址www.beppegrillo.it。针对选民无处发声、不被代表、渴求变革的状况，五星运动试图以互联网为平台，让选民绕过任何中介，直接发出自己的声音。五星运动"非章程"的第四条称：五星运动力图成为协商的工具，在众议院、参议院、大区和市议会选举时，通过互联网来识别和选择候选人。互联网在加入五星运动、协商、决策和选举过程中发挥核心作用。它想见证的是：在政党之外、不以代议机构为中介，公民仍能进行有效的观点交流和民主辩论。[①]

在互联网民主的实施渠道方面，格里洛的博客、推特和脸书，"卢梭"平台（piattaforma Rousseau），以及Meetup等互联网空间成为五星运动用于政治动员和发动群众进行政治参与的渠道。格里洛的博客在五星运动历史上发挥了至关重要的作用。喜剧演员出身的格里洛极富感染力的表达方式吸引了大批粉丝，从而使他的博客成为五星运动表达主张、汇聚意见的重要平台。2016年，在联合创始人詹罗伯托·卡萨来焦去世之后，格里洛倾向于"隐退"了。由此，"卢梭"成为五星运动党员实践直接民主的重要渠道。2016

---

① 五星运动的"非章程"，https://www.politicalpartydb.org/wp-content/uploads/Statutes/Italy/IT_M5S_2009.pdf.

年4月，在卡塞雷吉奥去世的那一天，"卢梭"正式宣布成立。卡塞雷吉奥认为，法国政治哲学家卢梭是"直接民主之父之一"，所以五星运动以卢梭来命名这个平台。在这个平台上，五星运动的党员可以自由表达观点、提出法案、对其他成员建议的法案进行表决，提请五星运动的议员关注大家共同关心的问题、对候选人的名单进行投票、集体决定五星运动关于特定议题的政治立场，等等。"卢梭"的首页上写着："参与变革。让你的声音通过'卢梭'被听到。""变革就在你手中，从这里开始。"①"变革""发声"这样极具诱惑力的字眼可谓戳中了选民的内心需求。

在选举候选人方面，其他政党提名全国大选的候选人，都是自上而下进行的；而五星运动是自下而上在线选举候选人，候选人不是事先指定的，他们来自于"人民"，由党员通过互联网直接选举产生②（参见图6-4）。五星运动的"非章程"第七条规定，每个候选人的身份都要通过网站公开，对候选人的讨论也要同样公开、透明，不经任何中介。③ 新任领导人迪马约就是通过卢梭平台由党员在线投票公开选举出来的。因此，五星运动可以这样宣称自己的候选人："他们都是像你们一样的人。他们是你们的镜子""他们是你们的人民"④，其言外之意是：支持五星运动就是支持人民自己。

五星运动的互联网直接民主还体现在竞选纲领和立法草案的确定上。在成立初期，五星运动经常被批评连纲领都没有，"只会抗

---

① "卢梭"官网（https：//rousseau. movimento5stelle. it/）。
② Roberto Biorcio, "The Reasons for the Success and Transformations of the 5 Star Movement", *Contemporary Italian Politics*, Vol. 6, No. 1, 2014, p. 43.
③ 五星运动的"非章程"，https：//www. politicalpartydb. org/wp-content/uploads/Statutes/Italy/IT_ M5S_ 2009. pdf.
④ Liza Lanzone and Dwayne Woods, "Riding the Populist Web：Contextualizing the Five Star Movement（M5S）in Italy", *Politics and Governance*, Vol. 3, No. 2, 2015, pp. 59-60.

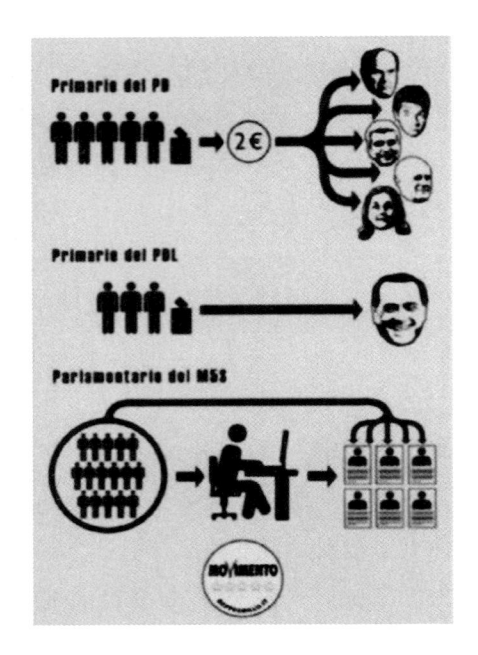

**图 6-4　五星运动候选人初选动员海报**

资料来源：Lorenzo Mosca et al. , "An Internet-Fuelled Party? The Movimento 5 Stelle and the Web", Chapter 6, in Filippo Tronconi ed. , *Beppe Grillo's Five Star Movement： Organisation, Communication and Ideology*, Abingdon and New York： Routledge, 2016, p. 136. PD 代表左翼的民主党，民主党要求参加初选投票的支持者每人捐款 2 欧元；PDL 代表右翼的自由人民党。M5S 代表五星运动。

议，不会建议"。格里洛则反驳说，五星运动早就有竞选纲领，它通过在线汇集了数万条建议，是在相关领域专家的帮助下起草而成的，格里洛称之为"第一个由公民们写就的纲领"[1]。这个纲领非常短，只有 15 页。不过，当时这个纲领的起草人主要是格里洛等少数人，而且没有通过投票表决。[2] 2018 年大选的竞选纲领则是通

---

[1] 参见格里洛的博客（http：//www. beppegrillo. it/programma-a-5-stelle/）。
[2] Ruth Hanau, "Beppe Grillo：Part of the Problem or Part of the Solution for Italy's Democratic Party?", *Brookings*, 4 March 2013, https：//www. brookings. edu/opinions/beppe-grillo-part-of-the-problem-or-part-of-the-solution-for-italys-democratic-party/.

过"众包"的方式来拟定的，各个主题都是通过"卢梭"平台在线讨论和投票并汇集起来——五星运动很自豪地称之为"意大利第一个也是唯一一个通过参与和网络直接民主产生的政治纲领"①。提交议会的立法草案也必须先在互联网上发起。如果在网上投票中，一个新的立法建议得到超过20%的赞成票，五星运动的议员就有义务将其提交给议会表决。而且，如果五星运动成员的意见和领袖的意见发生冲突时，也要通过投票来做最终决定。2013年10月，一些五星运动议员提出修正案，试图将"秘密移民"（clandestine immigration）非罪化，格里洛对此迅速表示反对，因为他怕会引起右翼支持者的流失，此前在2013年的大选中五星运动吸引了不少右翼选民的选票，而右翼选民坚决反对非法移民。但是，2014年1月，63%参与网上讨论的党员决定支持这个修正案。② 在此，五星运动领导人格里洛的意见并没有被支持者采纳，这也成为五星运动直接民主的体现。

因此，正如"卢梭"宣布的，五星运动倡导的互联网直接民主体现了公民及其代表之间的一种新型关系：当前的民主以授权为原则，没有直接参与；而互联网则会重新界定公民与政治的关系，它让公民们能实时获得关于所有事实的信息，对中央政府启动的进程加以控制。直接民主因互联网而成为可能，它将公民置于中心地位。③ 与传统政治终结于"投票"不同，选民在投票选出五星运动议员后，仍然可以通过互联网来监督议员的行为，对他们的立法草案进行修改，从而继续对政治进程施加影响。选民们因此有可能从

---

① 五星运动官网（https：//www.movimento5stelle.it/programma/）；Alessandro Cipolla, "ProgrammaMovimento 5 Stelle：TuttiiPuntiUfficializzati", 7 Giugno 2018, https：//www.money.it/Movimento-5-Stelle-programma-elettorale-elezioni-politiche）。

② Fabio Bordignon and Luigi Ceccarini, "The Five-Star Movement：A Hybrid Actor in the Net of State Institutions", *Journal of Modern Italian Studies*, Vol. 20, No. 4, 2015, pp. 457–458.

③ "卢梭"官网（https：//rousseau.movimento5stelle.it/la_ nostra_ storia.php）。

政治过程的"观众"变成"主角",而五星运动的议员只不过是"人民"意志的"执行者"[1]。而且重要的是,尽管五星运动内部支持者的意识形态立场差异极大,但大家可以通过公开透明的民主协商,投票决出集体的政策立场,从而让最后胜出的决议具备合法性——这是用技术手段解决理念差异的一个尝试。如此,互联网民主也就成为五星运动最有创新性的元素[2],只此一家,别无分店,从而让它获得传统政党和其他民粹政党都没有的比较优势。互联网民主就像一块磁石,把立场不同的选民聚拢在同一个平台,最终成就了五星运动的混合民粹主义。

其实,五星运动也被批判其内部缺乏民主,比如哪些议题可以拿到网上去讨论,这个要由少数人决定。但是,和其他政党相比,五星运动通过互联网提供了"去中介化"的直接民主,为那些生活窘迫的失意选民,为那些对传统政治参与渠道失望的政治冷漠者,为那些被劳动市场排斥在外的年轻人,提供了替代性的政治参与渠道,让他们直接表达对统治阶层的不满,对变革的要求,并能够进行政治参与、影响决策,从而满足了他们的部分需求,这不能不说是民主实践在互联网时代的一个进步。

## 小　结

作为民粹主义"家族"中的一个特例,意大利五星运动代表了一种糅合"左右"立场与选民的"混合"民粹主义。我们从需求和供给的角度分析了这种混合民粹主义产生的原因。我们发现,混合民粹主义的产生是有条件的:一方面,需要有以经济/阶层分

---

[1] Martin Mejstrik, "The Five Star Movement and Its Role in (Post) Crisis Italian Politics", *Paper Presented to the ECPR General Conference*, 2016, p. 10.

[2] Roberto Biorcio, "The Reasons for the Success and Transformations of the 5 Star Movement", *Contemporary Italian Politics*, Vol. 6, No. 1, 2014, p. 50.

野产生的"上下对立",同时,也要有以国族/种族/文化分野产生的"内外对立"。当这两种土壤都很"肥沃"的时候,左翼民粹主义和右翼民粹主义都可能出现。但最终究竟能够形成怎样的民粹主义形式,则取决于政党的供给方式。不是每个政党都能成功利用两种对立,吸引立场各异的选民。只有能够提供左翼和右翼选民都认同的方案,才可能把立场各异的选民集中在自己麾下。五星运动能够回应左翼和右翼选民的需求,投其所好地进行"纲领供给",从而赢得了立场各异的选民。而为了调和内部的分歧,使其保持为一个集体,五星运动强调"超越"意识形态,以"问题"为导向,通过互联网直接民主的供给,使持不同立场的选民可以围绕具体议题进行探讨,以公开、透明、协商的方式来处理立场分歧,通过技术手段来解决政治理念上的差异,从而把左右选民都聚拢在一起。这种解决问题的方式确实巧妙。可以说,五星运动并不是单靠粗俗的民粹主义话语来博眼球的浅薄"网红",而是真正带来了创新性的实践。

五星运动的混合民粹主义,对传统政党非左即右的划分标准提出了挑战。这说明一个在选举中取得成功的政党可能没有意识形态的内在一致性,它的行为也可以不为意识形态的标签所规定,选民需要什么,就供给什么,不分左右,不仅仅是某个"阶级"的代言人。不过,从 2018 年以后五星运动的发展来看,这种看似机会主义的供给策略带来的也许只是短暂的成功。五星运动继 2018 年 6 月与极右翼的联盟党组成联合政府后,2019 年 9 月在联盟党退出后与建制派中左翼的民主党组成联合政府,2021 年 2 月又参加了技术官僚德拉吉领导的联合政府。作为三届联合政府的执政党,五星运动反建制色彩趋于淡化,政党组织建设开始加强。长期担任五星运动领导人的迪马约仍坚持左与右之间的路线,但五星运动在施政中面对具体政策时出现了严重的内部分化，民意支持率不断下跌。① 这种分化最终导致了迪马约的出走和五星运动的分裂。在2022年不得不提前举行的意大利大选中，五星运动的得票率跌到了14.98%，尚不及2018年大选得票率的一半。在这次大选后意大利迎来了由极右翼政党——意大利兄弟党所领导的该国在第二次世界大战后政治光谱最靠右的一届政府，五星运动沦为在野党。五星运动的兴衰，似乎说明"混合"民粹主义所带来的不仅是选举的优势，还有执政的困境。

---

① 田小惠：《多重危机下的意大利五星运动：兴起背景、路径选择及政策转型》，《当代世界与社会主义》2020年第5期。

# 第七章　全球化与美国右翼民粹主义的兴起

作为民粹主义的起源地，美国政治拥有民粹主义的传统，但分为左右两翼。左翼民粹主义现象包括19世纪90年代的人民党运动、20世纪60年代的民权运动、2011年的"占领华尔街"运动等；而右翼民粹主义则可以追溯到19世纪末的排外运动、20世纪30年代天主教教父考福林的反犹运动及20世纪60年代乔治·华莱士的反民权运动，再到1992年罗斯·佩罗及1996年帕特·布坎南的反自由贸易运动和2010年以来的"茶党"运动。① 2016年美国大选迎来了美国民粹主义的新一轮抬头，以桑德斯为代表的左翼民粹主义和以特朗普为代表的右翼民粹主义同时崛起，共同冲击着美国的主流价值与政治体系。② 桑德斯在民主党内初选的落败和特朗普的最终胜选则彰显出右翼民粹主义比左翼民粹主义在美国政治中具有更为强劲的势头。虽然特朗普在2020年大选中未赢得连任，但其获得的选票之多证明了右翼民粹主义在美国仍拥有深厚的基础。

---

① 沈雅梅：《美国民粹主义新动向及其影响》，《和平与发展》2018年第6期。
② 林红：《当代民粹主义的两极化趋势及其制度根源》，《国际政治研究》2017年第1期。

全球化在很大程度上构成了此轮美国右翼民粹主义兴起的经济根源。作为稀缺要素，美国的非熟练/半熟练劳动力在全球化进程中受损，进而反对全球化；作为充裕要素，美国的人力资本从全球化中获益，进而支持全球化。特朗普正是凭借鲜明的反全球化的政策主张，获得了来自非熟练/半熟练劳动力在选举中的积极支持。根据经济地理学的研究，不同类型的生产活动往往会在不同区域内形成集聚。由于不同类型的生产活动所密集使用的生产要素存在差异，集聚将导致生产要素的区域分化。美国的集聚主要存在三种形式，分别是专业化经济区之间的分化、城市中心区与城市外围区的分化和不同规模城市之间的分化。较高水平的产业集聚一般会导致专业化经济区的形成，如传统工业区、高科技产业和高端服务业聚集区。此外，传统制造业也更多地分布于城市外围的郊区、农村或人口规模较小且土地租金较低的小城镇，而高新技术产业和高端服务业则更多地分布于城市中心区或人口规模较大、现代化程度较高的大都市。因为传统制造业主要密集使用非熟练/半熟练劳动力，而高新技术产业和高端服务业主要密集使用拥有较高知识技能的人力资本，所以这两种劳动力要素在区域分布上形成差异，即非熟练/半熟练劳动力主要分布在传统制造业带、城市外围区、小城镇，而人力资本主要分布在高科技产业和高端服务业聚集区、城市中心区、大都市。考虑到劳动力构成各区域选民的大多数，可以基于不同性质的劳动力要素在不同区域中的地理分布得到不同区域选民政策偏好的分化模式。相较竞选对手希拉里和拜登，特朗普在那些由非熟练/半熟练劳动力集聚的传统制造业带、城市外围的农村、小规模城市赢得了更多的选票。

## 一 特朗普右翼民粹主义的兴起及其既有解释

作为民粹主义最为直观地反映，特朗普的竞选策略在于通过塑造一种"纯洁的人民 VS 腐败的精英"的二元对立来迎合民怨并争取支持。他在竞选演讲中多次使用"我们""你们/你""他们"等语汇，意在将自己构建为"美国人民"的代表，而将主流建制派精英塑造为损害美国利益的"他者"。在指责奥巴马和希拉里导致美国国内经济不振和国际安全环境恶化的同时，特朗普大力宣扬自己将奉行"美国优先"（America First）原则、"让美国再度伟大"①。执政后，特朗普所推行的一系列政策措施也带有强烈的以"本土主义"、排外主义和民族主义为标志的右翼民粹主义色彩。与前任建制派推崇的新自由主义路线相反，特朗普将美国如今面临的众多困境都归咎于外国、国际机制、移民等非本土因素，进而实施了众多逆全球化的政策。具体体现为：一是反对自由贸易，包括退出《跨太平洋伙伴关系协定》（TPP）、对主要贸易伙伴施加高额关税、威胁退出世界贸易组织等；二是反对移民，比如，在美墨边境筑墙，颁布法令禁止穆斯林入境，全面驱逐"无证移民"等；三是减少国际义务，包括淡化美国与盟友的联系，退出《巴黎气候协定》、联合国教科文组织等一系列国际制度，终止与世界卫生组织的关系等。

特朗普这样一位反建制反传统的非典型总统，引起了国内外学者广泛的研究兴趣。尽管特朗普在 2020 年大选中连任失败，但其选民基础一直是学界关注的焦点议题。既有文献主要从经济利益、身份政治、个体心理三种视角切入回答特朗普的选民基础是什么及其为什么支持特朗普这两个问题。

首先是经济利益的视角，这是当前学界较为普遍的一种解释。这类观点从经济利益出发，强调"铁锈带"经济就业状况持续恶化的白人工人阶级，构成了特朗普最为重要的选民基础，及其赢得

---

① 《特朗普共和党党代会演讲》，观察者网（https://www.guancha.cn/america/2016_07_22_368499_s.shtml）。

2016年大选胜利的关键。凯蒂·赫尔指出，在2016年大选中，特朗普获得了约三分之二未受过大学教育的白人选民的支持，在他的选民中约60%以上都是工薪阶层和中下阶层的美国白人。[①] 张文宗进一步指出："在美国24个红州和16个蓝州基本保持不变的情况下，是'铁锈带'的集体转向促成特朗普以306张对232张选举人票的优势当选第45任美国总统。"[②] 莫盛凯尤其关注位于"铁锈带"的三个由"蓝"转"红"的州——密歇根、宾夕法尼亚和威斯康星，认为特朗普的胜利正是在美国特殊的选举人团制度下凭借在这三个州的微弱优势造就的。[③] 而"铁锈带"正是白人工人阶级集中分布的地带。刁大明指出，在2016年大选中，共和党增长最多和民主党减少最多的同步变化群体所具有的特征包括"中学教育及以下者""家庭年收入3万美元以下者"和"非婚男性"，这一群体基本上就是"铁锈带"地区（指传统制造业广泛分布的美国大湖区与中西部各州）的蓝领中下层选民。[④] 张毅认为，由于各种因素，"任何共和党人在2016年大选中都拥有相当高的胜算"。因此，"解释特朗普为何当选总统在很大程度上要解释为何特朗普能在共和党初选中胜出"，而特朗普在初选中的胜利离不开美国白人工人阶级的重要支持。[⑤] 斯蒂芬·摩根等人的分析数据也支持了白人工人阶级对特朗普选举胜利至关重要的说法，尤其是在被特朗普翻转的六个"关键摇摆州"，尽管特朗普还支持许多传统的共和党立场，例如去监管、减税、增加国防开支等，但是这仅仅帮他保住共和党原

---

[①] Katy Hull, "Lost and Found: Trump, Biden, and White Working-Class Voters", *Atlantisch Perspectief*, Vol. 44, No. 5, 2020, pp. 11–16.
[②] 张文宗：《美国"铁锈带"及其政治影响》，《美国研究》2018年第6期。
[③] 莫盛凯：《"特朗普冲击"与2016年美国大选：基于民调的回溯性分析》，《国际政治科学》2018年第3期。
[④] 刁大明：《2016年美国大选与选后美国政治走向》，《中国国际战略评论》2017年总第10期。
[⑤] 张毅：《反智的美国》，《国际政治研究》2017年第7期。

有的选民基础，而白人工人阶级的额外支持才是胜利的关键。①

这些白人工人阶级选民之所以转向支持特朗普，正是因为特朗普反全球化及"把工作带回美国"的经济主张迎合了他们的利益诉求。王希指出，随着全球化的加深和美国"去工业化"进程的加快，中西部和南部地区的白人工人群体不仅未能享受到全球化红利，反而遭受了收入和就业的重创，"特朗普将自己说成是这些'被遗忘的'中下层白人的代言人，将中下层白人的痛苦归咎于'建制派'政治精英对美国人的欺骗，将全球化视为对美国利益的出卖和牺牲"，从而导致这些地区的白人蓝领工人从支持希拉里转向特朗普。② 强舸在分析民主党曾经的核心支持者——"铁锈带"蓝领改换门庭的原因时，更加强调民主党对于白人蓝领所遭受的全球化冲击缺乏有效回应。③ 周琪等人持有类似观点，认为特朗普的核心支持者是中下层白人，或者说是白人蓝领阶层，他们在两党选民中都属于被忽视的群体，因此特朗普的出现为他们表达愤怒和改变现状提供了一种选择。④ 莎伦·蒙纳特发现，特朗普在吸毒、酗酒现象普遍和自杀死亡率较高的县获得了较大的支持，尤其是在中西部工业区和新英格兰地区的城镇和农村，这些地区往往工人阶级众多，且在过去几十年里经历了制造业的严重衰退，而特朗普"振兴制造业"的竞选承诺恰恰迎合了这些身处经济困难与绝望中的选民的诉求。⑤ 劳伦斯·布罗兹等利用2016年大选数据进一步

---

① Stephen L. Morgan, Jiwon Lee, "Trump Voters and the White Working Class", *Sociological Science*, Vol. 5, No. 10, 2018, pp. 234 – 245.

② 王希：《特朗普为何当选？——对2016年美国总统大选的历史反思》，《美国研究》2017年第3期。

③ 强舸：《"奥巴马选民"VS"特朗普选民"：关键性选举与美国政党选民联盟重组》，《复旦学报》（社会科学版）2018年第1期。

④ 周琪、付随鑫：《深度解析美国大选中的"特朗普现象"与"桑德斯现象"》，《国际经济评论》2016年第3期。

⑤ Shannon M. Monnat, "Deaths of Despair and Support for Trump in the 2016 Presidential Election", *Pennsylvania State University Department of Agricultural Economics Research Brief*, April 12, 2016.

验证了上述观点，与2012年共和党总统候选人罗姆尼相比，特朗普在传统工业带的得票率明显提升，其民粹主义吸引力在收入增长最弱、人口下降、死亡率上升的县最为强大。①

相较而言，只有少数学者对2020年大选中白人工人阶级选民的影响保持了继续关注。例如，张帆指出，特朗普仍然稳住了白人选民基本盘，在无大学学历白人选民中的支持率与四年前持平，不过在曾为其胜选起到关键作用的摇摆州白人工薪阶层选民中的支持率出现下滑，如密歇根州、威斯康星州等，主要原因在于特朗普执政期间未能从实质上改善这一选民群体的经济困境。② 这仍是基于经济利益视角的一种解释，无论是2016年白人工人阶级对特朗普的关键转向，还是2020年所表现出的有所疏离，都反映出美国蓝领选民对于改善自身经济就业状况的强烈诉求。

其次是身份政治的视角。尽管基于经济利益视角的阶级解释十分流行，但也有相当多的学者认为，单纯的经济因素无法提供充分解释，他们强调种族、性别及宗教信仰等身份政治议题在特朗普吸引选民方面发挥了重要的甚至更大的作用。祁玲玲指出，2016年大选实际上超越了传统的就业、经济议题，其后蕴藏的核心冲突并不是不同受教育程度或不同经济利益、社会阶层的群体之间的对抗，而主要是一场关于"政治正确"与"反政治正确"的观念对抗，或者说是价值观冲突，而这种冲突集中体现在意识形态、种族问题、多元文化几个方面。③ 大卫·诺曼·史密斯等人也认为，选民投票支持特朗普的原因并非源自经济压力，而是由于他们认同特

---

① J. Lawrence Broz, Jeffry Frieden and Stephen Weymouth, "Populism in Place: The Economic Geography of the Globalization Backlash", *International Organization*, Vol. 75, No. 2, 2021, p. 475.
② 张帆：《人口族裔结构与2020年大选》，《国际研究参考》2021年第3期。
③ 祁玲玲：《选举政治的逻辑——美国反政治正确的归因分析》，《世界经济与政治》2017年第10期。

朗普的观念结构，其中就包括了对移民、妇女、穆斯林的偏见。[1]诸多数据分析支持了这种观点。泰勒·雷尼发现，持有种族保守态度和持反移民态度的白人选民更倾向于支持特朗普。[2] 纳齐塔·拉杰瓦迪发现，选民对美国穆斯林的怨恨是预测其支持特朗普行为的一个强有力的因素。[3] 凯特·拉特里夫等人发现，较高程度的性别歧视预示着支持特朗普的更大可能性。[4] 乔安德鲁·怀特海德等人发现，美国基督教民族主义在预测特朗普得票率方面也发挥了重要且独立的影响。[5] 凯伦·布莱尔也发现，特朗普的支持者更有可能是种族主义者和仇视穆斯林、变性人及同性恋的选民。[6] 约瑟夫·贝克等指出，在2020年大选中，基督教民族主义、伊斯兰恐惧症和仇外主义仍然是选民投票支持特朗普的有力预测因素，尤其是仇外主义。[7] 亚历山德拉·菲利达等聚焦于白人种族身份和总统

---

[1] David Norman Smith and Eric Hanley, "The Anger Games: Who Voted for Donald Trump in the 2016 Election, and Why?", *Critical Sociology*, Vol. 44, No. 2, 2018, pp. 195-212.

[2] Tyler T. Reny et al., "Vote Switching in the 2016 Election: How Racial and Immigration Attitudes, Not Economics, Explain Shifts in White Voting", *Public Opinion Quarterly*, Vol. 83, No. 1, 2019, pp. 91-113.

[3] Nazita Lajevardi, Marisa Abrajano, "How Negative Sentiment toward Muslim Americans Predicts Support for Trump in the 2016 Presidential Election", *The Journal of Politics*, Vol. 81, No. 1, 2019, pp. 296-302.

[4] Kate A. Ratliff et al., "Engendering Support: Hostile Sexism Predicts Voting for Donald Trump over Hillary Clinton in the 2016 US Presidential Election", *Group Processes & Intergroup Relations*, Vol. 22, No. 4, 2019, pp. 578-593.

[5] Andrew L. Whitehead et al., "Make America Christian again: Christian Nationalism and Voting for Donald Trump in the 2016 Presidential Election", *Sociology of Religion*, Vol. 79, No. 2, 2018, pp. 147-171.

[6] Karen L. Blair, "A 'Basket of Deplorables'? A New Study Finds That Trump Supporters Are More Likely to Be Islamophobic, Racist, Transphobic and Homophobic", October 10, 2016, https://blogs.lse.ac.uk/usappblog/2016/10/10/a-basket-of-deplorables-a-new-study-finds-that-trump-supporters-are-more-likely-to-be-islamophobic-racist-transphobic-and-homophobic/.

[7] Joseph O. Baker, Samuel L. Perry and Andrew L. Whitehead, "Keep America Christian (and White): Christian Nationalism, Fear of Ethnoracial Outsiders, and Intention to Vote for Donald Trump in the 2020 Presidential Election", *Sociology of Religion*, Vol. 81, No. 3, 2020, pp. 272-293.

选举偏好之间的关系，其研究表明，在 2016 年共和党初选、2016 年大选以及 2020 年大选投票意向调查中，仇外主义对于白人支持特朗普发挥着最为强烈和一致的影响，其次则是种族仇恨和性别歧视。[1]

在对上述观点及现象进行解释时，布伦达·梅杰认为，由于美国非白人人口不断增长，甚至有望在 21 世纪中叶超过白人人口，白人群体的身份地位与影响力正面临着威胁。因此，美国白人对于自己种族群体的认同度越高，对于种族多样性的接纳度就越低，进而就越容易支持特朗普及其反移民主张。[2] 关于基督教福音派何以成为特朗普的核心选民群体，刘卫东认为，虽然特朗普的粗鲁言行和道德表现令不少福音派人士感到尴尬，但福音派更加在意的是特朗普所许下的竞选承诺而非其个人品格，例如反对堕胎和同性恋、打击非法移民等，在 2020 年美国大选中，福音派总体上仍会坚定地支持特朗普连任。[3] 而在解释为什么受过大学教育的白人和未受过大学教育的白人这两个群体在支持特朗普的倾向上存在巨大分化时，布莱恩·夏弗纳等人认为，虽然经济困境可以部分地解释未受过大学教育的白人支持特朗普的原因，但是更重要的因素在于种族主义和性别歧视，受教育程度较低的白人群体更容易对其他种族或女性怀有敌意，因此更倾向于支持持有相似立场的特朗普。[4] 纳森·罗斯威尔等人在分析为什么特朗普的支持者往往生活在远离墨

---

[1] Alexandra Filindraet al., "Race Politics Research and the American Presidency: Thinking about White Group Identities and Vote Choice in the Trump Era and Beyond", January 25, 2020.

[2] Brenda Major et al., "The Threat of Increasing Diversity: Why Many White Americans Support Trump in the 2016 Presidential Election", *Group Processes & Intergroup Relations*, Vol. 21, No. 6, 2018, pp. 931 – 940.

[3] 刘卫东：《基督教福音派与 2020 年美国大选》，《当代世界》2020 年第 9 期。

[4] Brian F. Schaffner et al., "Explaining White Polarization in the 2016 Vote for President: The Sobering Role of Racism and Sexism", *Paper prepared for presentation at the Conference on the U. S. Elections of* 2016: *Domestic and International Aspects*, January 8 – 9, 2017.

西哥边境的白人聚集区和大学毕业生比例较低的地区时，认为这些地区与其他种族、移民及大学毕业生的接触相对有限，因此助长了种族偏见与文化误解的形成。① 露丝·布朗斯坦则强调特朗普宣传策略所发挥的作用。特朗普在大选中将宗教少数派构建成局外人（outsiders）、敌人（enemies）和其他人（others），从而有效地吸引了排斥或恐惧来自伊斯兰国家难民的选民群体。② 刁大明聚焦于身份认同议题，强调族裔认同超越经济阶层维度成为建构政党归属的关键，2016年特朗普通过操作"白人至上"的身份政治议程，因而获得了全美六成以上蓝领白人的支持，而在2020年大选中，未受过大学教育的蓝领白人群体对特朗普的支持呈现出松动态势，这主要是由于特朗普应对新冠疫情不力，而该群体本就在就业和医疗资源方面处于劣势因而在疫情冲击下变得更为脆弱。③

最后是个体心理的视角。少数学者对特朗普当选的分析聚焦于心理学视角，该视角主要关注主观层面而非客观层面，将特朗普对于选民的吸引归结于选民所经历的某种消极的心理状态或情绪情感，而非由经济或社会等因素引发的真实不幸。曾向红和李琳琳提出，美国中下层白人群体在20世纪80年代后的社会变迁中，经历了愈来愈严重的身份焦虑，而特朗普的出现为深受身份焦虑困扰的白人提供了情绪宣泄的机会。④ 戴安娜·穆特扎反对将2016年大选的结果解释为地位较低的经济失利者对于主流政党的反击，认为

---

① Jonathan T. Rothwell, Pablo Diego-Rosell, "Explaining Nationalist Political Views: The Case of Donald Trump", *Social Science Electronic Publishing*, January 2016.
② Ruth Braunstein, "Muslims as Outsiders, Enemies, and Others: The 2016 Presidential Election and the Politics of Religious Exclusion", *American Journal of Cultural Sociology*, Vol. 5, No. 3, 2017, pp. 355–372.
③ 刁大明：《身份政治、党争"部落化"与2020年美国大选》，《外交评论》2020年第6期。
④ 曾向红、李琳琳：《身份焦虑与偏好伪装——2016年美国大选期间民调偏差的社会心理机制研究》，《世界政治研究》2019年第1辑。

特朗普当选的主要因素来自地位较高的主流群体对于自身地位的焦虑，日益发展的国内种族多样性和全球化引发了关于美国白人种族地位和美国全球主导地位的不安全感，这种关于地位的威胁感是特朗普获取支持的主要来源。[1] 克里斯汀·韦利也认为，特朗普的选民不只局限于"未获得学士学位"的"工人阶级"，强调还包括某些比较富裕的保守派和受过良好教育的中产阶级。后者支持特朗普的原因一方面基于特朗普的白人身份政治，另一方面则是由于美国日益扩大的经济不平等所引发的不安全感，这种不安全感不是源于现有的经济困难，而是源于对未来阶级地位下滑的担忧。[2] 理查德·福特等人认为，"低信息选民"（low-information voters）更倾向于投票给特朗普，这类选民缺乏对基本事实的把握，认知和推理能力相对匮乏，因此他们的投票行为主要受到情绪或情感的驱动，特朗普正是通过激发和利用这类选民的恐惧、焦虑、愤怒及仇恨的心理来争取选票。[3] 托马斯·佩蒂格鲁也强调心理作用而非实际处境，认为特朗普的支持者并不总是真的在经济状况或身份地位方面处于困境，但是他们自身所感受到的被剥夺感及威胁感总是较高。[4]

上述文献对于特朗普的选民基础提供了较为多样的解释视角。不可否认，特朗普的胜选事实上是由经济利益、身份政治、个体心理等各种因素交织作用的结果，但我们认为，在 2016 年美国大选

---

[1] Diana C. Mutz, "Status Threat, Not Economic Hardship, Explains the 2016 Presidential Vote", *Proceedings of the National Academy of Sciences of the United States of America*, Vol. 115, No. 19, 2018, pp. 1 - 10.

[2] Christine J. Walley, "Trump's Election and the 'White Working Class': What We Missed", *American Ethnologist*, Vol. 44, No. 2, 2017, pp. 231 - 236.

[3] Richard C. Fording, Sanford F. Schram, "The Cognitive and Emotional Sources of Trump Support: The Case of Low-information Voters", *New Political Science*, Vol. 39, No. 4, 2017, pp. 670 - 686.

[4] Thomas F. Pettigrew, "Social Psychological Perspectives on Trump Supporters", *Journal of Social and Political Psychology*, Vol. 5, No. 1, 2017, pp. 107 - 116.

中，经济因素发挥了最为根本和重要的作用。正如皮尤研究中心于2016年9月开展的一项调查所显示的，经济仍然是选民心中最为关心的问题。① 就经济角度的解释而言，尽管许多研究已经揭示了特朗普反全球化的主张和美国蓝领中下层选民之间的关键联系，但多数文献仍然停留在描述性分析的层面，鲜少能从理论上就中下层白人为何反对全球化这一重要问题予以说明。此外，在美国的选举制度下，特朗普的支持者依据选区划分在大选中投票，选民的地理分布可以为解读其政治行为提供重要的依据。② 但是既有的文献大多关注选民的个体特征，如性别、年龄、种族、学历、信仰和收入等因素如何影响投票行为，而很少遵从选举地理的路径分析特朗普的选民基础。而且，关于特朗普的选民基础，既有文献大多聚焦于特朗普在2016年大选中的令人瞩目的胜果，对2020年大选的关注则较为有限。在疫情冲击和经济下行的大背景下，虽然特朗普未能在2020年成功连任，但其核心支持者以及其后的逻辑相较于2016年并未发生根本变化。我们旨在弥补上述不足，从选举地理的视角分析全球化如何塑造特朗普的选民基础，并利用两次大选数据对理论假说进行验证。

## 二 美国的经济地理变迁与要素所有者的区域分化

经济地理特征描述了各种产业类型在不同区域的分布概况。伴随着产业结构的变化，美国的经济地理特征自19世纪末以来经历了重大变迁。不同要素所有者随着不同类型产业在各区域间的集聚

---

① "The State of American Jobs", *Pew Research Center*, October 6, 2016, https://www.pewsocialtrends.org/2016/10/06/the-state-of-american-jobs/.
② 刘玄宇等:《美国选区划分的研究进展》，《世界地理研究》2020年第2期。

而聚集，最终形成了专业化经济区之间、城市中心区与外围区之间和不同规模都市区之间三种区域分化形式。

### （一）专业化经济区之间的分化

美国在立国之初还是一个落后的农业国。随着两次工业革命的发生，美国工业产值在国民生产总值中所占比例在1884年首次超过农业，但美国工业的早期发展在地区布局方面并不均衡。美国制造业的发源地可以追溯到19世纪初期东北部的新英格兰和中大西洋地区，当时这些地区的造船业、木制品业和肉类加工业等已经初具规模。19世纪中后期，美国北部制造业的发展出现局部扩散，部分制造业从东北部的新英格兰和中大西洋地区逐步向中西部的五大湖地区转移，到20世纪初基本形成了以新英格兰、中大西洋和中西部为代表的北方制造业带。[①] 而在美国全国范围内，在南北战争爆发前，北部的工业革命基本完成，并集中了全国90%以上的工业，如纺织业、钢铁业、机械制造业；而此时南部和西部仍以农业经济为主，工业基础十分薄弱。到19世纪下半叶，当美国北部开始进行第二次工业革命时，工业革命才逐步向南部和西部扩展。[②]

第二次世界大战之后，美国工业总体来说增长强劲，但逐渐呈现出新的区域分化特征，北部制造业带的传统工业生产逐步走向停滞或产量下降，而南部和西部则由于新兴工业部门的迅速发展，跃升为美国新的重要工业区。20世纪50年代中后期至70年代初是美国工业在整体上迅速发展的时期，但分布于东北部和五大湖地区的钢铁工业和机械工业发展势头却趋缓，例如，美国的钢产量在

---

[①] 柳天恩等：《美国制造业集聚与扩散的时空特征》，《改革与战略》2017年第1期。

[②] 韩毅、张琢石：《历史嬗变的轨迹：美国工业现代化的轨迹》，辽宁教育出版社1992年版，第80—101页。

1955年以后一直徘徊在一亿吨左右的水平而无较大增长。[1] 60年代中期至70年代初，集中分布于五大湖区各州的汽车工业也出现了停滞。1966年至1971年，美国每年的汽车产量都低于1965年的1105.7万辆的水平，尤其是在1967年和1970年产量两次下降至900万辆以下。[2] 与之相对，美国化学工业的产值在60年代增长了一倍，其生产中心也开始从大西洋沿岸中部向南转移，南部的得克萨斯州和路易斯安那州的墨西哥湾沿岸日益成为新的化学工业区。[3] 此外，西部太平洋沿岸地区的电子工业迅速崛起。1950年至1970年，美国电子工业产值增加了八倍多，电子计算机的生产规模、技术水平和应用程序都处于世界领先水平。[4]

在结束了长达十年的经济"滞胀"后，20世纪80年代以来，美国加速发展高科技产业和高端服务业，这进一步深化了不同区域之间的产业分化格局，最终形成了以五大湖地区"铁锈带"和东西海岸高新技术和高端服务聚集区为代表的不同经济区。一方面，传统制造业在美国经济中的地位日益下降，分布于五大湖地区的纺织、钢铁、玻璃、汽车工业等纷纷沦为"夕阳产业"，在技术进步和国际竞争等因素的推动下走向了长期衰退，陷入工厂倒闭、机器生锈的境地。尽管奥巴马政府曾推出"再工业化"的措施，但仍很难改变该地区的总体颓势。另一方面，高科技产业和高端服务业成为美国的新兴经济基础。美国西海岸加利福尼亚州北部的硅谷作为世界著名的高科技产业区，最早以研究与生产半导体芯片及其先进的计算机与电子工业而闻名，这里集聚了苹果、惠普、英特尔、谷歌和脸书等众多科技创新企业的总部，如今该地区在微电子技

---

[1] 韩毅、张琢石：《历史嬗变的轨迹：美国工业现代化的轨迹》，辽宁教育出版社1992年版，第289页。
[2] 韩毅、张琢石：《历史嬗变的轨迹：美国工业现代化的轨迹》，第292页。
[3] 韩毅、张琢石：《历史嬗变的轨迹：美国工业现代化的轨迹》，第294—295页。
[4] 韩毅、张琢石：《历史嬗变的轨迹：美国工业现代化的轨迹》，第298页。

术、通信技术、人工智能、新能源技术以及生物技术等众多科技领域都形成了产业集聚。此外,美国东北部的新英格兰和大西洋中部地区也进行了深刻的产业结构变革,生产性服务业迅速发展并取代传统制造业成为该地区的主导产业,金融保险、管理咨询、教育和医疗等高端服务业在此聚集。①

**(二) 城市中心区与城市外围区的分化**

19世纪末20世纪初,美国的工业生产活动主要集中在中心城市。两类工业生产活动几乎主导了当时的城市经济。一类是大规模原料密集型制造业活动,基于交通便利性的考量,这类活动往往靠近铁路和水运设施分布,典型代表是匹兹堡的钢铁生产、芝加哥的屠宰和肉类包装、新奥尔良的制糖和明尼阿波利斯的面粉加工;另一类是小规模劳动密集型制造业活动,如服装、印刷、皮革、珠宝、钟表、家具和专业金属加工。②

然而,在美国现代工业发展之初,甚至早在19世纪中叶,工业布局就显现出从城市中心向郊区和农村等外围地区缓慢分散的趋势,在第二次世界大战结束之后,这一扩散进程开始显著加速。随着工厂从城市中心地区向城市外围迁移,中心地区制造业就业逐步下降,郊区和农村地区制造业就业随之增加。例如,1958年至1967年,中心城区制造业就业年增长率只有0.7%,而郊区则高达3.1%。1947年至1972年,在人口规模在百万人以上的大都市区内,中心城市的制造业工作岗位减少了88万个,而这些城市郊区带的制造业工作岗位却增加了250万个。③ 1967年至1972年,农

---

① 韩宇:《战后美国东北部服务业发展研究》,《美国研究》2006年第3期。
② Allen J. Scott, "Production System Dynamics and Metropolitan Development", *Annals of the Association of American Geographers*, Vol. 72, No. 2, 2005, p. 187.
③ 孙群郎:《美国现代城市的郊区化及其特点》,《社会科学战线》2002年第6期。

村地区和非都市区也以11.3%的增长率成为重要工业的迁移地。①20世纪80年代,当进口竞争迫使国内制造商降低成本时,制造业进一步向工资、财产税和土地价格普遍较低的农村地区转移,并且这种趋势一直延续到21世纪初。

伴随着制造业从城市向郊区、再向农村的不断迁移,农村及远郊日益成为美国传统制造业的大本营。与通常和农村相关的农业与矿业等部门相比,制造业在农村地区提供了更多的就业机会和更高的收入。到2000年,只有5%的非都市区劳动力受雇于农业。②2015年,美国农村的制造业岗位总数为250万个,而农业岗位为140万个、采矿岗位(包括石油和天然气开采)为50万个。2015年,农村收入包括1.581亿美元的制造业收入、4540万美元的农业收入和3730万美元的采矿业收入。随着美国经济去工业化的总体趋势,2001年至2015年,农村制造业就业也有所下降,但相对而言,制造业对农村经济的重要性仍然大于对城市经济的重要性。尽管美国制造业就业的总体份额不断下降,但2015年制造业就业仍占农村私人非农就业的14%,而城市仅为7%;2015年制造业收入占农村私人非农业收入的21%,城市仅为11%。③ 就制造业类型而言,转移到农村地区的制造业主要是木材制品、食品、塑料、橡胶、家具、纺织品、机械制造等传统工业部门,大部分资本和技术密集型部门仍然被保留在城市,例如,2015年,计算机和电子产品制造所创造的就业占城市总制造业就业的10%以上,但

---

① Allen J. Scott, "Production System Dynamics and Metropolitan Development", *Annals of the Association of American Geographers*, Vol. 72, No. 2, 2005, p. 190 – 191.

② Done E. Albrecht, Carol Mulford Albrecht, "Economic Restructuring and Education in the Nonmetropolitan United States", *Journal of Rural Social Sciences*, Vol. 25, No. 1, 2010, pp. 62 – 63.

③ "Rural Manufacturing Survival and Its Role in the Rural Economy", *USDA Economic Research Service*, October 25, 2017, https://www.ers.usda.gov/amber-waves/2017/october/rural-manufacturing-survival-and-its-role-in-the-rural-economy/.

只占农村制造业就业的约 2%。[1]

中心城市在制造业外迁的过程中,完成了从生产中心向信息与服务中心的转变,成为金融、保险、法律、行政和商业服务活动的集聚区。城市地区办公室面积的持续增加凸显了城市在国民经济中所具备的管理与决策职能。1960 年至 1970 年,纽约、洛杉矶和芝加哥中心商业区的办公面积平均增长了约 38.8%。[2] 随着美国去工业化进程的发展,美国大部分制造业已经转移到大都市区外围乃至海外,但是在美国大都市区内尤其是中心区内,仍然保留了一定数量的制造业企业,这些制造业往往与高级服务业或时尚消费品生产密切相关,如印刷制品、通信设备、珠宝首饰等,这些产业要么需要与城市商业客户保持经常的联系与接触,要么需要紧跟飞速的技术进步或多变的市场潮流。[3] 美国中心城区作为高端服务业、信息产业和文化产业的大本营,吸引了众多高科技公司、艺术工作者和其他创新人才聚集于此。[4] 例如,纽约市中心区曼哈顿不仅拥有世界金融中心华尔街,集中了美林证券、高盛、摩根士丹利、纽约证券交易所等著名金融机构和上百家大公司的总部,而且是美国现代歌舞剧中心百老汇和大都会博物馆、古根海姆博物馆、纽约现代艺术博物馆等世界著名艺术场馆的所在地。除了曼哈顿以外,波士顿市的中心区也是东海岸重要的商业中心,这里除了是美国银行、普华永道和富达投资等大型金融与商业公司的所在地,还是美国高等教育中心和生命科学与生物制药产业集群地。

---

[1] "Rural Manufacturing at a Glace, 2017 Edition", *USDA Economic Research Service*, August 2017, p. 4.

[2] Allen J. Scott, "Production System Dynamics and Metropolitan Development", *Annals of the Association of American Geographers*, Vol. 72, No. 2, 2005, p. 195.

[3] 王磊、付建荣:《美国都市工业的空间分布及其对中国城市发展的启示》,《经济地理》2014 年第 8 期。

[4] 王玉平:《美国城市经济地理空间变迁研究》,《求索》2014 年第 4 期。

## （三）不同规模城市之间的分化

美国城市的发展主要体现为大都市区的形成和发展。美国的大都市区在20世纪初形成，其生态组织结构一般包括一个具有一定规模的中心城市（人口至少5万人以上）以及与该中心地区有着较高的经济与社会整合程度的周边郊区。尽管大都市区的经济相对于非都市区的农村经济而言，更多地依赖生产性服务业与高科技产业，但是在大都市区内部层级中，不同规模的大都市区在产业结构和劳动力类型方面仍然存在差异。

相对而言，大型城市主要以创新型和定制型的经济活动为主，如微电子、软件、生物技术、商业服务、金融、艺术、时尚等；而在小型城市更普遍的仍是标准化和常规化的制造业工作，如建筑、维修、运输等。[1] 科技含量较高的制造业也更倾向于集聚在规模较大的大都市区内。2010年，美国95%的尖端高科技制造业就业位于大都市区，其中79.5%集中在100个大的大都市区内。[2] 尖端高科技制造业主要包括计算机和电子产品制造、医药制造、航空航天产品和零部件制造。其中，计算机与电子产业最发达的地区莫过于西海岸硅谷所在的圣何塞—桑尼维尔—圣克拉拉都市区，生物医药产业则集中分布于东北部的波士顿—剑桥—牛顿都市区，而航空航天产业集聚区主要位于华盛顿州的西雅图—塔科马—贝尔维尤都市区。这类产业之所以选择集聚于大都市区尤其是大型大都市区，是因为在这些区位能够更容易地接触到科学家和工程师、供应商、客户，便于与同行公司进行便捷的信息分享，以及享受高质量的商业支持和工程服务等，而这些区位优势对于以研发新产品与新技术为

---

[1] Allen J. Scott, "Production and Work in the American Metropolis: A Macroscopic Approach", *The Annals of Regional Science*, Vol. 42, No. 4, 2008, pp. 788 – 790.

[2] Susan Helper et al., "Locating American Manufacturing: Trends in the Geography of Production", *Brookings*, April 2012, p. 10.

导向的高科技制造业企业而言尤其重要。①

与产业结构在不同规模城市间的分化相对应,美国不同层级城市所具备的劳动力类型也存在高低分化。研究表明,与认知能力(数学推理、思维逻辑、说服力等)相关的人力资本指数显示出与城市规模显著的正相关关系,而与体力相关的劳动力指数与城市规模有着强烈的负相关关系。② 这说明,高级认知工作往往集中在顶端的大城市,而普通体力工作往往集中在底端的小城市。所谓高级认知工作,往往对劳动者的文化知识水平有较高的要求,所需要的劳动力类型即人力资本/人才,一般受过高等教育,主要包括技术人员、管理人才、政府公务人员等;而从事普通体力工作的即非熟练/半熟练劳动力,则主要依赖于劳动者的力量耐力、手工技巧和机械技能,包括手艺工匠、工厂工人等。与产业集聚类似,人力资本分布也具备地理集聚特征,人才集聚与高技术产业的地理位置密切相关,人才对于高技术产业的创新与竞争至关重要,二者所集聚的地区往往也是经济收入较高的地区。③ 例如,美国第十大城市、加利福尼亚州第三大城市圣何塞位于硅谷的核心地带,市内及周边分布着众多的高等学府和科技公司,因而也成为工程学、计算机科学和商学毕业生的聚集地。据调查,2016 年,圣何塞所在的大都市区吸引了 67 亿美元的针对科技初创企业的风险投资,投资规模在所有大都市区中排名第三。与之相对应的是,该都市区知识型人才的比例和技术型人才的比例分别大约为 36% 和 27.5%,均名列

---

① Susan Helper et al., "Locating American Manufacturing: Trends in the Geography of Production", *Brookings*, April 2012, p. 12.
② Allen J. Scott, "Human Capital Resources and Requirements across the Metropolitan Hierarchy of the USA", *Journal of Economic Geography*, Vol. 9, No. 2, 2009, p. 215.
③ Richard Florida, "The Economic Geography of Talent", *Annals of the Association of American Geographers*, Vol. 92, No. 4, 2002, pp. 743–755.

全美第一。①

## 三　美国参与全球化的要素禀赋与政策偏好的区域分化

　　第二次世界大战后，美国一跃成为世界经济霸权国，在众多科学技术领域独占鳌头，这与其较高的教育水平及人才优势密切相关。根据世界经济论坛发布的《2017年全球人力资本报告》，美国的全球人力资本指数为74.84，在测算的130个国家中排名第四。② 由此可见，美国是一个人力资本要素相对充裕的国家。由于要素划分的相对性，一个劳动力无法同时被定义为人力资本要素所有者和非熟练与半熟练劳动力。与美国充裕的人力资本要素相比，作为生产要素的非熟练/半熟练劳动力则处于相对稀缺的状态。由于非熟练/半熟练劳动力一般未接受过高中以上的教育，因此可以用低学历劳动力在总劳动力人口中的占比来衡量非熟练/半熟练劳动力的相对稀缺程度。根据美国劳工部劳工统计局发布的数据，2016年，美国劳动力人口（25岁及以上）中拥有高中文凭以及高中未毕业的人口占比仅为33.6%，余下大约66.4%的劳动力人口至少都接受过某种大学教育（包括接受过大学教育但未获得学位和获得副学士、学士及以上学位的几种情况）。③ 由此可见，属受教育程度

---

　　① 知识型人才主要包括管理、计算机和数学、建筑和工程、生命、物理和社会科学、健康、教育等领域的工作者，而技术型人才属于前者的一个子集，主要侧重于计算、软件、电信、数据处理、制药和医疗设备等技术领域（参见 Richard Florida, "Where's the Real 'Next Silicon Valley'?", *Bloomberg City Lab*, June 20, 2017, https：//www.bloomberg.com/news/articles/2017-06-20/where-america-s-high-tech-cities-are-and-will-be）。

　　② "The Global Human Capital Report 2017", *World Economic Forum*, 13 September, 2017, p. 8.

　　③ 在美国劳工部劳工统计局所提供数据（Employment status by educational attainment, Current Population Survey）的基础上计算得来（参见 https：//www.bls.gov/cps/cpsdbtabs.htm）。

较低的非熟练/半熟练劳动力在美国劳动力市场中是属于相对少数。这样，美国两种劳动力要素的相对禀赋为人力资本相对充裕、非熟练/半熟练劳动力相对稀缺。

基于这种要素禀赋，根据赫克歇尔—俄林模型，美国所出口的商品或服务应当包含密集程度较高的人力资本要素，而进口商品或服务则包含密集程度较高的非熟练/半熟练劳动力。根据美国经济分析局公布的2016年美国商品和服务进出口统计数据（如表7-1和表7-2所示），美国在参与国际贸易时主要以进口商品和出口服务为特征，由于服务行业相较于生产行业一般需要更多的人力资本或更少的非熟练/半熟练劳动力，因此仅从美国总的贸易结构来看即符合理论推测。具体而言，美国虽然在大多数商品贸易领域都存在较大的逆差，尤其是在汽车及其零部件和发动机、服装和鞋类、厨具及其他家庭用品三类传统制造业领域。但是在民用飞机及其发动机和零部件、化学材料、科学仪器和医院医疗器械等领域仍以出口为主；在服务贸易领域，美国仅在运输服务、保险服务和计算机服务等少数领域存在逆差，而在其余服务类别中均以出口为主，尤其是在知识产权服务、金融服务、个人旅行服务（包括健康、教育及其他）、专业和管理咨询服务等技术和知识密集型领域存在较大顺差。由此，美国在不同商品和服务类别中的进出口情况基本符合其要素禀赋特征。在此基础上，可以进一步根据斯托尔珀—萨缪尔森定理推导出美国不同劳动力要素所有者在全球化中的受益与受损效应，即人力资本要素所有者受益，而非熟练/半熟练劳动力受损。

表7-1　　　　2016年美国不同商品的进出口额统计　　　　（百万美元）

| 商品类别 | 出口额 | 进口额 | 净出口额 |
| --- | --- | --- | --- |
| 食品、饲料和饮料 | 130515 | 131010 | -495 |
| 工业原材料（源自农业生产类） | 16996 | 11171 | 5825 |

续表

| 商品类别 | 出口额 | 进口额 | 净出口额 |
|---|---|---|---|
| 原油 | 9343 | 103960 | -94617 |
| 燃油 | 33537 | 18007 | 15530 |
| 其他石油制品 | 47020 | 35466 | 11554 |
| 液化石油气 | 9332 | 2165 | 7167 |
| 煤炭及相关产品 | 7729 | 3110 | 4619 |
| 天然气 | 4611 | 7229 | -2618 |
| 核燃料和电能 | 1162 | 6160 | -4998 |
| 纸和造纸原料 | 20824 | 11678 | 9146 |
| 纺织用品及相关材料 | 13436 | 13984 | -548 |
| 化学材料（药物除外） | 103807 | 69907 | 33900 |
| 建筑材料（金属除外） | 13851 | 32379 | -18528 |
| 炼钢材料 | 4948 | 4880 | 68 |
| 钢铁产品 | 14473 | 33751 | -19278 |
| 有色金属 | 27967 | 32414 | -4447 |
| 发电机械、电气设备和零件 | 53630 | 70498 | -16868 |
| 石油钻探、采矿和建筑机械 | 16999 | 14689 | 2310 |
| 工业发动机、泵和压缩机 | 26036 | 22475 | 3561 |
| 机床和金属加工机械 | 6530 | 10904 | -4374 |
| 测量、测试和控制仪器 | 23071 | 20116 | 2955 |
| 计算机 | 14756 | 60878 | -46122 |
| 计算机配件、外设和零件 | 30302 | 53704 | -23402 |
| 半导体 | 44165 | 51779 | -7614 |
| 电信设备 | 41167 | 72008 | -30841 |
| 科学仪器和医院医疗器械 | 45809 | 43417 | 2392 |
| 民用飞机及其发动机和零部件 | 120934 | 49997 | 70937 |
| 汽车及其零部件和发动机 | 150398 | 350847 | -200449 |
| 服装、鞋类和家庭用品 | 10307 | 135922 | -125615 |
| 牙科和医药产品 | 53143 | 111725 | -58582 |

续表

| 商品类别 | 出口额 | 进口额 | 净出口额 |
|---|---|---|---|
| 化妆品 | 12133 | 10907 | 1226 |
| 电视、视频接收器和其他视频设备 | 4832 | 24071 | -19239 |
| 收音机和音响设备 | 3870 | 9494 | -5624 |
| 玩具和体育用品 | 9172 | 36774 | -27602 |
| 厨房用具及其他家庭用品 | 38364 | 172574 | -134210 |
| 珠宝首饰和收藏品 | 44362 | 54398 | -10036 |
| 其他 | 227020 | 294592 | -67572 |
| 总计 | 1436551 | 2189041 | -752490 |

资料来源：美国经济分析局"国际交易、国际服务、国际投资头寸表"（International Transactions, International Services, and International Investment Position Tables）系列数据中的美国国际货物贸易数据（Table 2.1. U.S. International Trade in Goods）。

表7-2　　2016年美国不同服务业进出口额统计　　（百万美元）

| 服务类别 | 出口额 | 进口额 | 净出口额 |
|---|---|---|---|
| 维护和修理服务 | 25132 | 8764 | 16368 |
| 运输服务 | 84749 | 96982 | -12233 |
| 商务旅行服务 | 40794 | 16048 | 24746 |
| 个人旅行服务（包括健康、教育及其他） | 165855 | 107502 | 58353 |
| 保险服务 | 16819 | 50144 | -33325 |
| 金融服务 | 99074 | 25710 | 73364 |
| 知识产权服务 | 124387 | 46987 | 77400 |
| 电信服务 | 11781 | 5535 | 6246 |
| 计算机服务 | 19304 | 29551 | -10247 |
| 信息服务 | 7160 | 2332 | 4828 |
| 研发服务 | 38300 | 34083 | 4217 |

续表

| 服务类别 | 出口额 | 进口额 | 净出口额 |
|---|---|---|---|
| 专业和管理咨询服务 | 74524 | 41901 | 32623 |
| 技术服务、与贸易有关的服务和其他商业服务 | 31790 | 24586 | 7204 |
| 其他 | 18777 | 21503 | -2726 |
| 总计 | 758446 | 511628 | 246818 |

资料来源：美国经济分析局"国际交易、国际服务、国际投资头寸表"系列数据中的美国服务贸易数据（Table 2.1. U.S. Trade in Services, by Type of Service）。

20世纪70年代以来，美国产业兴衰的变化验证了全球化在国内不同要素所有者间产生的利益分配效应。一方面，美国制造业特别是传统制造业在全球化进程中走向衰退，大批工厂工人陷入收入困境与失业危机中。随着全球化的深化以及技术进步，美国大量依赖低技能劳动力的制造业岗位转移至海外成本更低的地区，国内工厂也由于难以与价格低廉的进口产品进行竞争而濒临倒闭，从而加剧了美国国内工资和就业的压力。从生产总值来看，美国制造业增加值占GDP的比重自1953年达到28%的峰值以来开始下降，并从2001年的14%下降到2015年的12%。[1] 从就业岗位来看，美国制造业的工作岗位数从1979年的1940万个的峰值下降至2010年的1150万个，降幅高达40.7%，且2010年制造业的岗位数仅占所有岗位数的8.5%。[2] 美国工人的实际工资于1973—2017年仅增长12.4%，也远远落后于同期生产率77%的增长。[3]

另一方面，美国在高端服务业和先进制造业领域占据全球优

---

[1] "Rural Manufacturing at a Glace, 2017 Edition", *USDA Economic Research Service*, August 2017, p.1.

[2] Susan Helper et al., "Locating American Manufacturing: Trends in the Geography of Production", *Brookings*, April 2012, p.3.

[3] 沈建光：《二战后美国制造业的变迁与衰落》，新浪财经，2019年9月29日，http://finance.sina.com.cn/roll/2019-09-29/doc-iicezueu9093931.shtml。

势，金融界人士、企业高管、科学家、工程师等在新自由主义全球化浪潮中变得愈发富有。尽管美国传统制造业陷入长期衰退中，但是由高科技所驱动的高端服务业和先进制造业在美国经济与就业中的地位始终保持强势。① 1996—2016年，美国高科技产业的经济产出占总产出的比例始终维持在18%左右，在总就业中的份额也始终保持在9.2%—10.1%区间。即使是在金融危机后美国经济总体衰退的时期，高科技产业的表现也依然保持稳定，其产出份额甚至有所增长。从2007年到2010年，美国高科技产业的产出份额从17.8%增至18.7%，并在此后的六年间一直保持在18.1%以上，就业份额也从2007年的9.3%增至2010年的9.8%。在此期间，尽管高科技产业的就业岗位数略微下降，但是很快就在2011年得以恢复，而非高科技行业直到2014年才超过衰退前的就业水平。不仅如此，高科技产业从业者的工资水平也普遍高于非高科技产业的工资水平。例如，2016年，高科技产业中从事管理职位者年工资的中位数为131410美元，而非高科技产业中从事该职位者年工资的中位数仅为92220美元。②

由于美国产业分布具备地理集聚特征，而不同产业对应不同类型的劳动力要素，因此全球化对不同要素所有者的影响，可进而表现为不同区域选民之间在政策偏好上的分化。

---

① 美国劳工统计局将高科技产业（high-tech industries）定义为密集使用科学、技术、工程和数学专业人才（Science, Technology, Engineering and Mathematics, STEM）的产业，既包括软件开发、数据处理、管理咨询、计算机系统设计等高端服务业，也包括半导体及电子元件、航空航天产品及零件、通信设备制造等先进制造业（参见 Michael Wolf, Dalton Terrell, "The High-tech Industry, What is It and Why It Matters to Our Economic Future", *Beyond the Numbers: Employment & Unemployment*, Vol. 5, No. 8, May 2016, https://www.bls.gov/opub/btn/volume-5/the-high-tech-industry-what-is-it-and-why-it-matters-to-our-economic-future.htm。

② Brian Roberts, Michael Wolf, "High-tech Industries: An Analysis of Employment, Wages, and Output", *Beyond the Numbers: Employment & Unemployment*, Vol. 7, No. 7, 2018, https://www.bls.gov/opub/btn/volume-7/high-tech-industries-an-analysis-of-employment-wages-and-output.htm。

首先，就专业经济区的分化而言，中西部五大湖区域的制造业带经历了严重的就业萎缩与人口外流，从美国曾经最重要的工业区沦为如今的"铁锈带"。从地理划分来看，中西部地区主要包括伊利诺伊、印第安纳、艾奥瓦、密歇根、密苏里、明尼苏达、俄亥俄、威斯康星、肯塔基和西弗吉尼亚十个州（见图7-1）。[①] 2000—2018年，这十个州提供的就业比重从23.42%降至20.72%，与此同时，该地区的人口占全美总人口的比重也从2000年的22.87%下降至20.82%。其中，俄亥俄州、密歇根州和伊利诺伊州的经济衰退十分严重，这三个州在此十年间的就业比重分别下降了0.57%、0.55%和0.49%，人口比重分别下降了0.45%、0.47%和0.51%。[②] 然而，分别位于东西海岸的华尔街和硅谷则成为美国经济领跑全球的新引擎，依靠发达的金融产业和先进的科技革新，不仅吸引了大量受过高等教育的人才，也创造了美国接近一半的财富。金融业发达的东北部地区主要包括康涅狄格州、特拉华州、缅因州、马里兰州、马萨诸塞州、新罕布什尔州、新泽西州、纽约州、宾夕法尼亚州、罗得岛州和佛蒙特州。以华尔街所在的纽约州为例，2000—2018年，该州吸纳的就业人数比重从6.3%增至6.32%；而太平洋沿岸地区，包括华盛顿州、俄勒冈州和加利福尼亚州，2000—2018年这三州的就业比重分别增加了0.14%、0.02%和0.44%。[③] 此外，美国东北部和太平洋沿岸地区虽然所涵盖的地理范围仅限14个州，但却在2018年为美国的GDP贡献了

---

① 美国地区划分参见 Seth C. Mckee and Jeremy M. Teigen, "Probing the Reds and Blues: Sectionalism and Voter Location in the 2000 and 2004 U. S. Presidential Elections", *Political Geography*, Vol. 28, No. 8, 2009, p. 487.

② 根据美国经济分析局发布的"地区数据"（Regional Data, GDP and Personal Income）系列数据中的个人收入与就业数据 [Personal Income and Employment by Major Component (SAINC4), by State] 计算得出（参见 https: //apps. bea. gov/itable/iTable. cfm? ReqID = 70&step = 1）。

③ 根据美国经济分析局发布的"地区数据"系列数据中的个人收入与就业数据计算得出。

高达40.52%的份额。①

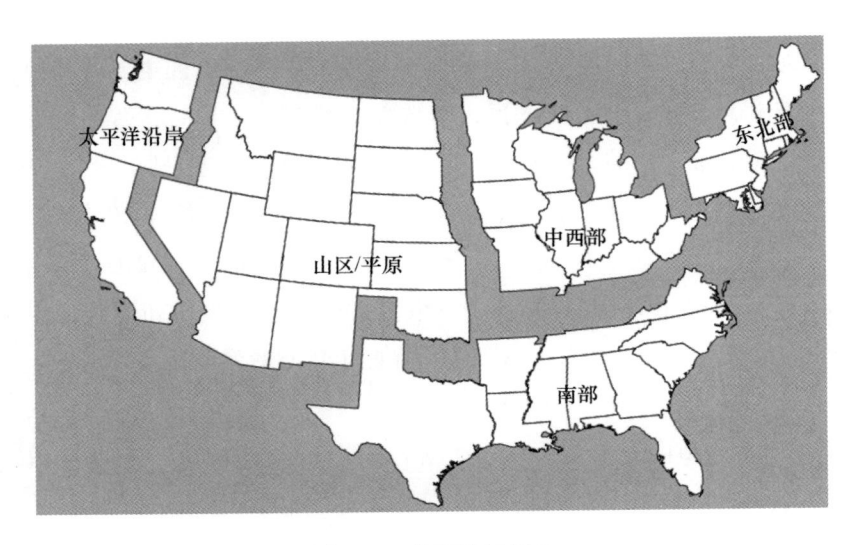

**图7-1 美国地区划分**

资料来源：Seth C. Mckee, and Jeremy M. Teigen, "Probing the Reds and Blues: Sectionalism and Voter Location in the 2000 and 2004 U. S. Presidential Elections", *Political Geography*, Vol. 28, No. 8, 2009, p. 487.

其次，城市中心区与城市外围区尤其是农村地区之间在贫困率、失业率、工资水平方面也存在明显差距。自20世纪60年代贫困率被官方统计以来，非都市区和农村地区的贫困率一直高于大都市区。2017年，大都市区贫困率为12.9%，而农村贫困率达到16.4%。② 而且，在2016年，35%的城市居民和31%的郊区居民拥有学士学位或更高学历，农村地区只有19%的高学历人口，而高人力资本水平往往与高工资相对应。所以从人均收入来看，也是

---

① 根据美国经济分析局"地区数据"系列数据中的国内生产总值数据［Gross Domestic Product (GDP) summary (SAGDP1), annual by state］计算得来。
② 数据来自美国农业部网站。参见 United States Department of Agriculture, Economic Research Service, https://www.ers.usda.gov/data-products/ag-and-food-statistics-charting-the-essentials/rural-economy/。

城市地区最高、农村地区最低。① 一项由5006名成年人参与的抽样调查显示，2016年，生活在美国农村的白人中有69%的人声称难以在所居住的社区内找到工作，而生活在郊区和城市的白人中认同该项的比例分别为54%和45%。有65%的人认为，日益增多的移民正在抢走工作机会（郊区和城市的比例分别为52%和48%）；33%的人对后代的财务状况持悲观态度（郊区和城市的比例分别为28%和23%）。② 这主要是由于随着全球化的加深，受教育程度普遍不高的农村选民比城市和郊区选民更容易遭遇经济困境。

最后，较大规模的大都市区在美国经济与就业中占据着更显著的地位，相应地也拥有更高的收入水平。根据美国经济分析局发布的数据，2016年，美国规模较大的前十大都市区实际的GDP平均为5693.5亿美元，其中美国第一大都市区纽约—纽瓦克—泽西城以约14800.3亿美元大幅领先；而规模较小的十个都市区在2016年实际的GDP平均只有38.6亿美元，仅为前十大都市区平均水平的0.6%。③ 在提供就业方面，2016年，前十大大都市区平均提供的就业岗位为5492287个，而排在末尾的十个都市区在该年平均只提供了45857个就业岗位。④ 此外，那些收入水平较高的大都市区往往也属于人口规模较大的类型。据统计，在美国的382个都市统计区中，2016年，家庭收入中位数较高的前十大都市区中有八个

---

① "Demographic and Economic Trends in Urban, Suburban and Rural Communities", *Pew Research Center*, May 22, 2018, https://www.pewsocialtrends.org/2018/05/22/demographic-and-economic-trends-in-urban-suburban-and-rural-communities/.
② "The State of American Jobs", *Pew Research Center*, October 6, 2016, https://www.pewsocialtrends.org/2016/10/06/the-state-of-american-jobs/.
③ 根据美国经济分析局"地区数据"系列数据中的国内生产总值数据计算得出。
④ 根据美国经济分析局"地区数据"系列数据中的个人收入与就业数据计算得出。

在人口规模排名中位列前100名,并且有五个都市区位列前50名。家庭收入中位数较低的十个都市区在都市规模排名中也普遍落后,其中有九个排在第100名之后、七个排在200名之后。①

因此,由非熟练/半熟练劳动力所集聚的地区(制造业带、城市外围区、小型城市)在全球化中受到严重冲击,往往面临着较高的失业率、贫困率或较低的工资水平;而那些由人力资本要素所集聚的地区(东西海岸、城市中心区、大型城市)的情况相对较好,是全球化中的获利者。由于特朗普秉持反全球化的政策主张,向选民承诺重新谈判贸易协议和把制造业就业带回美国,因此可以推测特朗普在非熟练/半熟练劳动力聚集地区将获得更多的支持,由此可提出以下三个假说:

假说一:中西部的"铁锈带"选民在总统选举中更倾向于支持特朗普。

假说二:位于城市外围的远郊及农村地区选民在总统选举中更倾向于支持特朗普。

假说三:人口规模较小的大都市区选民在总统选举中更倾向于支持特朗普。

## 四 2016年大选特朗普选民基础的区域分化

2016年11月9日,美国大选终于落下帷幕。尽管特朗普以2.1%的劣势、近287万张的选票输掉了普选,但他却以304比227的选举人票优势击败民主党候选人希拉里,最终当选美国第45任

---

① 关于美国大都市区2016年家庭收入中位数的部分排名,参见 Wolf Richter, "The 30 Metros in the US with the Highest and Lowest Incomes", Sep. 14, 2017, https://wolfstreet.com/2017/09/14/30-metros-u-s-with-highest-lowest-household-incomes/.

总统。① 由于特朗普是商人出身且毫无从政经验，而希拉里则是拥有丰富经验的资深政客，因此这次大选的结果可谓是超出了世界范围政界与学界的普遍预期。在分析 2016 年大选结果的众多文献中，大部分的观点都赞同特朗普的核心支持者往往是未受过高等教育、收入相对较低、年龄相对较大的白人男性。而这些正是美国工薪阶层或称之为非熟练/半熟练劳动力的典型特征，他们往往分布在传统制造业的集聚地，这些地区是在全球化浪潮中受到冲击较严重的地区。接下来我们将从三种区域分化形式切入，考察 2016 年大选中特朗普支持者的区域分布特征，以检验上文所述的三个假说。

首先，从经济区的分化来看，特朗普在太平洋沿岸和东北部地区的得票率均不敌希拉里，但是在中西部的五大湖地区赢得了关键优势。如表 7-3 所示，特朗普在高科技企业聚集的太平洋沿岸地区的平均得票率为 35.8%，远低于希拉里 54.7% 的成绩，尤其是在硅谷所在的加利福尼亚州，特朗普得票率只达希拉里的一半，而且特朗普未能赢得太平洋地区任何选举人票。在金融业发达的东北部各州，希拉里的平均得票率同样高达 54.11%，而特朗普仅获得了 39.6% 的选票，在该地区 11 个州中只拿下了宾夕法尼亚一州的选举人票，且只凭借 0.7% 的微弱优势胜出。特朗普的优势主要体现在西部高山区及中部大平原、南部地区、中西部地区三大区域。其中，西部高山区和中部大平原地区以及南部地区历来是倾向共和党的传统"红州"，特朗普得以获胜取决于关键的中西部地区。2016 年，特朗普在中西部地区平均获得了 52.35% 的选票，比希拉

---

① 选举结果见美国联邦选举委员会（Federal Election Commission）公布的报告："Federal Elections 2016 – Election Results for the U. S. President, the U. S. Senate and the U. S. House of Representatives", *Federal Elections Commission*, December 2017, https://www.fec.gov/resources/cms-content/documents/federalelections2016.pdf.

里高出10%。而且，特朗普在中西部地区所赢得的选举人票数与2012年的共和党候选人相比大约增加了一倍多，是共和党自1988年大选以来在中西部地区选举人票方面的最佳表现。[1]

特朗普在中西部地区的优势在很大程度上得益于他在该地区的几个"摇摆州"（swing states）的胜利，包括俄亥俄州、艾奥瓦州、密歇根州和威斯康星州，这些州同时也位于五大湖沿岸制造业严重衰退的"铁锈带"。其中，威斯康星州和密歇根州分别是自1984年大选和1988年大选以来首次从支持民主党转向共和党，这些长期"亲蓝"州在2016年大选中的"翻红"离不开经济因素的直接影响。虽然传统上民主党代表着产业工人的利益，但是在奥巴马政府执政的八年期间，美国的国际经济政策延续了新自由主义路线，继续拥抱自由贸易，未能采取有效措施保护在全球化浪潮中被"抛弃"的传统制造业和工人群体。而特朗普的竞选主张明确表示要重振制造业和增加就业，这无疑迎合了"铁锈带摇摆州"蓝领中下阶层选民的利益诉求。因此，就经济区分化而言，假说一是符合特朗普的实际得票情况的。

表7-3　　2016年总统选举主要地区得票情况

| 重要经济区 | 州 | 唐纳德·特朗普得票率（%） | 希拉里·克林顿得票率（%） | 各州选举人票数（张）及归属情况 | |
|---|---|---|---|---|---|
| 太平洋沿岸（Pacific Coast） | 华盛顿 | 36.8 | 52.5 | 12 | D |
| | 俄勒冈 | 39.1 | 50.1 | 7 | D |
| | 加利福尼亚 | 31.5 | 61.5 | 55 | D |

---

[1] Adrian Kavanagh, "The Geography of the 2016 USA Presidential Election: Analysing the Republican Party Vote", January 6, 2017, https://adriankavanaghelections.org/2017/01/06/the-geography-of-the-2016-usa-presidential-election/.

续表

| 重要经济区 | 州 | 唐纳德·特朗普得票率（%） | 希拉里·克林顿得票率（%） | 各州选举人票数（张）及归属情况 | |
|---|---|---|---|---|---|
| 东北部（Northeast） | 康涅狄格 | 40.9 | 54.6 | 7 | D |
| | 特拉华 | 41.7 | 53.1 | 3 | D |
| | 缅因 | 44.9 | 47.8 | 3 | D |
| | | | | 1 | R |
| | 马里兰 | 33.9 | 60.3 | 10 | D |
| | 马萨诸塞 | 32.8 | 60.0 | 11 | D |
| | 新罕布什尔 | 46.5 | 46.8 | 4 | D |
| | 新泽西 | 41.0 | 55.0 | 14 | D |
| | 纽约 | 36.5 | 59.0 | 29 | D |
| | 宾夕法尼亚 | 48.2 | 47.5 | 20 | R |
| | 罗德岛 | 38.9 | 54.4 | 4 | D |
| | 佛蒙特 | 30.3 | 56.7 | 3 | D |
| 中西部（Midwest） | 伊利诺伊 | 38.4 | 55.2 | 20 | D |
| | 印第安纳 | 56.5 | 37.5 | 11 | R |
| | 艾奥瓦 | 51.1 | 41.7 | 6 | R |
| | 密歇根 | 47.3 | 47.0 | 16 | R |
| | 密苏里 | 56.4 | 37.9 | 10 | R |
| | 明尼苏达 | 44.9 | 46.4 | 10 | D |
| | 俄亥俄 | 51.3 | 43.2 | 18 | R |
| | 威斯康星 | 47.2 | 46.5 | 10 | R |
| | 肯塔基 | 62.5 | 32.7 | 8 | R |
| | 西弗吉尼亚 | 67.9 | 26.2 | 5 | R |

说明：表中所列"D"代表该州选举人票由民主党候选人希拉里获得，"R"则代表由共和党候选人特朗普获得。

资料来源："Presidential Election Results: Donald J. Trump Wins", *The New York Times*, November 9, 2016, https://www.nytimes.com/elections/2016/results/president.

其次，在城市中心区与外围区的分化方面，特朗普的支持率呈现出从城市中心到城市外围逐渐递增的特征。在城市地区，特朗普的得票率仅为29.4%，与希拉里的64.9%得票率相比存在较大差距。在郊区，随着与城市中心的距离越来越远，特朗普在近郊、中郊、远郊的得票率依次为37.8%、53.9%、55.5%，与之相对，希拉里在这三类郊区的得票率则依次递减。在位于最外围的农村地区，特朗普轻松获得了63.2%的选票，希拉里则只获得31.3%的选票（如图7-2所示）。

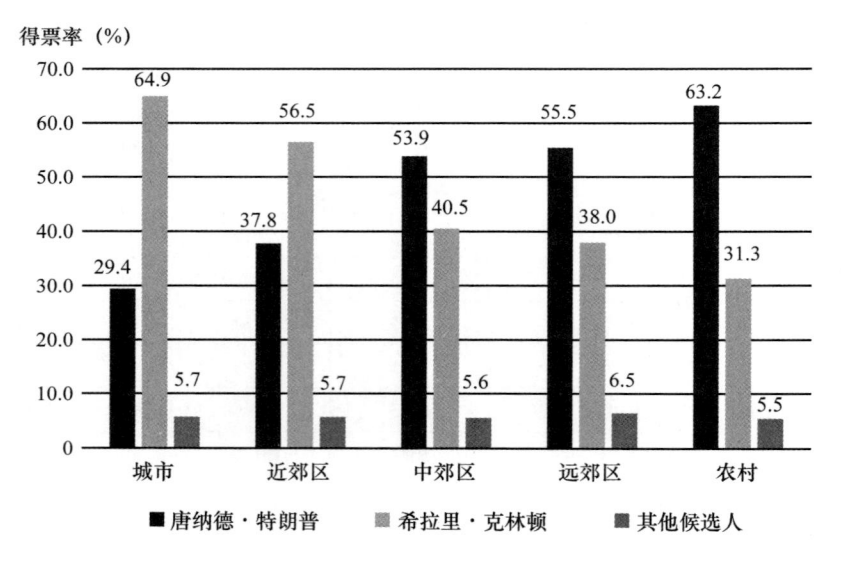

**图7-2 2016年总统选举候选人得票率统计**
**（按城市、郊区、农村划分）**

资料来源：作者自制。农村地区得票率数据源自Tim Marema, "Trump Maintains His Large Rural Margin; Democratic Vote Grows the Most in Mid-Sized and Large Metros", Daily Yonder, November 9, 2020, https://dailyyonder.com/trump-maintains-his-large-rural-margin-democratic-vote-grows-the-most-in-mid-sized-and-large-metros/2020/11/09/；城市地区、近郊区、中郊区、远郊区得票率数据源自Dante Chinni, "The 2020 Results: Where Biden and Trump Gained and Lost Voters", *American Communities Project*, November 09, 2020, https://www.americancommunities.org/the-2020-results-where-biden-and-trump-gained-and-lost-voters/.

尽管在美国选举中的城乡分化历来存在：农村选民一般更倾向于投票支持共和党，城市选民则倾向于支持民主党，但是2016年大选中的城乡差异较以往有所扩大，这一点突出地体现为共和党在农村地区的得票率获得较大增加上。2008—2016年，共和党总统候选人在城市和郊区的支持率基本没有发生变化，但是在农村的选票份额相较于2008年的53%增加了9%。① 由此可见，特朗普进一步夯实了共和党在农村地区的选民基础。特朗普在城市中心区与外围区之间的得票情况符合假说二。

最后，就不同规模的城市而言，特朗普的支持率随着都市区人口规模的减小而增加，而希拉里的支持率则相应降低。通过将2016年大选结果的县级数据按照美国大都市区界定进行重组排列，可以发现特朗普相较希拉里以259比122赢得了更多数量的大都市区选民的支持，但在选票份额方面却以44%比51%输给了希拉里。② 这主要是由于两位候选人所赢得的都市区在人口规模上存在显著差异。在人口为100万人及以上的大都市区内，希拉里以56%对40%的得票率占据绝对优势，但是在人口规模减小到50万—100万人时，特朗普的得票率就增加至48%，并领先希拉里两个百分点。相应地，随着都市区的人口规模继续缩小到25万—50万人和25万人以下时，特朗普的得票率随之分别递增至52%和57%（如表7-4所示）。

大选结果在城市规模方面的分化在本质上所反映的仍然是经济差异的影响。支持希拉里的主要是人口集中和经济富裕的发达城市。以具体的大都市区为例，希拉里在高科技产业集聚的旧金山—

---

① Danielle Kurtzleben, "Rural Voters Played A Big Part in Helping Trump Defeat Clinton", *National Public Radio*, November 14, 2016, https://www.npr.org/2016/11/14/501737150/rural-voters-played-a-big-part-in-helping-trump-defeat-clinton.

② Richard Florida, "How America's Metro Areas Voted", *Bloomberg City Lab*, November 30, 2016, https://www.bloomberg.com/news/articles/2016-11-29/the-2016-u-s-election-results-by-metro-area.

表7-4　　　2016年总统选举候选人在大都市区
的得票情况（按人口规模划分）　　　　（%）

| 不同人口规模的<br>大都市区 | 希拉里·克林顿<br>得票率 | 唐纳德·特朗普<br>得票率 | 占全国<br>人口份额 | 占全国经济<br>产出份额 |
| --- | --- | --- | --- | --- |
| 100万人及以上 | 56 | 40 | 56.0 | 65.6 |
| 50万至100万人 | 46 | 48 | 12.0 | 10.4 |
| 25万至50万人 | 43 | 52 | 8.7 | 7.0 |
| 25万人以下 | 38 | 57 | 9.0 | 6.8 |

资料来源：Richard Florida,"How America's Metro Areas Voted", *Bloomberg City Lab*, November 30, 2016, https：//www.bloomberg.com/news/articles/2016-11-29/the-2016-u-s-election-results-by-metro-area.

奥克兰—海沃德和圣何塞—桑尼维尔—圣克拉拉两个大都市区分别获得了76.7%和72.9%的高额选票，在纽约、洛杉矶、芝加哥、迈阿密、费城、波士顿、西雅图等美国排名前几的大城市所在的大都市区内也获得了60%以上的选票。[1] 与之相对，特朗普所赢得的大都市区多数仍以传统制造业为主且工人阶级比例较高，这些都市区更容易受到制造业衰退的影响。例如，位于"铁锈带"的辛辛那提都市区、印第安纳波利斯—卡梅尔—安德森都市区和匹兹堡都市区。特朗普在不同规模城市间的得票情况符合假说三。

## 五　2020年大选特朗普选民基础的区域分化

随着2020年美国大选结果最终出炉，特朗普的连任败局也尘埃落定。在此次大选中，特朗普在普选票和选举人票上均不敌拜

---

[1] Richard Florida, "Mapping How America's Metros Voted in the 2016 Election", *Bloomberg City Lab*, December 1, 2016, https：//www.citylab.com/equity/2016/12/mapping-how-americas-metro-areas-voted/508313/.

登。特朗普和拜登分别获得了约7422万张（46.9%）和8127万张（51.3%）普选票，在选举人票上拜登总计获得了306张选举人票，超过当选总统所需的270张选举人票，而特朗普总计只获得了232张选举人票，最终拜登成功当选美国第46任总统。[1] 虽然特朗普在此次大选中未能成功连任，但其核心支持者并没有发生根本性的改变。CNN出口民调显示，特朗普在白人工薪阶层中仍持有领先优势，其最热情的支持者仍是没有大学学位的白人男性。[2] 接下来我们继续从三种区域分化形式切入，考察2020年大选中特朗普支持者的区域分布特征，进一步检验上文所述的三条假说。

首先，从经济区的分化来看，太平洋沿岸和东北部地区仍然是民主党总统候选人的坚实阵地，中西部地区绝大部分州则继续支持共和党候选人特朗普。如表7-5所示，太平洋沿岸地区和东北部地区所有的州都一边倒地支持民主党，在高新技术产业集聚的太平洋沿岸地区，拜登平均拿下了59.3%的普选票，特朗普则平均只获得了38.3%的选票；在金融服务产业密集的东北部地区，拜登平均得票率为58.9%，特朗普平均得票率仅为39.1%。不过，特朗普在中西部地区仍然占据总体优势，在2020年大选中平均拿下了该地区53.3%的选票，而拜登在中西部地区的平均得票率为44.8%。

在2020年总统选举中，中西部地区一些"摇摆州"的立场由"红"翻回"蓝"，在美国"赢者通吃"的选举人团制度下，这成为导致特朗普败选的关键原因。在2016年大选中，特朗普凭借着"振兴制造业"的竞选口号，迎合了"铁锈带"选民的经济利益诉

---

[1] 选举结果见美国联邦选举委员会（Federal Election Commission）公布的报告："Official 2020 Presidential General Election Results", *Federal Election Commission*, February 1, 2021, https://www.fec.gov/resources/cms-content/documents/2020presgeresults.pdf.

[2] Zachary B. Wolf, Curt Merrill and Daniel Wolfe, "How Voters Shifted during Four Years of Trump", *CNN*, December 15, 2020, https://edition.cnn.com/interactive/2020/11/politics/election-analysis-exit-polls-2016-2020/.

求，从而成功将威斯康星州和密歇根州这些长期"亲蓝"州纳入共和党的阵营，但四年之后这两个中西部"铁锈州"却又回到了民主党阵营之中，其原因主要在于特朗普政府执政期间未能较好地兑现曾经的竞选承诺。评估发现，特朗普执政期间所施行的税收、贸易和产业政策并没有达到复兴"铁锈带"的预期效果，反而由于政策体系的内生矛盾而严重反噬了"铁锈州"的经济发展利益。① 此外，特朗普在应对新型冠状病毒疫情方面的消极表现，也对其在摇摆州的选票份额产生了负面影响。调查表明，新冠疫情成为许多选民心中关心的首要议题，他们对特朗普在应对疫情方面的评价非常负面，在控制党派偏见、意识形态和种族态度等影响因素的条件下，对疫情大流行的担忧大大降低了选民投票给特朗普的可能性。② 据分析，在其他条件相同的情况下，如果新冠病例减少5%，特朗普可能会赢得连任。③ 总而言之，由于特朗普未能从实际上改善"铁锈州"的经济就业状况，加上疫情带来的冲击，民主党阵营调整竞选策略后加大了对工人选民的关切，一部分选民在失望之余转向了支持拜登，从而使得特朗普在2020年大选中失去了中西部的密歇根和威斯康星两州，但总的来说特朗普在中西部地区仍然占据多数，因此其在不同经济区间的得票情况符合假说一。

其次，就城市中心区与外围区间的分化而言，同2016年大选结果类似，特朗普的主要支持者仍然来自农村地区和距离市中心较远的中郊、远郊区。如图7-3所示，在城市地区和近郊区，特朗

---

① 宋国友、张淦：《美国"铁锈州"与特朗普的连任败局》，《美国问题研究》2021年第1期。

② Harold Clarke, Marianne C. Stewart and Karl Ho, "Did Covid-19 Kill Trump Politically? The Pandemic and Voting in the 2020 Presidential Election", *Social Science Quarterly*, May 25, 2021, pp. 1–16.

③ Leonardo Baccini, Abel Brodeur and Stephen Weymouth, "The COVID-19 Pandemic and the 2020 US Presidential Election", *Journal of Population Economics*, Vol. 34, No. 2, 2021, pp. 739–767.

表 7-5  2020 年总统选举主要地区得票情况

| 重要经济区 | 州 | 唐纳德·特朗普得票率（%） | 乔·拜登得票率（%） | 各州选举人票数及归属情况 | |
|---|---|---|---|---|---|
| 太平洋沿岸（Pacific Coast） | 华盛顿 | 38.8 | 58.0 | 12 | D |
| | 俄勒冈 | 40.4 | 56.5 | 7 | D |
| | 加利福尼亚 | 34.3 | 63.5 | 55 | D |
| 东北部（Northeast） | 康涅狄格 | 39.2 | 59.3 | 7 | D |
| | 特拉华 | 39.8 | 58.8 | 3 | D |
| | 缅因 | 44.0 | 53.1 | 3 | D |
| | | | | 1 | R |
| | 马里兰 | 32.2 | 65.4 | 10 | D |
| | 马萨诸塞 | 32.1 | 65.6 | 11 | D |
| | 新罕布什尔 | 45.4 | 52.7 | 4 | D |
| | 新泽西 | 41.3 | 57.1 | 14 | D |
| | 纽约 | 37.7 | 60.9 | 29 | D |
| | 宾夕法尼亚 | 48.8 | 50.0 | 20 | D |
| | 罗德岛 | 38.6 | 59.4 | 4 | D |
| | 佛蒙特 | 30.7 | 66.1 | 3 | D |
| 中西部（Midwest） | 伊利诺伊 | 40.6 | 57.5 | 20 | D |
| | 印第安纳 | 57.0 | 41.0 | 11 | R |
| | 艾奥瓦 | 53.1 | 44.9 | 6 | R |
| | 密歇根 | 47.8 | 50.6 | 16 | D |
| | 密苏里 | 56.8 | 41.4 | 10 | R |
| | 明尼苏达 | 45.3 | 52.4 | 10 | D |
| | 俄亥俄 | 53.3 | 45.2 | 18 | R |
| | 威斯康星 | 48.82 | 49.45 | 10 | D |
| | 肯塔基 | 62.1 | 36.2 | 8 | R |
| | 西弗吉尼亚 | 68.6 | 29.7 | 5 | R |

资料来源："Presidential Election Results: Biden Wins", The New York Times, November 3 2020, https://www.nytimes.com/interactive/2020/11/03/us/elections/results-president.html.

得票率（%）

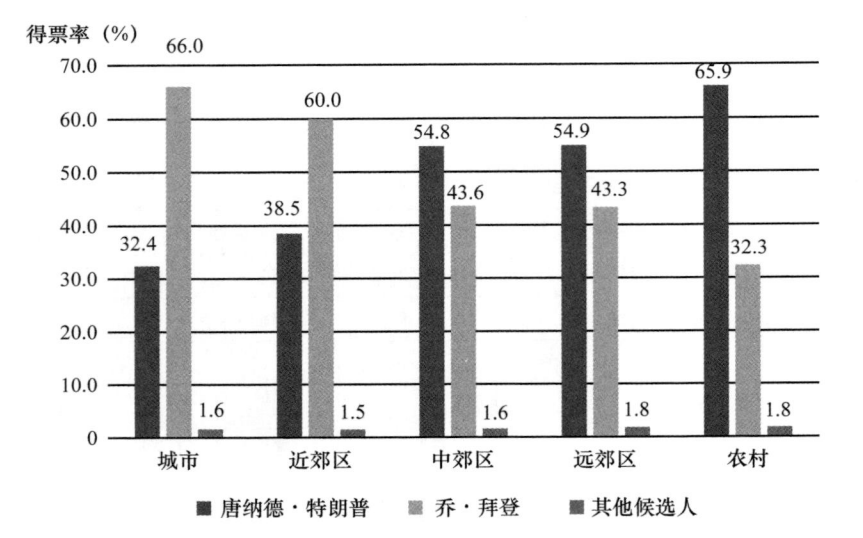

| 地区 | 唐纳德·特朗普 | 乔·拜登 | 其他候选人 |
|---|---|---|---|
| 城市 | 32.4 | 66.0 | 1.6 |
| 近郊区 | 38.5 | 60.0 | 1.5 |
| 中郊区 | 54.8 | 43.6 | 1.6 |
| 远郊区 | 54.9 | 43.3 | 1.8 |
| 农村 | 65.9 | 32.3 | 1.8 |

**图7-3 2016年总统选举候选人得票率统计（按城市、郊区、农村划分）**

资料来源：作者自制，农村地区得票率数据源自 Tim Marema,"Trump Maintains His Large Rural Margin; Democratic Vote Grows the Most in Mid-Sized and Large Metros", *Daily Yonder*, November 9, 2020, https://dailyyonder.com/trump-maintains-his-large-rural-margin-democratic-vote-grows-the-most-in-mid-sized-and-large-metros/2020/11/09/；城市地区、近郊区、中郊区、远郊区得票率数据源自 Dante Chinni,"The 2020 Results: Where Biden and Trump Gained and Lost Voters", *American Communities Project*, November 09, 2020, https://www.americancommunities.org/the-2020-results-where-biden-and-trump-gained-and-lost-voters/.

普的得票率分别为32.4%和38.5%，与拜登相比分别低了33.6个百分点和21.5个百分点。但在中郊区和远郊区，特朗普得以扭转不利形势，领先拜登约11个百分点。在农村地区，特朗普的优势进一步扩大，拿下了该地区65.9%的选票，比拜登高出33.6个百分点。

2020年大选结果进一步验证了美国选举中的城乡分化，城市仍然是民主党候选人的传统据点，农村则仍由共和党候选人特朗普占据多数。随着许多工人阶级向郊区和美国农村转移，受过大学教育且更富裕的专业人士和知识工作者聚集于城市，这在很大程度上导致了"蓝色"城市和"红色"外围地区之间的差异。在2020年总统选举中，特朗普在农村地区的优势相较于2016年有所上升，其败选的主要原因在于郊区"摇摆"得更加偏向"蓝色"。根据彭博社城市实验室的分析，2016年郊区还是由特朗普占多数，而到2020年已经转变为由民主党候选人占据多数，2020年拜登在郊区的支持率为51.2%，而2016年希拉里在郊区的支持率为47.2%，民主党在郊区的得票率大约增长了4个百分点。① 尽管郊区处于摇摆之中，但特朗普在城乡之间的总体得票情况仍然符合假说二。

最后，在不同规模的都市区方面，特朗普在规模较小的都市区获得了更多的支持，而拜登则在大型都市区占据领先优势。就大都市区的数量而言，拜登只赢得了41%的都市区，特朗普则赢得了59%的都市区。但在选票份额方面，拜登则以54%对44%更胜一筹，这与2016年大选情形如出一辙，其原因在于由拜登占据多数的都市区规模更大，几乎占据了全国57%的人口和79%的经济总量。② 如表7-6所示，在人口规模100万人及以上的大都市区，特朗普得票率仅为39.9%，拜登得票率则领先于特朗普17.9个百分点。在人口规模50万—100万人的都市区，双方得票率较为接近，拜登以0.5%的微弱优势胜出。随着都市区人口规模的进一步缩小，特朗普的支持率相应提高。在人口规模25万—50万人的都市区，特朗普得票率达到51%，相较于拜登高出4个百分点。在人口规模25万人以下的都市区，特朗普拿下了56%的选票，并获

---

① Richard Florida, Marie Patino and Rachael Dottle, "How Suburbs Swung the 2020 E-lection", *Bloomberg City Lab*, November 18, 2020, https://www.bloomberg.com/graphics/2020-suburban-density-election/.

② Richard Florida, "How Metro Areas Voted in the 2020 Election", *Bloomberg City Lab*, December 4, 2020, https://www.bloomberg.com/news/features/2020-12-04/how-metro-areas-voted-in-the-2020-election.

得了14.4%的优势。

由此可见，两党候选人的得票率与都市区的规模密切相关，这实际上反映了收入、教育、职业等阶级标志对于大选结果的影响。在所有都市区之中，拜登的得票率一般与较高的工资和教育水平以及商业、创意工作者的高聚集度密切相关，而特朗普的支持则主要集中在蓝领工人阶级职业更集中的小型都市区。仍以旧金山湾区的旧金山—奥克兰—海沃德都市区和圣何塞—桑尼维尔—圣克拉拉都市区为例，这两个大都市区是数据科学家和云工程师等前沿科技岗位十分集中的地区①，而拜登在这两个大都市区分别获得了78.8%和72.3%的高额选票。位于"铁锈带"的辛辛那提都市区、印第安纳波利斯—卡梅尔—安德森都市区和匹兹堡都市区则仍然由特朗普占据多数，特朗普在这些都市区的得票率分别为56.1%、50.1%和50.4%。② 根据2020年大选不同规模都市区的投票情况，假说三得到了进一步验证。

表7-6　　　　2020年总统选举候选人在大都市区的
得票情况（按人口规模划分）　　　　　（%）

| 不同人口规模的大都市区 | 乔·拜登得票率 | 唐纳德·特朗普得票率 | 占全国人口份额 | 占全国经济产出份额 |
| --- | --- | --- | --- | --- |
| 100万人及以上 | 57.8 | 39.9 | 56.1 | 65.6 |
| 50万—100万人 | 49.1 | 48.6 | 11.8 | 10.4 |

---

① 根据一份有关科技就业需求的报告，就数据科学家和云工程师这类"热门科技岗位"占科技工作岗位的比例而言，旧金山都市区以19%位居第一，圣何塞都市区以18%紧随其后，详见Jed Kolko, "Tech Hubs 2019: Tech Still Clustered in Top Hubs, but Smaller Centers Have Advantages", *Indeed Hiring Lab*, April 18, 2019, https://www.hiringlab.org/2019/04/18/tech-hubs-2019/.

② 得票率数据来自Richard Florida, "How Metro Areas Voted in the 2020 Election", *Bloomberg City Lab*, December 4, 2020, https://www.bloomberg.com/news/features/2020-12-04/how-metro-areas-voted-in-the-2020-election.

续表

| 不同人口规模的大都市区 | 乔·拜登得票率 | 唐纳德·特朗普得票率 | 占全国人口份额 | 占全国经济产出份额 |
|---|---|---|---|---|
| 25万—50万人 | 47.0 | 51.0 | 8.7 | 7.0 |
| 25万人以下 | 41.6 | 56.0 | 7.8 | 6.8 |

资料来源：Richard Florida, "How Metro Areas Voted in the 2020 Election", Bloomberg City Lab, December 4, 2020, https://www.bloomberg.com/news/features/2020-12-04/how-metro-areas-voted-in-the-2020-election.

## 小 结

自特朗普当选总统以来，美国右翼民粹主义的兴起不仅对美国政治的走向造成了深远的影响，而且对世界政治秩序也形成了剧烈的冲击。我们的分析表明，特朗普2016年大选的胜利并非一次偶然的"黑天鹅"事件，其背后蕴含着全球化进程中美国社会分化与政治极化的深刻机理。尽管特朗普在2020年大选中落败，但美国蓝领中下层阶级日益衰落并推崇右翼民粹主义的长期趋势并未改变。我们通过对美国大选的选举地理分析，探究了全球化导致美国当前右翼民粹主义强势抬头的原因。我们基于美国经济地理的三组区域分化，结合美国参与国际贸易的要素禀赋推导出贸易政策偏好的三种区域分化形式，然后根据特朗普反全球化的政策主张，针对他在不同区域的支持率提出一组可检验的假说，最后依次利用2016年和2020年美国大选数据对假说进行了验证。对特朗普的主要选民基础的区域性分析，有助于人们理解特朗普政府的内政外交政策及当前美国民粹主义的微观动因。

简言之，全球化构成了美国右翼民粹主义兴起的经济根源。20世纪70年代以来不断加深的经济全球化，在推动美国成为全球金融中心与科技霸主的同时，也加深了美国内部日益严重的收入不平等。作为美国稀缺要素的非熟练/半熟练劳动力在全球化进程中日益成为国际竞争中的失利者,他们所集聚的区域——中西部的"铁锈带"、远离城市的农村、小规模城市——也相应地面临着严重的制造业衰退、收入下降及失业问题。特朗普正是凭借着旗帜鲜明的反全球化主张和极具感染力的反建制言论,有效地迎合了非熟练/半熟练劳动力的经济利益诉求,从而夯实并扩大了他在上述区域的选民基础。

自 2017 年执政以来,特朗普政府实施了一系列以"美国优先"为核心的经济政策。例如,加强基础设施投资、鼓励产业回迁、大规模减税、反对多边贸易协定、施加高额关税、打击非法移民等,旨在"为全球化浪潮中受挫的蓝领阶层兑现承诺"[①]。尽管如此,由于政策的落地程度不一、短期化倾向突出以及受到国外的批评和反对等,上述政策的实际效果在很大程度上大打折扣。特朗普就任总统以来,美国传统制造业及其分布区域的长期衰退趋势并没有得到根本性逆转,蓝领中下层白人的经济困境未得到实质性改善。特朗普在疫情防控方面的失败表现,则使其执政前期取得的经济成就受到重创,这进一步拖累了其寻求连任的步伐。与此同时,拜登阵营在竞选过程中也加大了对蓝领选民的关切,从而帮助民主党赢回了部分关键摇摆州。正是在这种种因素的共同作用下,特朗普未能在 2020 年大选中重现曾经的胜利。不过,民主党此次胜选也并未形成压倒性优势。特朗普虽然败选,但获得的普选票相较于 2016 年甚至有所增多,这表明其选民基本盘并未彻底溃败。而且,美国国内贫富差距、价值对抗、党争极化等深层矛盾不仅难以解决反而愈演愈烈,以特朗普为代表的右翼民粹主义在美国仍然具备民意基础。因此,虽然特朗普未能成功连任,但其政治遗产及影响力难以被轻易"抹除",美国右翼民粹主义还将继续影响未来美国内政外交政策的调整与转向。

---

① 李巍、张玉环:《"特朗普经济学"与中美经贸关系》,《现代国际关系》2017 年第 2 期。

# 第八章 民粹主义与全球政治经济的变迁

作为一种历史悠久的政治运动，民粹主义在当今发达国家焕发出新的力量，成为许多国家政治经济演化中不可忽视的部分。瑞·达利欧等通过由美国、英国等七个国家数据构造的"发达世界民粹主义指数"显示，近年来激增的民粹主义已达到20世纪30年代末以来的最高水平。[1] 由于这一轮民粹主义以反全球化为主要诉求，民粹主义的政治浪潮不仅对许多国家的国内政治造成重大的冲击，还对全球化的发展轨迹产生重要的影响，从而在一定程度上引致了全球政治经济的变迁。

## 一 民粹主义与国际经济秩序

国际秩序是指国际社会中占据主导地位的行为体对彼此及其他社会成员的行为和交往进行一定程度的调节、管理和约束，从而达成的或默契或明确的安排。[2] 国际体系虽然是无政府状态的，即民

---

[1] Ray Dalio, Steven Kryger, Jason Rogers, and Gardner Davis, "Populism: The Phenomenon", *Bridgewater Daily Observations*, March 22, 2017.

[2] 刘丰：《国际秩序的定义与类型化辨析》，《世界政治研究》2021年第4辑。

族国家之上并没有一个"世界政府",但是一种无形的力量将整个国际体系的所有成员紧密地联系在一起,这种力量就是人类共同的经济生活。共同的经济生活使国际体系既是无政府的,又是有秩序的。现代国际体系的一个突出特点就如马克思在《哥达纲领批判》一文中所指出的那样,民族国家"例如德意志帝国,本身又在经济上处在'世界市场的范围内',在政治上'处在国家体系的范围内'"①。国际经济秩序反映了世界市场与民族国家之间的互动状态。近年来兴起的民粹主义浪潮对既有的国际经济秩序发起了挑战,社会运动层面的反全球化运动进一步演变为一些国家的逆全球化政策,使当今全球化的发展具有了显著的不确定性。

## (一)国际经济秩序中的"三难困境"

随着经济全球化的推进,各国市场日益连接和融合,然而为市场经济提供支持的制度在很大程度上仍是国家性的。这样,世界市场和民族国家体系之间的张力就越来越明显地暴露出来。针对全球政治经济中的这一主要矛盾,丹尼·罗德里克提出一个"世界经济的政治三难困境"②(如图8-1所示)。

这个困境的三个节点分别是国际经济一体化、民族国家和大众政治。所谓三难困境,就是在三种目标中至多能够实现其中两种目标。如果要追求完全意义上的国际经济一体化,就必须或者放弃民族国家,或者放弃大众政治。如果想要高度参与性的政治体制,就必须在民族国家和国际经济一体化之间做出选择。如果想保留民族国家,就不得不在国际经济一体化和大众政治之间做出选择。

在这个三难困境的基础上,罗德里克探讨了达到其中任何两个

---

① 《马克思恩格斯选集》(第3卷),人民出版社2012年版,第368页。
② [美]丹尼·罗德里克:《经济全球化的治理》,载[美]约瑟夫·奈、约翰·唐纳胡主编《全球化世界的治理》,王勇等译,世界知识出版社2003年版,第295—299页。

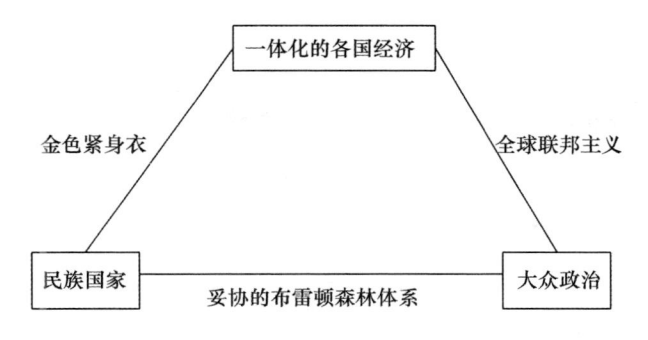

图 8-1　世界经济的政治三难困境

资料来源：[美] 丹尼·罗德里克《经济全球化的治理》，载 [美] 约瑟夫·奈、约翰·唐纳胡主编《全球化世界的治理》，王勇等译，世界知识出版社 2003 年版，第 296 页。

目标的途径。第一，全球联邦主义，即同时追求国际经济一体化和大众政治，放弃民族国家。这一途径可以将政治与司法管辖的范围和市场范围统一起来，从而消除边界效应。在这种模式下，各国政府并不一定会消失，但是其权力将会被超国家的立法、行政和司法机构严重削弱。也就是说，世界市场将由一个"世界政府"加以管理。在全球联邦主义体制下，政治参与和政治斗争不必要也不会收缩，只是从民族国家层次上被重新调整到全球层次上。

第二，"金色紧身衣"①，即同时追求国际经济一体化和民族国家，而放弃大众政治。在这种模式下，民族国家原样保留，但要确保各国的管辖以及彼此的差别不会成为经济交易的障碍。民族国家

---

① 这里借用的是托马斯·弗里德曼的概念。弗里德曼指出："当你的国家穿上金色紧身衣后，一般会发生两件事情：你的经济增长了，而你的政治萎缩了……金色紧身衣将掌权者的政治和经济政策选择限制在相对较严格的范围内。这就是为什么在那些穿上金色紧身衣的国家里，你很难找到执政党和反对党之间真正的差别，一旦你的国家穿上金色紧身衣，其政治选择就只剩下了百事或可口可乐——微小的口味差别，微小的政策差别，设计上的微小调整以容纳当地传统，可以在这儿或那儿有某些放松，但绝不会与核心的黄金规则有任何重大偏离。"（转引自 [美] 丹尼·罗德里克《经济全球化的治理》，载 [美] 约瑟夫·奈、约翰·唐纳胡主编《全球化世界的治理》，王勇等译，世界知识出版社 2003 年版，第 297 页）

的首要目标是使自己对国际市场有吸引力。各国管辖的目标不是阻碍要素的跨国流动,而是促进国际贸易和资本的流动性。国内管制和税收政策或者与国际标准协调一致,或者按照对国际经济一体化阻碍最小的方式重建。但这种模式的代价是严重限制了大众参与对国家政策的影响。一国政府将根据国际经济一体化的需要而制定政治和经济政策,这就使其很难兼顾国内大众的要求并据此做出适当的政策回应。

第三,"妥协的布雷顿森林体系",即放弃完全国际经济一体化的目标,保留民主国家和大众政治。布雷顿森林体系和关税与贸易总协定体制的实质是,如果各国能消除对国际流动性的多数边界限制,并且在大体上不歧视其贸易伙伴,它们就可以自行其是。在全球金融领域,各国被允许保持对资本流动的限制。在贸易领域,规则是不赞成进行数量限制,但并不试图取消进口关税。尽管达成了大量的贸易自由化措施,但还是有例外保留以供国内调整之需。反倾销和保障条款使各国在其产业面临进口的激烈竞争时有权建立贸易壁垒。

罗德里克的"三难困境"为我们理解国际经济秩序的政治基础提供了一个概念框架。在他所提出的三种路径中,全球联邦主义如同"世界政府"一样只是遥不可及的理想。不过,欧盟的一体化实践可以看作全球联邦主义在一定区域范围内的试验。欧洲一体化追求国际经济一体化,坚持大众政治,削弱民族国家。但反欧盟、反欧元的民粹主义今天已给欧洲一体化以重击,无论是英国脱欧,还是希腊、意大利、波兰、匈牙利等国民粹主义政府与欧盟的分歧与冲突都表明削弱民族国家所遭遇的阻力之大。[1] 国家间同质

---

[1] 参见钟准《欧洲边缘的抉择——试析意大利、希腊民粹政府的对外政策》,《欧洲研究》2020 年第 4 期;马骏驰《制度、组织与激励——论匈牙利"非自由的民主"》,《欧洲研究》2020 年第 4 期;程卫东《欧盟宪政秩序的挑战与危机——基于波兰法治危机案的考察》,《欧洲研究》2022 年第 1 期。

性强的欧洲尚且如此，全球层次上的联邦主义解决方案只能是天方夜谭。

"金色紧身衣"是19世纪中期到20世纪初第一轮经济全球化采取的路径。金本位体系的瓦解已充分证明了这种路径的负面后果。正是基于第一轮全球化由盛转衰带来的教益，卡尔·波拉尼提出了"双向运动"的逻辑，即社会针对市场扩张的反向运动。① 这一教益也被第二次世界大战后重启的全球化进程所汲取。但自20世纪70年代末起，美国主导的第二轮经济全球化开始发生转型，在很大程度上向"金色紧身衣"复归。正如罗德里克所指出的："我们现在的情况和经典的金本位制或者是特许贸易公司时期还有一段距离，但是国内政治被超级全球化的要求挤到一边的情况却很相似。"② 以撒切尔夫人和里根的改革以及华盛顿共识为代表，新自由主义极大地释放了市场力量，但并没有随之加强社会保护，甚至减少了福利开支。2008年金融危机及债务危机发生以后，发达国家的政府一方面沿着新自由主义的政策惯性救助银行业和资本家，另一方面基于紧缩政策不得不缩减开支，导致社会福利的支出减少。非法移民潮和难民危机发生以后，政府对移民和难民的接受进一步降低了本国劳工的国内工资，增加了本国低收入阶层的不安全感。发达国家中低收入者的诉求没有得到政治精英或建制派的积极回应，这些中低收入者由此既反精英、反建制，又反全球化、反经济一体化。

罗德里克提出，只有对"妥协的布雷顿森林体系"进行再创造，继续接受民族国家处于中心的地位，从而将国际规则和标准与内置的退出机制结合起来，才能使民族国家更有效地应对经济全球

---

① [英]卡尔·波兰尼：《大转型：我们时代的政治与经济起源》，刘阳、冯钢译，浙江人民出版社2007年版，第66页。

② [美]丹尼·罗德里克：《全球化的悖论》，廖丽华译，中国人民大学出版社2011年版，第168页。

化的挑战。"妥协的布雷顿森林体系"在诸多方面类似于约翰·鲁杰所说的"内嵌式自由主义"①,体现了市场扩张和社会保护相平衡的原则。为了在更长的时间内维持一定水平的全球化,第二次世界大战后发达国家的政府通过财政手段补偿稀缺要素所有者,通过贸易壁垒使他们免受外部冲击。在发达国家,物质资本和人力资本要素是充裕要素,非熟练/半熟练劳动力是稀缺要素。作为充裕要素所有者,富人、资本家、高技能人士从经济全球化中受益,愿意继续维持现有体制。作为稀缺要素所有者,产业工人、失业者等中下阶层虽然从经济全球化中受损,但在获得国家提供社会保护的情况下可以接受现有体制。由于福利制度、关税或非关税壁垒和对跨国资本流动的限制等因素,中下层民众至少不会激烈反对全球化。"福利国家"体现了这种市场扩张和社会保护相平衡的最大成就。正是在社会保障体系的帮助下,不少国家成功地融入全球经济中,或者重新融入全球经济中,例如西欧国家。② 但自20世纪70年代末以来,随着新自由主义在全球的扩散,"内嵌式自由主义"体制走向衰败。缺乏社会保护的新自由主义全球化在经历了30年的高歌猛进后触发了2008年以来的全球经济危机,进而在近几年里激发了民粹主义的蔓延。在民粹主义的压力下,作为昔日全球化主要推动者的发达国家成为今日逆全球化政策的领头羊。

## (二)民粹主义与逆全球化政策

在世界政治史上,新政治思潮的挑战会推动国际秩序的重构。③

---

① John G. Ruggie, "International Regimes, Transactions, and Change: Embedded Liberalism in the Postwar Economic Order", *International Organization*, Vol. 36, No. 2, 1982, pp. 379–415.

② [美]丹尼·罗德里克:《新全球经济与发展中国家》,王勇译,世界知识出版社2004年版,第82页。

③ 杨光斌:《关于建设世界政治学科的初步思考》,《世界政治研究》2018年第1辑。

在当今的发达国家，正是民粹主义者将国内收入和财富不平等、身份认同出现危机等社会经济问题的原因简单归咎于经济全球化，从而将反全球化（anti-globalization）的社会运动升级为逆全球化的政治运动。

随着全球化过程中各种问题的凸显，一些国家出现了反全球化运动。1999年11月，世界贸易组织第三次部长级会议在美国西雅图市举行期间，来自全球范围的700多个非政府组织、50000多名群众在西雅图进行了声势浩大的示威游行活动。这些团体既包括劳工、环保组织，也包括支持自由、平等的学生组织和宗教团体。由于局面失控，现场出现暴力行为，甚至将象征全球化现象的麦当劳餐厅捣毁。这场举世震惊的西雅图反全球化游行示威活动标志着世界范围内"反全球化"运动的开始，此后在多场国际会议的城市周边和会场外都伴随着反全球化的抗议游行活动。

反全球化运动并非针对完整意义上的全球化或全球化的所有层面。经济全球化所带来的弊端是他们反对全球化的直接因素，例如贫富差距增加、生态环境恶化、冲击了当地经济金融秩序、增加了社会不稳定性，等等。另外，一部分反全球化者所反对的是把"全球化"等同于"西方化"或"美国化"的行为。他们要求尊重文明多样性、保护少数族群、坚守传统习俗等，不希望全球化让世界变成统一的样貌。当然，反全球化同全球化一样，也是一把"双刃剑"，它在揭示全球化所造成的问题和弊端、推动社会向公平正义发展的同时，也存在着对全球化认识片面、理论缺乏科学性、构成人员复杂、掺杂暴力行为等问题。而这些问题的存在则影响着反全球化运动的进一步发展，甚至会削弱反全球化运动本身。

2008年全球金融危机爆发后，世界各国之间和国家内部的利益分化变得更难调和。随着民粹主义浪潮席卷美欧，一些群体的反全球化运动演变为影响政策和政治结果的逆全球化思潮。如果说反全球化代表着体制外的反抗，逆全球化代表的则是去全球化执政理念的出现乃至政策的实施。① 作为与全球化发展背道而行的取向,逆全球化试图限制、阻碍甚至禁止商品、服务、资本、人员等经济要素的跨国流动,进而减少国家间的经济相互依赖和经济一体化。不同于社会运动层面的反全球化,逆全球化需要通过国家的行动来实现这一目标。因此,逆全球化思潮不仅仅是一种观念,更由于国家的介入而与国家的政策相联系。逆全球化思潮包括三个要素:(1)社会群体关于减少商品、服务和生产要素跨国流动的观念和行动;(2)政党或者其他政治集团的代表人物关于减少商品、服务和生产要素跨国流动的观念和行动;(3)政府所制定和实施的减少商品、服务和生产要素跨国流动的政策。② 即使全球化本身到目前为止并未发生逆转,这种国家政策层面的逆全球化思潮也对全球化进程产生了重要影响。在发达国家,正是民粹主义直接推动了逆全球化政策的出台。

2016年6月,英国举行公投决定脱欧,成为欧洲一体化有史以来遭遇的最大挫折和倒退。一些政治家和学者认为,英国脱欧使欧洲一体化出现重大退步,可能会在欧盟内产生"头羊效应"。瑞典外交大臣瓦尔斯特伦就在英国脱欧公投前夕发出警告:"一旦开创了成员国脱离欧盟的先例,那么欧盟其他成员国也会相继提出特别要求或选择退出欧盟"③。2017年3月,英国首相特雷莎·梅启动"脱欧"程序,与欧盟就"分手费"、公民权利和英国与爱尔兰边界等核心议题展开谈判。2019年7月,鲍里斯·约翰逊接替特雷莎·梅就任英国首相,呼吁民众看到"脱欧"为英国带来的机遇。约翰逊承诺将在英国脱欧后通过引入积分制度来限制移民。

---

① 陈伟光、蔡伟宏:《逆全球化现象的政治经济学分析——基于"双向运动"理论的视角》,《国际观察》2017年第3期。

② 宋新宁、田野:《国际政治经济学概论》,中国人民大学出版社2020年版,第287页。

③ 程君秋:《瑞典外长警告:英国脱欧将导致欧盟解体》,《环球时报》2016年6月12日。

2019年12月20日,英国议会下院投票通过约翰逊和欧盟达成的脱欧协议。2020年1月31日,英国正式脱离欧盟。12月31日,随着脱欧过渡期结束,英国退出欧盟单一市场和关税同盟。

2017年1月特朗普就任总统后,美国从全球化的主导者转变为逆全球化的引领者和践行者。特朗普上任第三天便宣布美国退出奥巴马政府时期力推的《跨太平洋伙伴关系协定》。特朗普政府屡屡抨击世界贸易组织"造成美国吃亏",通过阻挠任命新法官的方式造成世界贸易组织上诉机构事实性停摆。特朗普声称:"贸易战是好事情,容易赢。"① 2018年3月8日,特朗普宣布由于进口钢铝产品危害美国"国家安全",将对进口钢铝产品分别征收25%和10%的关税。从6月1日起,美国开始对欧盟、加拿大和墨西哥这三个经济体的钢铝产品加征关税。2018年6月15日,美国政府发布了加征关税的商品清单,将对从中国进口的约500亿美元商品加征25%的关税。7月,美国宣布对价值2000亿美元的中国商品加征10%的关税。2019年5月10日,美国对2000亿美元中国输美商品加征的关税从10%上调至25%。8月15日,美国宣布对自中国进口的约3000亿美元商品加征10%的关税。2019年6月5日,美国政府终止印度普惠制贸易地位的决定正式生效,理由是印度"没有能够确保向美国提供公平、合理的市场准入条件",2900余种印度输美商品无法再享受美国此前提供的关税减免优惠。通过这一系列关税措施,特朗普将美国的贸易保护主义推向高峰。为促进制造业回流美国,特朗普还签署行政令,要求美国联邦政府采购的美国货中本土材料使用成本需占产品总成本的55%以上,联邦政府采购的钢铝产品中的本土材料成本占比提升至95%以上。此外,通过签署行政命令,特朗普下令在美国和墨西哥边境建造围墙,并

---

① "Trade Wars Are Good, and Easy to Win", Trump Tweets-NBC4 Washington (nbc-washington.com).

禁止来自利比亚、伊朗、伊拉克、索马里、苏丹、叙利亚、也门等伊斯兰世界的公民入境美国。自特朗普就任美国总统以来，美国政府推行了200多项改革措施以重塑美国移民体系①，对人员的跨国流动设置更多的限制。

随着民粹主义政党在欧盟各成员国大选及欧洲议会选举中所获席位的增加，民粹主义给欧盟建制派带来更大的压力。传统建制派需要回应民众的不满情绪，与民粹主义政党争夺民众支持。法国总统马克龙就建议欧盟从"自由、保护和进步"三个方面加强建设和改革，不能让"拿不出解决方案"的民粹主义者"利用民众的愤怒"②。由于贸易政策是为数不多的由欧盟委员会层面掌握的政策领域之一，欧盟试图在该领域中主动作为，给予民众"保护其利益"的印象。近年来，欧盟内部"保护经济利益和竞争力""取得公平贸易和竞争地位"等呼声日渐高涨，政界、商界、舆论界的共识日渐成形。2017年9月，欧盟委员会主席容克在年度盟情咨文中指出，欧盟不应该继续做"天真的自由贸易者"，欧盟"有责任保护工人的就业和单一市场"。欧盟在很大程度上已经放弃了过去支持自由开放贸易的姿态，转而强调"自由贸易"不是"绝对自由"，而是"有条件的自由"，如果损害了欧盟的就业和产业竞争力，就要"采取一定措施"③。2017年12月20日，欧盟通过新的反补贴、反倾销法，为1997年以来欧盟首次修订"双反法"，将实施"双反"措施的原则从"市场经济地位"问题转化为"市场扭曲问题"。2018年7月，欧盟委员会提出《欧盟关于世界贸易

---

① Doris Meissner, "Rethinking U. S. Immigration Policy: New Realities Call for New Answers", *Migration Policy Institute*, Concept Note, 2019, p. 1.
② 田小慧、王朔:《试析法国总统马克龙的欧洲主义思想》,《现代国际关系》2020年第4期。
③ "President Jean-Claude Juncker's State of the Union Address 2017", *European Commission*, 13 September 2017, https://ec.europa.eu/commission/presscorner/detail/en/SPEECH_17_3165.

组织现代化建议》的政策文件，阐述了欧盟对世界贸易组织改革的主要诉求，围绕"产业补贴""服务业和贸易"等主要关切提出建议。随着欧盟越来越多地将"自由贸易"置换为"公平贸易"，欧盟贸易政策的保护主义色彩显著上升。

**（三）为新型全球化提供中国理念**

作为人类社会从局部走向整体的过程，全球化是不断前进的历史洪流，逆全球化则是这一洪流中的"回头浪"。习近平总书记指出："长江、尼罗河、亚马孙河、多瑙河昼夜不息、奔腾向前，尽管会出现一些回头浪，尽管会遇到很多险滩暗礁，但大江大河奔腾向前的势头是谁也阻挡不了的。"[①] 面对逆全球化的浪潮，中国在人类命运共同体理念指引下推进新型全球化，即以开放、包容、均衡、普惠为发展目标的全球化。

改革开放以来，中国与全球经济的互动主要经历了三个阶段：一是从计划经济到市场经济，以市场化改革与对外开放为两大基本点，由浅到深、由表及里地逐步融入世界市场；二是从单纯依赖市场到实现科学发展，以和谐社会、和平发展、包容性增长等理念为特征，对市场和效率优先的发展模式进行战略调整和认知重构，逐步平衡社会资源分配，兼顾公平与效率、经济与社会、市场与民生；三是从韬光养晦到奋发有为，以金砖国家机制、亚洲基础设施投资银行、"一带一路"建设为标志，经济合作领域逐步扩大、合作深度不断拓展，并开始在区域合作机制构建、全球经济治理领域发挥更大作用，着力塑造有利于实现中华民族伟大复兴的国际环境。

---

① 习近平：《开放合作命运与共——在第二届中国国际进口博览会开幕式上的主旨演讲》，《人民日报》2019年11月6日。

"中国是经济全球化的受益者,更是贡献者。"① 在发达国家涌现逆全球化浪潮的今天,中国需要承担历史和时代赋予我们的责任,为全球化前行提供中国理念。

在国内战略上,中国可以在总结自身参与全球化进程的经验基础上进一步完善相关的体制机制。一方面,对照发达国家逆全球化思潮兴起的原因,中国之所以能够在充分利用全球化机遇实现经济高速增长的同时使城乡居民明显受益,根本是因为中国的赶超型经济增长体现了共享理念。② 随着中国经济发展跨越刘易斯转折点,面对产业结构升级和技术创新等问题,中国要进一步将国际经济合作与国内社会资源分配的公平正义联结起来,把提高生产率与加强社会保护有效结合起来,使全体国民对发展成果实现公平、稳定、有序分享。另一方面,在逆全球化思潮兴起、各国经贸合作深度和广度不断提升所导致的各国国内制度的外溢效应持续增强的背景下,中国推动从商品和要素流动型开放向规则等制度型开放转变。③ 建设自由贸易试验区和自由贸易港,就是中国近年来为推进制度型开放而实施的重大举措。在具有较强外溢效应的相关体制机制领域,中国要将本国相关规则和国际通行规则做进一步对标对表,在此基础上实施一系列制度创新。

在对外战略上,面对逆全球化浪潮,中国作为"世界和平的建设者、全球发展的贡献者、国际秩序的维护者"为全球化前行发挥着引领作用。一是促进中国特色大国外交与开放型世界经济相融合。近年来,中国提出了共商、共建、共享的全球治理观,义利相兼、以义为先的正确义利观,和平、发展、公平、正义、民主、

---

① 习近平:《共担时代责任,共促全球发展》,《求是》2020年第24期。
② 蔡昉:《全球化的政治经济学及中国策略》,《世界经济与政治》2016年第11期。
③ 国家发展改革委对外经济研究所课题组:《中国推进制度型开放的思路研究》,《宏观经济研究》2021年第2期。

自由的全人类共同价值，为中国特色大国外交提供了理念指引。中国要反对保护主义，反对"筑墙设垒""脱钩断链"，反对单边制裁、极限施压，推动贸易和投资自由化，推进双边、区域和多边合作，加大对全球发展合作的资源投入，维护和创建开放型世界经济。二是促进物质性权力增长与制度性权力提升相结合。近年来，中国通过"建制""改制"等方式在多边国际制度中的话语权有所上升，但总体而言，制度性话语权的提升仍然与中国在参与全球化进程中所担负的成本和承载的责任不成比例。中国要积极参与全球治理体系的改革与建设，进一步提高自己在全球治理中的制度性话语权。三是促进中国的比较优势与他国的发展需求相对接。中国具有比较优势的产业在西方贸易投资保护主义上升的环境中面临更大的风险，必须做好风险预警和风险管控。中国在扩大开放中要做好自身优势与国外市场、资源、要素的对接，使自身优势得到充分发挥，国外资源得到有效利用，构建国内国际双循环相互促进的新发展格局。

约瑟夫·斯蒂格利茨在《人民、权力与利润》一书中指出，全球化有几种不同的组织形式，欧美的自由放任资本主义与中国特有的发展模式会长期并存。进一步推进全球化，必须有一个最低标准，必须改革治理体系，建设一套各方都认同的基本规则。[①] 人类命运共同体理念正是当前全球化遭遇困境时的理论"突围"，反映了中国在面对逆全球化浪潮时对全球化的态度。在人类命运共同体理念的指引下，中国进一步提出了全球发展倡议、全球安全倡议和全球文明倡议。人类命运共同体理念为中国进一步参与全球化进程提供了理论遵循和实践指南。

---

① Joseph E. Stiglitz, *People, Power, and Profits: Progressive Capitalism for an Age of Discontent*, New York: W. W. Norton & Company, 2019.

## 二 民粹主义与全球经济治理

新一轮民粹主义浪潮在西方世界蔓延后,经济全球化的弊端更加深刻地暴露在世人面前,对经济全球化的治理也比以前任何时期都显得更加迫切和紧要。作为被多数人接受而生效的全球规则体系,全球经济治理并非由国家排他性地加以实施,而是体现出非国家行为体的广泛参与,跨国公司、国际非政府组织和其他各种设定国际标准的非国家行为体在全球体系中都可以采取具有权威性的行动。共同治理、多元治理、去中心化治理成为全球治理理论的一种价值预设,即"没有政府的治理"(governance without government)。① 但近年来的世界现实表明,全球经济治理并没有走上"去国家化"的路向。与全球治理理论的这种价值预设相反,自新一轮民粹主义浪潮兴起以来,"回归国家"的轨迹在全球经济治理中愈发突显。

### (一)国家在全球经济治理中的作用

从历史经验上看,全球经济治理主要有三种路径:多边治理、单边治理和网络化治理。在这三种路径中,国家都是最主要的行为体。正如戴维·莱克和迈尔斯·卡勒所指出的:"全球化可以导致对更大范围实体的更多授权,但国家仍然保留着随意取消这种授权的能力。国家依然是最主要的政治行为体。"② 也就是说,国家在全球经济治理中发挥了核心作用。

---

① [美]詹姆斯·罗西瑙:《没有政府的治理》,张胜军等译,江西人民出版社2001年版,第4—5页。
② Miles Kahler and David Lake, eds., *Governance in A Global Economy: Political Authority in Transition*, Princeton: Princeton University Press, 2003, pp. 9 – 10.

1. 国家在多边治理中的作用

全球层次上的国际经济制度大多建立在多边主义基础上，但多边经济制度无论从历史起源上还是从现实运作上都是由大国特别是霸权国主导的。自 1944 年布雷顿森林会议以来，从贸易（关税与贸易总协定/世界贸易组织）到货币金融（国际货币基金组织）和发展（世界银行）的各个领域都建立了多边国际制度。战后国际制度的多边主义特征是由美国设计的，是美国将其国内政治经济构架推向世界的产物。[1] 这些多边国际制度深刻地打上了美国的印记。比如，这些国际经济制度在建立之初所反映的"嵌入式自由主义"就是美国 20 世纪 30 年代罗斯福新政在国际经济秩序上的扩展。[2] 20 世纪 80 年代里根总统开启新自由主义改革后，美国又将其新自由主义政治经济秩序从国内推广到国际[3]，国际货币基金组织、世界银行等多边国际制度都成为新自由主义全球化的重要推手。

在现实运作上，多边国际组织的"民主赤字"问题凸显了全球经济治理中的国家性。由于担心贸易、货币和其他重要问题的谈判可能造成全球市场的变动，国际经济组织中的谈判往往是在少数几个国家谈判代表这样的小圈子内进行的。这种决策模式被罗伯特·基欧汉和约瑟夫·奈形象地称为"多边合作的俱乐部模式"[4]。

---

[1] 安—玛丽·伯利：《对世界的管制：多边主义、国际法及新政管制国家的推广》，载约翰·鲁杰主编《多边主义》，苏长和等译，浙江人民出版社 2003 年版，第 143 页。

[2] John G. Ruggie, "International Regimes, Transactions, and Change: Embedded Liberalism in the Postwar Economic Order", *International Organization*, Vol. 36, No. 2, 1982, pp. 379–415.

[3] 黄琪轩：《国际秩序始于国内——领导国的国内经济秩序调整与国际经济秩序变迁》，《国际政治科学》2018 年第 4 期。

[4] Robert O. Keohane and Joseph S. Nye, "The Club Model of Multilateral Cooperation and Problems of Democratic Legitimacy", in Roger B. Porter et al., eds., *Efficiency, Equity and Legitimacy: The Multilateral Trading System at the Millennium*, Washington: Brookings, 2001, pp. 264–307.

这种模式也被一些人批评为是"非民主的"。因此,反全球化运动往往将多边经济制度作为其抗争的对象。① 多边经济制度的运行在很大程度上依赖于少数国家居于主导地位的权力结构,隐藏的少边主义为多边秩序构建了主要框架。比如,多边贸易谈判的最终结果往往反映了成员在特定议题领域的权力结构。吉尔伯特·温汉姆指出,在多边制度中存在一个金字塔结构:"处于金字塔尖的大国首先提议谈判,其他国家逐步加入协议的讨论,从而达成多边协定。"② 国际货币基金组织更是根据认缴份额的多少来分配投票权,从而确保美国以及发达国家对国际货币体系的主导和控制。

2. 国家在单边治理中的作用

单边行动和全球治理似乎相悖。传统的观点认为,单边行动一般会阻碍国家间的共同行动,从而削弱全球治理。但实际上,某些单边行动也可能会促进全球治理。一些国家所制定的标准为其他国家所接受,就会导致各国标准的趋同化。单边接受共同标准可能是高度自愿的,例如,一些国家采用其他国家先前采用过的政治安排以解决它们认为相同的国内问题。社会学制度主义就揭示了国家间政策扩散和规范扩散中的合法性机制。③ 单边接受共同标准也可能是部分自愿的,例如国家采用普遍接受的会计原则,使它们的账目更加透明,或者模仿其他国家建立管理机构。在这种情况下,自愿的程度是有限的,因为如果不采取这样的行动,就无法获得外国投资和其他的好处。④ 当然,强制接受共同标准的情况也会发生。

---

① Robert O'Brien, Anne Marie Goetz, Jan Aart Scholte, and Marc Williams, *Contesting Global Governance: Multilateral Economic Institutions and Global Social Movements*, Cambridge: Cambridge University Press, 2000.

② Gilbert R. Winham, *International Trade and the Tokyo Round*, Princeton: Princeton University Press, 1986, p. 376.

③ Martha Finnemore, "Norms, Culture, and World Politics: Insights from Sociology's Institutionalism", *International Organization*, Vol. 50, No. 2, 1996, pp. 325 - 347.

④ [美] 约瑟夫·奈、约翰·唐纳胡主编:《全球化世界的治理》,王勇等译,世界知识出版社2003年版,第19页。

戴维·莱克将某些国家单方面接受另外一些国家权威的治理模式称为"等级制"模式。与传统的帝国统治模式不同的是，现代国际体系中的"等级制"治理模式可能是自愿的，即规则接受国主动接受规则制定国所制定的规则，反过来规则制定国有义务为规则接受国提供社会秩序或公共物品。[①] 美元化就是一个典型的例子。美元化是一国的政府让美元或其他国家的货币逐步取代自己的货币并最终自动放弃货币或金融主权的行动。在世界经济中，一些国家已经单方面放弃了发行本国货币的权力，而采用美元（如厄瓜多尔和巴拿马）或者欧元（如黑山共和国）作为其法定货币。这些国家之所以这么做，是因为美元化不仅可以极大地降低汇率风险，而且可以带来更严格的金融纪律。

3. 国家在网络化治理中的作用

网络化治理是最接近"没有政府的治理"的全球经济治理模式。在这种模式中，私营部门和非政府组织发挥了不可或缺的作用。行为体之间通过对话和商议来达成共同目标，而不是通过谈判或战略性的交易。在全球经济中，网络化治理可以发挥的功能包括议程设置、构建共识、政策协调、知识交换与生产、规范的确立与扩散等。[②] 但即使如此，网络化治理也仍然是在国家权力的影子下运作的。

迈尔斯·卡勒将这种多主体治理模式中的政治权力现象称为"网络化政治"。他认为，网络化治理不能脱离正式的国家间组织而单独存在，国际关系中的权力政治也存在于网络化治理模式中，关于该模式的扁平化、去中心化的假设可能会掩盖网络中隐含的权力结构。网络化治理无法避免"规制俘获"（regulation capture），

---

[①] David Lake, *Hierarchy in International Relations*, Ithaca: Cornell University Press, 2009.

[②] Leonardo Martinez-Diaz, and Ngaire Woods, eds., *Networks of Influence? Developing Countries in a Networked Global Order*, Oxford: Oxford University Press, 2019, pp. 6–10.

贡献较多的成员可以获得相应的较大的非正式影响力，随之产生以自身利益偏好来"绑架"国际制度的倾向。卡勒将"网络化政治"中的国家权力划分为三种形式：议价权力、社会权力和退出权力。这些权力并非具有行为体属性，而是与其在网络中的位置、行为体间的关系等结构性因素相关。[①] 在网络化治理模式下，这三种权力相互制约、相互平衡。比如，一些国家试图增加议价权力的行为，会招致那些潜在的目标国家寻求运用退出权力。因此，在更加灵活的网络化治理中，成员有权随时退出，主导国家必须在发挥影响力时有所克制。

**（二）近年来全球经济治理中国家性增强的表现**

无论在多边治理、单边治理还是网络化治理中，国家都在对全球经济的治理中发挥着核心的作用。但国家在全球经济治理中的作用并非一成不变，我们可以用"国家性"（stateness）来描述国家的作用。内特尔在《作为概念变量的国家》中率先提出将国家性作为一个变量来考察。他根据历史、知识和文化传统的差异衡量了欧洲和北美社会"国家性"的强弱，比如法国的国家性较强，而美国的国家性较弱。[②] 作为一个变量，国家性既可以比较不同国内政治体系中国家作用的强弱，也可以用来考察全球政治体系中国家作用的变迁。2016 年，英国脱欧公投通过和美国特朗普当选总统后，国家在全球经济治理中的作用更加强化，全球经济治理的国家性更加突显出来。

1. 多边治理中的国家性

随着新兴经济体成为经济全球化的重要参与者，发展中大国

---

[①] Miles Kahler, Networked Politics: Agency, Power, and Governance, Ithaca: Cornell University Press, 2009, pp. 11 – 13.

[②] J. P. Nettl, "The State as a Conceptual Variable", World Politics, Vol. 20, No. 4, 1968, pp. 559 – 592.

在多边制度中的影响力逐渐增加。在难以完全控制多边制度的情况下，美国牵头志同道合的伙伴国达成多边或双边协定，或者采取联合行动，以便更有效地主导国际规则的制定。2018年美墨加协定的谈判就体现了特朗普政府从多边转向双边的战略。三国达成的多边贸易协定在实质上更像是三个"双边协定"。比如，美墨加协定因加拿大的坚持而保留了对该国文化产业的适用豁免，因此加拿大与美国、加拿大与墨西哥之间适用"文化例外"规则，而美国与墨西哥之间则适用文化贸易自由化规则。通过对不同双边贸易协定条款做出的个性化定制，美国可以将自身通过国际贸易获得的利益最大化。2018年以来，美国与欧盟、日本举行多次贸易部长会晤，在国企地位、产业补贴、劳工和环境标准等议题上"逐渐形成共同立场"。2020年1月，三方提出有关"遏制造成市场扭曲的补贴"的世界贸易组织改革建议，意在形成"对华统一战线"。美国的上述做法使全球经济治理的"碎片化"风险加大。

对多边主义更大的挑战来自于美国、英国等大国退出国际制度，或者在较低的程度上通过单方面行动使多边国际制度陷入瘫痪的境地。2016年6月，在英国举行的脱欧公投中支持离开欧盟的选民以51.9%比48.9%的微弱优势战胜了留欧派，使英国成为《里斯本条约》中"选择性退出"条款诞生以来首个宣布脱离欧盟的国家。自欧洲经济共同体成立以来，欧洲一体化的进程虽然有过徘徊期，但总体上是向前发展的，而英国脱欧这一"黑天鹅"事件给欧洲一体化进程带来了巨大的不确定性，"去一体化"这一概念成为欧洲研究的重要议程之一。[①] 特朗普表现出强烈的反多边制度的倾向，其在当选总统后就宣布退出奥巴马政府力推的TPP，之

---

① 潘兴明：《关于欧洲一体化的新思考——以英国脱欧为视角》，《人民论坛·学术前沿》2018年9月下。

后退出多个国际条约或组织（如表8-1所示）。特朗普政府还威胁要退出世界贸易组织、万国邮政联盟等多边制度。例如，特朗普试图通过发出威胁迫使世界贸易组织改革按维护美国利益的方向进行。美国拒绝支持世界贸易组织中其他成员提出的遴选填补上诉机构大法官空缺的建议，世界贸易组织上诉机构面临"停摆"威胁。由于特朗普政府的阻挠，世界贸易组织上诉机构于2019年12月11日起只剩下一名法官，无法受理任何案件，被迫"停摆"。美国的"退群"以及"威胁退群"为国际经济的发展增加了不确定性，这种"以退为进"的极端自利行为招致国际社会的强烈不满。美国打着"美国优先"的旗号，从全球公共物品的提供者变为破坏者。

表8-1　　　　特朗普政府退出国际制度情况一览

| 条约/国际组织 | 退出理由 | 宣布退出时间 | 历史退出情况 |
| --- | --- | --- | --- |
| 跨太平洋伙伴关系协定 | 不公平自贸协定损害美国国家利益 | 2017年1月23日 | |
| 巴黎协定 | 给美国带来财政和经济负担；威胁美国经济和就业 | 2017年6月1日 | |
| 联合国教科文组织 | 存在持续的反以色列偏见；需要进行根本性改革 | 2017年10月12日 | 1984年退出，2002年重新加入 |
| 移民问题全球契约 | 与美国的法律和政策不符 | 2017年12月3日 | |
| 联合全面行动计划 | 伊朗导弹计划违约 | 2018年5月8日 | |
| 国际咖啡协定 | 未明确表态 | 2018年4月3日 | 1993年退出，2004年重新加入 |

续表

| 条约/国际组织 | 退出理由 | 宣布退出时间 | 历史退出情况 |
|---|---|---|---|
| 联合国人权理事会 | 该组织对以色列"存在偏见";新加入的某些成员"无法保护人权" | 2018年6月19日 | 2006年退出,2009重新加入 |
| 维也纳外交关系公约关于强制解决争端之任择议定书 | 国际法院接受巴勒斯坦对美国大使馆从特拉维夫迁往耶路撒冷提出异议的诉讼 | 2018年10月3日 | 1985年曾退出国际法院 |
| 武器贸易条约 | 严重误导的条约 | 2019年4月25日 | |

资料来源:王明国《单边与多边之间:特朗普政府退约的国际制度逻辑》,《当代亚太》2020年第1期。

### 2. 单边治理中的国家性

单边治理本来就具有鲜明的国家性。近年来,单边手段在全球经济治理中得到了越来越多地采用,从而使全球经济治理的国家性变得更加突出,特别是美国越来越多地采用单边手段实现其经济目标。特朗普上任后,美国频繁地打着"公平贸易"的旗号推行"美国优先"的单边贸易政策。特朗普政府的贸易政策目标由五个方面组成:支持美国国家安全、强化美国经济、获得更好的贸易协定、积极进取地实施美国贸易法、改革多边贸易体制。从中可以看出,单边主义已成为特朗普政府贸易政策的基本导向。[①] 美国成为世界贸易体系的"恃强凌弱者",单方面定义"公平贸易"的准则是其在贸易领域开展单边行动的重要手段。

此外,形式上的多边国际制度中隐藏着单边行为的逻辑。诸多国家即使参与多边制度,秉承的还是单边逻辑。多边制度下的政策

---

① 李向阳:《特朗普政府需要什么样的全球化》,《世界经济与政治》2019年第3期。

协调往往通过在模仿、学习或竞争基础上的政策扩散展开,但却有可能掩饰主要国家在多边制度中推行自身价值规范的单边行为。这种扩散有可能是一种在激励及制裁机制下的被动行为,被称作"模仿或惩罚"①。在美墨加协定谈判中,美国同样利用强大的优势将其单边标准双边化,进而多边化。美国认为北美自由贸易协定让墨加两国受益更多,有必要通过重谈改善本国贸易状况,保持并扩大美国农产品、制造业产品及服务的市场准入。美墨之间不断扩大的贸易逆差是特朗普抨击北美自由贸易协定的重要原因。事实上,加拿大、墨西哥同样坚持本国利益优先的谈判原则。各方也主要从自身利益得失出发进行谈判,几乎没有人把北美作为整体进行考虑。从新协定的名称"美国—墨西哥—加拿大协定"来看,这一协定被弱化为国家间协定而非区域协定,"国家优先"原则得到充分体现。

3. 网络化治理中的国家性

相对于单边治理和多边治理,网络化治理的国家性更为隐蔽。近年来,国家在网络化治理中的角色开始更加外露化、公开化,从而更加清晰地显示了网络化治理的国家性。

例如,国家间在跨国公司规制上的冲突加剧。在全球经济治理中,一些跨国公司及其建立的跨国组织创立了自己的治理标准和最佳作业准则。但是,跨国公司仍是以母国为基地建立和发展起来的,由于母国在国内政治经济制度上的差异,不同跨国公司的治理标准和作业准则会出现跨国差异。在金融危机后世界经济下行的压力下,这种差异会导致国家间的规制冲突加剧。自2016年欧盟裁定苹果公司补缴130亿欧元税款后,欧盟近几年来频频借税收问题

---

① Miles Kahler and David Lake, "Economic Integration and Global Governance: Why So Little Supranationalism?", in Walter Mattli and Ngaire Woods, eds., *The Politics of Global Regulation*, Oxford: Oxford University Press, 2002, pp. 264–265.

向美国大型跨国公司特别是科技巨头挑战，包括谷歌、脸书、亚马逊等，被媒体形容为欧美税收战争。特朗普政府的介入使事件从美国跨国公司与欧盟之间的争端演变为美国政府与欧盟之间围绕税收规则制定权的争夺。

又如，全球通信技术的突飞猛进在推进社会互动网络化的同时加剧了国家间在技术标准上的竞争。随着人类社会进入数字经济时代，全球通信技术大幅度降低了社会互动的成本，促进了网络化治理的发展。参与这种网络化治理的主体包括科技公司、技术专家以及政府部门等。但由于技术标准决定未来技术发展方向，会对国际市场产生广泛且持续的影响，大国往往试图掌握技术标准的制定权以便在日后的市场竞争中占得先机。可以说，全球通信技术标准的竞争在本质上仍是利益驱动的国家间权力竞争。中美两国在5G技术标准上的激烈竞争就反映了企业竞争背后的大国间战略竞争：中国试图通过产业和技术升级从全球价值链的低端走向高端，而美国担心中国的产业和技术升级威胁其在该领域的全球主导权。特朗普政府对华战略的目标之一就在于把中国在全球价值链的位势予以锁定，从而使中美在科技层级上维持一个恒定且尽可能大的差距。[①]因此，数字经济一方面为构建扁平化治理平台提供了有利的技术条件，另一方面也由于技术标准的竞争而加剧了国家间战略竞争。

### （三）民粹主义强化全球经济治理中的国家性

近年来全球经济治理中国家性的增强，除了与新兴市场国家崛起后大国竞争的加剧相关外，还和发达国家民粹主义的兴起相关。在与民粹主义相伴而生的社会保护加强、民族主义复兴和强人政治回归这些因素的作用下，近年来国家在全球经济治理中的作用趋于

---

① 张宇燕：《全球经济治理体系的瓦解、重构和新创》，《世界政治研究》2019年第1辑。

强化。

第一，对全球化受损群体的社会保护要求更大程度的国家干预。全球化具有再分配效应，会加剧收入和财富分配的不平等。近几十年来，发达国家国内收入不平等和贫富差距显著扩大，特别是中低阶层的收入状况恶化。美国国会预算办公室的报告显示，2013年，美国拥有财富最多的前10%的家庭所拥有的财富份额是76%，大概是全国其他90%家庭财富总量的3.2倍。[1] 曾任世界银行研究部首席经济学家的布兰科·米兰诺维奇计算了全球的收入分布各百分位数所对应的人群在1988年到2008年实际收入的变化。他发现，处于全球收入分布75%到90%百分位数，也就是排列在全球收入水平中上阶层的人群，其收入水平在从1988年到2008年的20年间基本上是停滞不前甚至是下降的。[2] 这些人群的主体恰恰是发达国家的普通劳动者。民粹主义者将日益扩大的贫富差距归咎于全球化。在他们看来，全球化是一项只惠及少数人的事业，不仅在国家间还在国家内部导致更大程度的不平等。作为全球化进程中的利益受损群体，发达国家低技能的普通劳动者对全球化愈发不满，产生了强烈的反全球化诉求，期待国家加大对他们的社会保护。

随着民粹主义的兴起，发达国家尝试通过更大程度的政府干预来加强对全球化受损群体的保护。特朗普政府积极推进"振兴制造业"政策，"把工作带回美国"，试图以此改善蓝领工人的处境。2018年，美国制造业新增就业岗位28.4万个，是1997年以来增幅最大的一年。[3] 在欧洲，法国国民阵线、德国选择党等民粹主义政党虽未上台执政，但其在竞选纲领中都强调了对本国劳工的保

---

[1] Congressional Budget Office, "Trends in Family Wealth, 1989–2013", https://www.cbo.gov/sites/default/files/114th-congress-2015-2016/reports/51846-familywealth.pdf.

[2] Branko Milanovic, "Global Income Inequality by the Numbers: in History and Now", *World Bank Policy Research Working Paper* 6259, 2012, p.13.

[3] White House News, https://www.whitehouse.gov/articles/2018-ends-312000-jobs-created-december-strong-year-job-market/.

护，比如国民阵线领导人玛丽娜·勒庞在 2017 年大选中就呼吁"去除对本国工人的冷漠"，一反传统的右翼立场要求国家为社会分配承担更大的责任。

第二，右翼民粹主义推动了民族主义的复兴。新自由主义全球化更多地将社会单位看作同质的个体，彼此都是"地球村"中的村民，也就是所谓的"世界公民"。随着右翼民粹主义的兴起，民族主义在发达国家走向复兴，美欧国家开始更加强调国族之间的政治分野。特朗普对全球主义者进行了猛烈的抨击，公开将自己称为民族主义者："全球主义者希望世界过得好，却对自己的国家关心不够。……你们知道我是谁吗？我是一个民族主义者。民族主义者！就这样称呼我吧！就这样称呼我吧！"[1] 民族主义所描绘的画面是具有同一国族认同的"自我"与"他者"的差异甚至对立。例如，在美国，被特朗普妖魔化的是墨西哥人、中国人和穆斯林。在欧洲，这个"他者"则是穆斯林移民、吉卜赛人或犹太人等少数族裔群体、超越民族国家之上的布鲁塞尔官员，等等。[2]

在逆全球化的浪潮中，民族主义最直观的体现是国家间有形或无形的边界重新被筑起。特朗普的经济政策深受民族主义的影响，特朗普在对外经济政策上奉行的"美国优先"原则具有典型的民族主义倾向。此外，特朗普颁布"禁穆令"、修建美墨隔离墙、严格控制移民，都表明特朗普追求的不是以美国信条为核心的价值观共同体，而是以归属性人口特征（种族、宗教和语言）为核心的族群共同体。在这个意义上，特朗普治下的美国从一个例外国家转变为一个传统的民族国家（一个民族，一个国家）。[3] 在欧洲，民

---

[1] Peter Baker, "'Use That Word!': Trump Embraces the 'Nationalist' Label", *New York Times*, October 23, 2018.

[2] Dani Rodrik, "Populism and the Economics of Globalization", *Journal of International Business Policy*, No.1, 2018, p. 24.

[3] 谢韬：《美国大转型：从"例外"国家到民族国家》，《探索与争鸣》2020 年第 7 期。

族主义和民粹主义相结合产生的右翼民粹主义同样大行其道。随着难民危机的爆发，右翼民粹主义在欧洲进一步发酵，其势头远远超过基于阶级意识的左翼民粹主义。号称"女版特朗普"的玛丽娜·勒庞推出了"法国优先、从欧盟收回主权"的竞选纲领。由于民族主义的复兴，诸多国家会更狭隘地理解和维护本国的经济利益，它们在参与全球经济治理时也会将本国经济利益作为优先的诉求。

第三，民粹主义的领导风格带来了强人政治的回归。保罗·塔格特指出："民粹主义倾向于个人魅力型领导。但一般来说，这表明了对强权领导的偏好。"[1] 民粹主义运动的著名领导人，如阿根廷的胡安·庇隆、法国的让—马里·勒庞都具有个人魅力型权威的特质。2008年全球金融危机后，西方各国政府应对危机的能力受到质疑和批评。在经历长期经济萧条之后，民众对现行政府和体制倍感失望，寄希望于权力集中的政府及强大且有魄力的政治领袖推行强有力的措施来凝聚国家认同，改革现行的制度，改变社会不平等状况。2010年政治强人欧尔班担任匈牙利总理后采取了一系列颇具民粹主义色彩的政策，凭借国内选民的高支持率在之后的四届选举中连选连任。2016年特朗普当选美国总统是近年来强人政治回归的最强信号，特朗普"美国优先""让美国再次伟大"等竞选口号正好切中了美国中下层民众对于"变革"的强烈诉求。

国际民调机构益普索2016年针对全球22个国家开展民调，除了瑞典、德国和日本外，其余19个国家都有超半数受访者认同政治强人可以带领国家重新富强。即使在瑞典、德国、日本三国，对强人政治表示反对的民众也仅占31%、39%和32%。"强人政治"在欧洲有相当的民意基础，英国、法国、意大利、西班牙、匈牙利

---

[1] ［英］保罗·塔格特：《民粹主义》，袁明旭译，吉林人民出版社2005年版，第138页。

五国受访者对政治强人寄予厚望的比例分别达到67%、70%、67%、72%和72%。① 强人政治在民众普遍希冀恢复民族国家荣耀的情境下出现，政治强人在执政时也势必会采取民族国家利益至上的强势政策。因此，在强人政治回归的背景下，全球经济治理的国家性也走向强化。

综上所述，尽管国家从来都是全球经济治理的核心行为体，但国家在全球经济治理中的作用却从来没有像当下这样如此鲜明和突出。民粹主义的兴起使得全球经济治理的国家性更加强化。在这个意义上，全球经济治理所具有的国家性既是历史延续而来的特征，也是时代变革的结果。

**（四）为全球经济治理体系变革提供中国方案**

当前，全球治理体系面临着重大挑战，亟须进行深刻变革。作为世界第二大经济体，中国应在与世界其他部分互动的过程中更加积极有为，为全球经济治理体系的变革贡献重要力量。

在多边治理中，积极推动全球经济治理机制改革。习近平总书记在党的二十大报告中指出："中国积极参与全球治理体系改革和建设，践行共商共建共享的全球治理观，坚持真正的多边主义，推进国际关系民主化，推动全球治理朝着更加公正合理的方向发展。"② 首先，以维护多边贸易体制为导向，推动全球经济治理传统机制改革，特别是聚焦强化和优化争端解决机制、完善发展中国家和市场经济地位认定标准、促进国际贸易自由化的多边协定谈判三大改革领域，在各方改革分歧中寻求最大公约数，凝聚世界贸易

---

① Ipsos Mori，https：//www.ipsos.com/sites/default/files/migrations/en-uk/files/Assets/Docs/Polls/global-advisor-political-uncertainty-dec-2016-tables.pdf.

② 习近平：《高举中国特色社会主义伟大旗帜 为全面建设社会主义现代化国家而团结奋斗——在中国共产党第二十次全国代表大会上的报告》，人民出版社2022年版，第62页。

组织改革共识。其次,提升全球经济治理新兴机制功能,包括推动二十国集团充分发挥国际经济合作功能,充实和深化金砖国家务实合作伙伴关系,以及依托亚洲基础设施投资银行等新型区域性国际金融机构完善全球金融治理体系。最后,以《区域全面经济伙伴关系协定》(RCEP)批准生效和适时升级为重要契机,以加入《全面与进步跨太平洋伙伴关系协定》(CPTPP),助推亚太经济一体化为努力方向,构建面向全球的高标准自贸区网络,与东亚国家一道维护全球产业链供应链的稳定畅通。

在单边治理中,依托"一带一路"倡议推进开放、包容、普惠、共享的新型全球化。习近平总书记指出:"'一带一路'倡议来自中国,但成效惠及世界。"[①] 鉴于"一带一路"沿线国家不是缺乏合作机制,而是"合作机制"过多的问题,"一带一路"倡议并没有转变为一个多边国际制度。作为一种以发展为导向的倡议,"一带一路"提倡开放务实和灵活多样的制度形式。[②] 任何国家只要有意愿与中国合作,就可以通过自身发展战略与"一带一路"倡议对接来参与"一带一路"建设。时任中国商务部副部长钱克明表示:"'一带一路'是在当前全球化遇到困境和问题的情况下提出的一个解决这些问题的中国思路或中国方案,也是探索未来新型全球化的一种举措。""通过'五通'的建设,把亚洲、欧洲的中间地带,包括东南亚一带,事实上是被原来的全球化抛在后面的区域,让它们搭上全球化的快车,参与产业的分工促进经济的增长。"[③] "一带一路"建设不提倡市场分割和具有排他性的俱乐部性质的合作机制,不赞成经济合作中附加政治条件,坚持以人类的整

---

① 习近平:《共担时代责任,共促全球发展》,《求是》2020年第24期。
② 钟飞腾:《一带一路的机制化建设与进展评估》,《中国国际战略评论》2019年(上)总第13期。
③ 朱丽娜:《钱克明:全球化不是替罪羊"一带一路"倡议是应对全球化问题的中国方案》,www.21jingji.com/2018/4-11/0OMDEzNzlfMTQyNzk0OA.htm。

体利益为中心，努力实现世界的共同发展，从而避免新自由主义的种种弊端，升华全球观念，创造有中国特色、国际普遍认可的新型全球化话语体系。

在网络化治理中，面向新时代全球经济治理中的新议题、新手段、新主体，积极推动国际标准制定。正如习近平总书记所强调的，推进全球治理体制变革不仅事关应对各种全球性挑战，而且事关给国际秩序和国际体系定规则、定方向；不仅事关对发展制高点的争夺，而且事关各国在国际秩序和国际体系长远制度性安排中的地位和作用。[①] 首先，针对全球经济数字化发展和跨国公司利润转移给现行国际税收规则带来的挑战，在二十国集团框架内继续支持全球税制改革，与各国一道推动国际税收框架朝更稳定、更公平的方向发展。其次，积极深化绿色金融国际合作，促进绿色金融国际标准趋同，完善绿色金融国际合作平台，推动全球绿色金融能力共享。最后，顺应数字和网络技术发展大势，直面各国关切的安全风险，以共进为动力、以共赢为目标，深化网络空间治理领域的全球务实合作，共同构建网络空间命运共同体。

---

① 《习近平在中共中央政治局第二十七次集体学习时强调推动全球治理体制更加公正更加合理 为我国发展和世界和平创造有利条件》，《人民日报》2015年10月14日。

# 参考文献

**经典文献**

《马克思恩格斯全集》（第46卷上），人民出版社1979年版。

《马克思恩格斯文集》（第3卷），人民出版社2009年版。

《马克思恩格斯选集》（第1、3卷），人民出版社2012年版。

习近平：《决胜全面建成小康社会 夺取新时代中国特色社会主义伟大胜利——在中国共产党第十九次全国代表大会上的报告》，人民出版社2017年版。

习近平：《开放合作命运与共——在第二届中国国际进口博览会开幕式上的主旨演讲》，《人民日报》2019年11月6日。

习近平：《共担时代责任，共促全球发展》，《求是》2020年第24期。

习近平：《高举中国特色社会主义伟大旗帜 为全面建设社会主义现代化国家而团结奋斗——在中国共产党第二十次全国代表大会上的报告》，人民出版社2022年版。

**中文著作**

陈东晓、［德］史丽娜主编：《中国与二十国集团——新兴市场与全球政治经济》，上海人民出版社2015年版。

陈会颖：《法国政治经济与外交》，知识产权出版社2014年版。

陈志斌：《德国政体教程》，华东师范大学出版社2007年版。

丁则民主编：《美国内战与镀金时代》，人民出版社2002年版。

海闻、P. 林德特、王新奎：《国际贸易》，上海人民出版社2003年版。

韩毅、张琢石：《历史嬗变的轨迹：美国工业现代化的轨迹》，辽宁教育出版社1992年版。

厉以宁：《工业化和制度调整——西欧经济史研究》，商务印书馆2015年版。

林红：《民粹主义——概念、理论与实证》，中央编译出版社2007年版。

刘鹤主编：《两次全球大危机的比较研究》，中国经济出版社2013年版。

刘宏松：《二十国集团、中国倡议与全球治理》，上海人民出版社2019年版。

陆镜生：《美国社会主义运动史》，天津人民出版社1986年版。

罗红波、孙彦红主编：《变化中的意大利》，社会科学文献出版社2017年版。

马龙闪、刘建国：《俄国民粹主义及其跨世纪影响》，广西师范大学出版社2013年版。

史志钦：《全球化与欧洲社会民主党的转型》，中央编译出版社2007年版。

史志钦：《意共的转型与意大利政治变革》，中央编译出版社2007年版。

宋新宁、田野：《国际政治经济学概论》，中国人民大学出版社2020年版。

王正毅：《边缘地带发展论：世界体系与东南亚的发展》，上海人民出版社1997年版。

王正毅：《国际政治经济学通论》，北京大学出版社2010年版。

王正毅主编：《反思全球化：理论、历史与趋势》，社会科学文献出版社 2023 年版。

杨倩：《比较政治学视野中的民粹主义》，当代世界出版社 2020 年版。

杨云珍：《当代西欧极右翼政党研究》，上海人民出版社 2012 年版。

原祖杰：《美国工业化转型时期农民状况研究》，商务印书馆 2023 年版。

张莉：《西欧民主制度的幽灵——右翼民粹主义政党研究》，中央编译出版社 2011 年版。

张宇燕等：《全球化与中国发展》，社会科学文献出版社 2007 年版。

赵晨、赵纪周、黄萌萌：《叙利亚内战与欧洲》，中国社会科学出版社 2018 年版。

郑春荣主编：《德国蓝皮书：德国发展报告（2014、2015、2016、2017）》，社会科学文献出版社 2015、2016、2017、2018 年版。

## 译　著

［法］阿兰·贝尔古尼欧、吉拉德·戈兰博格：《梦想与追悔：法国社会党与政权关系 100 年（1905—2005）》，齐建华译，重庆出版社 2013 年版。

［英］安德鲁·格林编：《新自由主义时代的社会民主主义》，刘庸安、马瑞译，重庆出版社 2010 年版。

［英］安格斯·麦迪森：《世界经济千年史》，伍晓鹰等译，北京大学出版社 2003 年版。

［英］安格斯·麦迪森：《世界经济二百年回顾（1820—1992）》，李德伟、盖建玲译，改革出版社 1997 年版。

［美］巴里·艾肯格林：《资本全球化：国际货币体系史》，彭兴韵

译，上海人民出版社2009年版。

［美］保罗·克鲁格曼：《地理与贸易》，刘国晖译，中国人民大学出版社2017年版。

［英］保罗·塔格特：《民粹主义》，袁明旭译，吉林人民出版社2005年版。

［英］彼得·马赛厄斯、波斯坦主编：《剑桥欧洲经济史》（第七卷上册），徐强等译，经济科学出版社2004年版。

［美］达龙·阿西莫格鲁、詹姆士·罗宾逊：《政治发展的经济分析——专制和民主的经济起源》，马春文等译，上海财经大学出版社2008年版。

［美］丹尼·罗德里克：《新全球经济与发展中国家》，王勇译，世界知识出版社2004年版。

［美］丹尼·罗德里克：《全球化的悖论》，廖丽华译，中国人民大学出版社2011年版。

［美］多米尼克·萨尔瓦多：《国际经济学》，朱宝宪等译，清华大学出版社2004年版。

［法］费尔南·布罗德尔、欧内斯特·拉布罗斯编：《法国经济与社会史（50年代至今）》，谢荣康等译，复旦大学出版社1990年版。

［美］弗朗西斯·福山：《政治秩序与政治衰败：从工业革命到民主全球化》，毛俊杰译，广西师范大学出版社2015年版。

［美］福克讷：《美国经济史》（下卷），王锟译，商务印书馆1989年版。

［德］弗兰茨·瓦尔特：《德国社会民主党：从无产阶级到新中间》，张文红译，重庆出版社2008年版。

［英］I. B. 汤普森：《法国区域经济地理》，储绍唐、段绍伯译，上海译文出版社1983年版。

［美］J. T. 施莱贝克尔：《美国农业史（1607—1972年）》，高田等

译，农业出版社1981年版。

[美] 吉尔伯特·C.菲特：《美国经济史》，司徒淳译，辽宁人民出版社1981年版。

[英] 卡尔·波兰尼：《大转型：我们时代的政治与经济起源》，刘阳、冯钢译，浙江人民出版社2007年版。

[美] 科林·弗林特、[英] 皮特·泰勒：《政治地理学：世界—经济、民族—国家与地方》，刘云刚译，商务印书馆2016年版。

[美] 拉里·巴特尔斯：《不平等的民主——新镀金时代的政治经济学分析》，方卿译，上海人民出版社2012年版。

[美] 雷金纳德·戈列奇、[澳] 罗伯特·斯廷森：《空间行为的地理学》，柴彦威等译，商务印书馆2013年版。

[美] 里昂惕夫：《投入产出经济学》，崔书香译，商务印书馆1980年版。

[美] 理查德·霍夫斯塔特：《美国政治传统及其缔造者》，崔永禄、王忠和译，商务印书馆1994年版。

[美] 罗伯特·基欧汉、约瑟夫·奈：《权力与相互依赖：转变中的世界政治》，门洪华译，北京大学出版社2002年版。

[美] 詹姆斯·艾尔特、玛格丽特·莱维、埃莉诺·奥斯特罗姆主编：《竞争与合作：与诺贝尔经济学家谈经济学和政治学》，万鹏飞等译，北京大学出版社2011年版。

[美] 罗伯特·吉尔平：《全球资本主义的挑战：21世纪的世界经济》，杨宇光、杨炯译，上海人民出版社2001年版。

[美] 罗彻斯特：《美国人民党运动》，马清文译，生活·读书·新知三联书店1957年版。

[美] 塞缪尔·亨廷顿：《谁是美国人？——美国国民特性面临的挑战》，程克雄译，新华出版社2010年版。

[英] 斯图亚特·汤普森：《社会民主主义的困境：思想意识、治理与全球化》，贺和风、朱艳生译，重庆出版社2013年版。

［日］藤田昌久、［美］保罗·克鲁格曼、［英］安东尼·维纳布尔斯：《空间经济学：城市、区域与国际贸易》，梁琦等译，中国人民大学出版社2013年版。

［法］托马斯·皮凯蒂：《21世纪资本论》，巴曙松等译，中信出版社2014年版。

［美］托马斯·K. 麦格劳：《现代资本主义：三次工业革命中的成功者》，赵文书、肖锁章译，江苏人民出版社2000年版。

［美］托马斯·弗里德曼：《世界是平的：21世纪简史》，何帆等译，湖南科学技术出版社2006年版。

［美］W. 查尔斯·索耶、理查德·L. 斯普林克：《国际经济学》，刘春生等译，中国人民大学出版社2010年版。

［加］威廉·安德森：《经济地理学》，安虎森等译，中国人民大学出版社2017年版。

［德］乌尔里希·贝克：《德国的欧洲》，袁杰译，同济大学出版社2014年版。

［美］西奥多·W. 舒尔茨：《论人力资本投资》，吴珠华等译，北京经济学院出版社1990年版。

［美］西蒙·马丁·李普塞特：《政治人：政治的社会基础》，张绍宗译，上海人民出版社2011年版。

［美］约瑟夫·奈、约翰·唐纳胡主编：《全球化世界的治理》，王勇等译，世界知识出版社2003年版。

［美］约翰·鲁杰主编：《多边主义》，苏长和等译，浙江人民出版社2003年版。

［英］约翰·梅纳德·凯恩斯：《和约的经济后果》，张军、贾晓屹译，华夏出版社2008年版。

［美］詹姆斯·罗西瑙：《没有政府的治理》，张胜军等译，江西人民出版社2001年版。

## 中文论文

鲍永玲:《难民危机背景下德国政党生态的新演进》,《国际论坛》2016 年第 6 期。

蔡昉:《全球化的政治经济学及中国策略》,《世界经济与政治》2016 年第 11 期。

蔡拓:《被误解的全球化与异军突起的民粹主义》,《国际政治研究》2017 年第 1 期。

陈明:《美国白银运动的历史渊源及其久远影响》,《湖南科技大学学报》(社会科学版) 2004 年第 3 期。

陈伟光、蔡伟宏:《逆全球化现象的政治经济学分析——基于"双向运动"理论的视角》,《国际观察》2017 年第 3 期。

程卫东:《欧盟宪政秩序的挑战与危机——基于波兰法治危机案的考察》,《欧洲研究》2022 年第 1 期。

邓峰:《美国关税百年之争》,《烟台大学学报》(哲学社会科学版) 2007 年第 2 期。

刁大明:《2016 年美国大选与选后美国政治走向》,《中国国际战略评论》2017 年总第 10 期。

刁大明:《身份政治、党争"部落化"与 2020 年美国大选》,《外交评论》2020 年第 6 期。

董经胜:《民粹主义:学术史的考察》,《当代世界与社会主义》2020 年第 5 期。

董一凡:《意大利大选评析》,《国际研究参考》2018 年第 4 期。

高春芽:《西方民主国家的民粹主义挑战:矫正与威胁》,《当代世界与社会主义》2018 年第 6 期。

国家发展改革委对外经济研究所课题组:《中国推进制度型开放的思路研究》,《宏观经济研究》2021 年第 2 期。

韩宇:《战后美国东北部服务业发展研究》,《美国研究》2006 年第 3 期。

何晴倩：《文化抵制还是文化反弹？——西欧右翼民粹主义政党兴起的因果效应比较》，《世界经济与政治》2017 年第 12 期。

黄萌萌：《"政治环境"视角下德国政党格局的新变化》，《欧洲研究》2018 年第 6 期。

黄琪轩：《国际秩序始于国内——领导国的国内经济秩序调整与国际经济秩序变迁》，《国际政治科学》2018 年第 4 期。

黄仁伟：《论美国人民党运动的历史地位》，《世界历史》1989 年第 1 期。

李琮：《经济全球化的波动和前景》，《世界经济与政治论坛》2004 年第 5 期。

李济时、杨怀晨：《从左右之争到民粹主义与技术官僚主义之争——基于 2022 年法国选举政治的分析》，《欧洲研究》2022 年第 5 期。

李凯旋：《意大利养老金改革及启示》，《欧洲研究》2017 年第 5 期。

李巍、张玉环：《"特朗普经济学"与中美经贸关系》，《现代国际关系》2017 年第 2 期。

李巍、赵莉：《产业地理与贸易决策——理解中美贸易战的微观逻辑》，《世界经济与政治》2020 年第 2 期。

李向阳：《特朗普政府需要什么样的全球化》，《世界经济与政治》2019 年第 3 期。

李欣：《二战后德国移民潮流》，《德国研究》2005 年第 3 期。

李姿姿：《法国社会党执政经验教训及启示》，《当代世界与社会主义》2012 年第 2 期。

林德山：《2019 年欧洲议会选举及其影响评析》，《当代世界》2019 年第 7 期。

林德山：《新自由主义的政治渗透与欧洲危机》，《欧洲研究》2016

年第 6 期。

林红：《当代民粹主义的两极化趋势及其制度根源》，《国际政治研究》2017 年第 1 期。

林红：《西方民粹主义的话语政治及其面临的批判》，《政治学研究》2018 年第 4 期。

林雨晨、席天扬：《右翼民粹主义的政治经济学——来自进口贸易和难民冲击的影响》，《经济学》（季刊）2020 年第 4 期。

刘冬：《法国穆斯林移民问题的原因剖析》，《阿拉伯世界研究》2016 年第 1 期。

刘丰：《国际秩序的定义与类型化辨析》，《世界政治研究》2021 年第 4 辑。

刘光毅、史志钦：《贝卢斯科尼现象的思考》，《当代世界》2012 年第 8 期。

刘力达：《高认同与高冲突反思共和模式下法国的移民问题及其政策》，《民族研究》2013 年第 5 期。

刘涛：《德国劳动力市场的改革：社会政策的 V 型转弯和政治光谱的中性化》，《欧洲研究》2015 第 1 期。

刘卫东：《基督教福音派与 2020 年美国大选》，《当代世界》2020 年第 9 期。

刘玄宇等：《美国选区划分的研究进展》，《世界地理研究》2020 年第 2 期。

柳天恩等：《美国制造业集聚与扩散的时空特征》，《改革与战略》2017 年第 1 期。

龙萌瑶：《民粹主义政党对左翼政党的冲击——以选择党、左翼党在东德地区的选举表现为例》，《当代世界与社会主义》2018 年第 6 期。

马骏驰：《制度、组织与激励——论匈牙利"非自由的民主"》，《欧洲研究》2020 年第 4 期。

蒙克：《"双重运动"的大转型：专用型技能劳工、选择性移民政策和民粹主义政党的崛起》，《清华大学学报》（哲学社会科学版）2019年第2期。

莫盛凯：《"特朗普冲击"与2016年美国大选：基于民调的回溯性分析》，《国际政治科学》2018年第3期。

潘兴明：《关于欧洲一体化的新思考——以英国脱欧为视角》，《人民论坛·学术前沿》2018年9月下。

彭姝祎：《当代穆斯林移民与法国社会：融入还是分离》，《西亚非洲》2016年第1期。

祁玲玲：《选举政治的逻辑——美国反政治正确的归因分析》，《世界经济与政治》2017年第10期。

强舸：《"奥巴马选民"VS"特朗普选民"：关键性选举与美国政党选民联盟重组》，《复旦学报》（社会科学版）2018年第1期。

任琳：《"退出外交"与全球治理秩序——一种制度现实主义的分析》，《国际政治科学》2019年第1期。

沈雅梅：《美国民粹主义新动向及其影响》，《和平与发展》2018年第6期。

宋国友、张淦：《美国"铁锈州"与特朗普的连任败局》，《美国问题研究》2021年第1期。

孙群郎：《美国现代城市的郊区化及其特点》，《社会科学战线》2002年第6期。

孙彦红：《意大利大选后政局走向及对欧盟的影响》，《当代世界》2018年第4期。

孙伊然：《逆全球化的根源与中国的应对选择》，《浙江学刊》2017年第5期。

田小惠：《多重危机下的意大利五星运动：兴起背景、路径选择及政策转型》，《当代世界与社会主义》2020年第5期。

田小惠、谢林：《意大利难民接收现状的分析》，《国际研究参考》

2017 年第 4 期。

田小惠、杨羽茜：《法国国民阵线的转型及原因探析》，《当代世界与社会主义》2018 年第 3 期。

田小慧、王朔：《试析法国总统马克龙的欧洲主义思想》，《现代国际关系》2020 年第 4 期。

王鲲：《法国共和国前进党：新兴政党的崛起还是传统政坛的重组？》，《当代世界》2018 年第 3 期。

王磊、付建荣：《美国都市工业的空间分布及其对中国城市发展的启示》，《经济地理》2014 年第 8 期。

王敏：《意大利五星运动述评》，《国际研究参考》2017 年第 9 期。

王希：《特朗普为何当选？——对 2016 年美国总统大选的历史反思》，《美国研究》2017 年第 3 期。

王学东：《评德国社会民主党的转型》，《当代世界社会主义问题》2002 年第 1 期。

王玉平：《美国城市经济地理空间变迁研究》，《求索》2014 年第 4 期。

吴宇、吴志成：《全球化的深化与民粹主义的复兴》，《国际政治研究》2017 年第 1 期。

项佐涛、黄震：《法国国民阵线的兴起探究》，《党政研究》2017 年第 6 期。

谢韬：《从大选看美国的历史周期、政党重组和区域主义》，《美国研究》2012 年第 4 期。

谢韬：《美国大转型：从"例外"国家到民族国家》，《探索与争鸣》2020 年第 7 期。

邢骅、范郑杰：《从 2017 年大选看法国政治的新变化》，《国际问题研究》2017 年第 4 期。

徐康宁、王剑：《要素禀赋、地理因素与新国际分工》，《中国社会科学》2006 年第 6 期。

徐弃郁：《犹豫的"领导者"——透析欧债危机中的德国》，《世界知识》2011年第17期。

俞可平：《全球化时代的民粹主义》，《国际政治研究》2017年第1期。

原祖杰：《对美国平民党运动的再思考》，《美国研究》2009年第4期。

曾向红、李琳琳：《身份焦虑与偏好伪装——2016年美国大选期间民调偏差的社会心理机制研究》，《世界政治研究》2019年第1辑。

张帆：《人口族裔结构与2020年大选》，《国际研究参考》2021年第3期。

张文宗：《美国"铁锈带"及其政治影响》，《美国研究》2018年第6期。

张毅：《反智的美国》，《国际政治研究》2017年第7期。

张宇燕：《利益集团与制度非中性》，《改革》1994年第2期。

张宇燕：《全球经济治理体系的瓦解、重构和新创》，《世界政治研究》2019年第1辑。

张宇燕：《中国对外开放的理念、进程与逻辑》，《中国社会科学》2018年第11期。

钟飞腾：《一带一路的机制化建设与进展评估》，《中国国际战略评论》2019年（上）总第13期。

钟准：《欧洲边缘的抉择——试析意大利、希腊民粹政府的对外政策》，《欧洲研究》2020年第4期。

周红利、张万兴：《人力资本理论视域的德国现代学徒制研究》，《高教探索》2014年第4期。

周琪、付随鑫：《深度解析美国大选中的"特朗普现象"与"桑德斯现象"》，《国际经济评论》2016年第3期。

周强：《补偿何时能换来对全球化的支持——嵌入式自由主义、劳动力流动性与开放经济》,《世界经济与政治》2018 年第 10 期。

周强:《逆全球化压力下国家反应的异同——从政治制度角度的分析》,《教学与研究》2018 年第 10 期。

周强、陈兆源:《经济危机、政治重组与西方民粹主义——基于国内政治联盟的形式模型与经验检验》,《世界经济与政治》2019 年第 11 期。

## 英文著作

Albertazzi, Daniele, Duncan McDonnell, *Twenty-first Century Populism: The Specter of Western European Democracy*, New York: Palgrave Macmillan, 2008.

Andrew Knapp and Vincent Wright, *The Government and Politics of France*, New York: Routledge, 2006.

Bailyn, Bernard, *The Great Republic: A History of the American People*, Washington: D. C. Heath and Company, 1985.

Baldwin, Robert E. and L. Alan Winters, eds., *Challenges to Globalization: Analyzing the Economics*, Chicago: The University of Chicago Press, 2004.

Carr, Edward, *The Twenty Years' Crisis, 1919–1939: An Introduction to the Study of International Relations*, London: Macmillan, 1939.

Carter, Elisabeth, *The Extreme Right in Western Europe: Success or Failure?* Manchester: Manchester University Press, 2005.

Charalambous, Giorgoseds, *The European Far Right: Historical and Contemporary Perspectives*, Oslo: PRIO Cyprus Centre & Strasbourg: Friedrich-Ebert-Stifung, 2015.

Dalton, Russel and Martin Watternberg, eds., *Parties without Partisans: Political Change in Advanced Industrial Democracies*, Oxford:

Oxford University Press, 2002.

Dancygier, Rafaela, *Immigration and Conflict in Europe*, Princeton: Princeton University Press, 2010.

De Sio, Lorenzo and Aldo Paparo, eds. , *The Year of Challengers: Issues, Public Opinion, and Elections in Western Europe in 2017*, Rome: CISE, 2017.

Diner, Hasia R. , *The Jews of the United States, 1654 to 2000*, California: University of California Press, 2004.

Drutman, Lee, *The Business of America is Lobbying*, Oxford: Oxford University Press, 2015.

Evans, Jocelyn, eds. , *The French Party System*, Manchester: Manchester University Press, 2003.

Filippo Tronconi, ed. , *Beppe Grillo's Five Star Movement: Organisation, Communication and Ideology*, Farnham: Ashgate Publishing, Ltd. , 2015.

Fitzgerald, Deborah, *Every Farm a Factory: The Industrial Ideal in American Agriculture*, New Haven: Yale University Press, 2003.

Gineste, Sandrine, *Labour Market Integration of Asylum Seekers and Refugees: France*, Luxembourg: Publications Office of the European Union, 2016.

Goldin, Ian and Mike Mariathasan, *The Butterfly Defect: How Globalization Creates Systemic Risks, and What to Do about It*, Princeton: Princeton University Press, 2014.

Goodwyn, Lawrence, *Democratic Promise: The Populist Moment in America*, Oxford: Oxford University Press, 1976.

Grabbe, Heather, *The EU's Transformative Power: Europeanization through Conditionality in Central and Eastern Europe*, New York: Palgrave Macmillan, 2006.

Gross, Dominique M. , *Three Million Foreigners, Three Million Unemployed? Immigration and the French Labor Market*, Washington D. C. : International Monetary Fund, 1999.

Grourevitch, Peter, *Politics in Hard Times: Comparative Responses to International Economic Crises*, Ithaca: Cornell University Press, 1986.

Hahn, Steven, *The Roots of Southern Populism*, Oxford: Oxford University Press, 1983.

Hainsworth, Paul, *The Extreme Right in Western Europe*, New York: Routledge, 2008.

Heinisch, Reinhard and Oscar Mazzoleni, eds. , *Understanding Populist Party Organization: The Radical Right in Western Europe*, London: Palgrave Macmillan, 2016.

Helmut Karl and Philippe Rollet eds. , *Employment and Regional Development Policy: Market Efficiency Versus Policy Intervention*, Hannover: Akademiefür Raumforschung und Landesplanung (ARL) -Leibniz-Forum fürRaumwissenschaften, 2004.

Hicks, John D. , *The Populist Revolt: A History of the Farmers Alliance and the People's Party*, Lincoln: University of Nebraska Press, 1961.

Hiscox, Michael, *International Trade and Political Conflict: Commerce, Coalitions, and Mobility*, Princeton: Princeton University Press, 2001.

Hochschild, Arlie Russell, *Strangers in Their Own Land: Anger and Mourning on the American Right*, NewYok: The New Press, 2016.

Hofstadter, Richard, *Anti-intellectualism in American Life*, New York: Knopf, 1963.

Hofstadter, Richard, *The Age of Reform*, New York: Knopf, 1955.

Hofstadter, Richard, *The Paranoid Style in American Politics and Other Essays*, New York: Vintage Books, 1964.

Judis, John B., *The Populist Explosion: How the Great Recession Transformed American and European Politics*, New York: Columbia Global Reports, 2016.

Kahler, Miles and David A. Lake, eds., *Politics in the New Hard Times: The Great Recession in Comparative Perspective*, Ithaca: Cornell University Press, 2013.

Kahler, Miles and David Lake, eds., *Governance in A Global Economy: Political Authority in Transition*, Princeton: Princeton University Press, 2003.

Kahler, Miles, *Networked Politics: Agency, Power, and Governance*, Ithaca: Cornell University Press, 2009.

Kaltwasser, Cristóbal Rovira, Paul A. Taggart, Paulina Ochoa Espejo and Pierre Ostiguy, eds., *The Oxford Handbook of Populism*, Oxford: Oxford University Press, 2017.

Kazin, Michal, *The Populist Persuasion: An American History*, Ithaca: Cornell University Press, 1995.

Knapp, Andrew and Vincent Wright, *The Government and Politics of France*, New York: Routledge, 2006.

Lake, David, *Hierarchy in International Relations*, Ithaca: Cornell University Press, 2009.

Landau, Ralph, Timothy Taylor, and Gavin Wright, eds., *Growth and Development: The Economics of the 21st Century*, Stanford: Stanford University Press, 1995.

Learner, Edward, *Sources of International Comparative Advantage: Theory and Evidence*, Cambridge: MIT Press, 1984.

Lipset, Seymour Martin and Stein Rokkan, *Party Systems and Voter A-*

lignments: *Cross-National Perspectives*, New York: Free Press, 1967.

Martinez-Diaz, Leonardo, and Ngaire Woods, eds., *Networks of Influence? Developing Countries in a Networked Global Order*, Oxford: Oxford University Press, 2019.

Mattli, Walter and Ngaire Woods, eds., *The Politics of Global Regulation*, Oxford: Oxford University Press, 2002.

Mudde, Cas, *Populist Radical Right Parties in Europe*, Cambridge: Cambridge University Press, 2007.

Müller, Jan-Werner, *What Is Populism?* Philadelphia: University of Pennsylvania Press, 2016.

Nevins, Allan, *The Emergence of Modern America 1865 – 1878*, New York: Macmillan Company, 1927.

Norris, Pippa and Ronald Inglehart, *Cultural Backlash: Trump, Brexit, and Authoritarian Populism*, Cambridge: Cambridge University Press, 2019.

O'Brien, Robert, Anne Marie Goetz, Jan Aart Scholte, and Marc Williams, *Contesting Global Governance: Multilateral Economic Institutions and Global Social Movements*, Cambridge: Cambridge University Press, 2000.

O'Halloran, Sharyn, *Politics, Process and American Trade Policy*, Ann Arbor: University of Michigan Press, 1994.

Pankowski, Rafal, *The Populist Radical Right in Poland: The Patriots*, London: Routledge, 2010.

Perrineau, Pascal, and Luc Rouban, eds., *Politics in France and Europe*, New York: Palgrave Macmillan, 2009

Peterson, B., ed., *The Tanner Lectures on Human Values*, Vol. 18, Salt Lake City: University of Utah Press, 1998.

Porter, Roger B. et al., eds., *Efficiency, Equity and Legitimacy: The Multilateral Trading System at the Millennium*, Washington: Brookings, 2001.

Postel, Charles, *The Populist Vision*, Oxford: Oxford University Press, 2007.

Prescott, John R. V., *Political Geography*, London: Methuen, 1972.

Robert Galirnari, ed., *Trends in the American Economy in the Nineteenth Century*, Princeton: Princeton University Press, 1960.

Rogowski, Ronald, *Commerce and Coalitions: How Trade Affects Domestic Political Alignments*, Princeton: Princeton University Press, 1989.

Rosenberger, Sieglinde et al., eds, *Protest Movements in Asylum and Deportation*, Switzerland: Springer, 2018.

Schattschneider, E. E., *Politics, Pressures and the Tariff: A Study of Free Private Enterprise in Pressure Politics, as Shown in the 1929 – 1930 Revision of Tariff*, New York: Prentice-Hall, 1935.

Scheve, Kenneth, and Matthew J. Slaughter, *Globalization and the Perceptions of American Workers*, Washington, DC: Institute for International Economics, 2001.

Stiglitz, Joseph E., *People, Power, and Profits: Progressive Capitalism for an Age of Discontent*, New York: W. W. Norton & Company, 2019.

Stijn van Kessel, *Populist Parties in Europe: Agents of Discontent?* New York: Palgrave Macmillan, 2015.

Stockemer, Daniel, *The Front Nation in France: Continuity and Change Under Jean-Marie Le Pen and Marine Le Pen*, Basel: Springer International Publishing AG, 2017.

Tooze, Adam, *Crashed: How a Decade of Financial Crises Change the*

World, London: Penguin Random House, 2018.

Tsebelis, George, *Veto Players: How Political Institutions Work*, Princeton: Princeton University Press, 2002.

Tucker, Paul, *Unelected Power: The Quest for Legitimacy in Central Banking and the Regulatory State*, Princeton: Princeton University Press, 2019.

Wart, Barney and Jonathan Leib, eds. , *Revitalizing Electoral Geography*, Burlington: Ashgate, 2011.

Weingast, Barry and Donald Wittman, eds. , *The Oxford Handbook of Political Economy*, Oxford: Oxford University Press, 2006.

Winham, Gilbert R. , *International Trade and the Tokyo Round*, Princeton: Princeton University Press, 1986.

## 英文论文

Acemoglu, Daron, David Autor, David Dorn, Gordon Hanson and Brendan Price, "Import Competition and the Great US Employment Sag of the 2000s", *Journal of Labor Economics*, Vol. 34, No. S1, 2016.

Albrecht, Done E. , Carol Mulford Albrecht, "Economic Restructuring and Education in the Nonmetropolitan United States", *Journal of Rural Social Sciences*, Vol. 25, No. 1, 2010.

Allen, William V. , "Western Feeling towards the East", *North American Review*, Vol. 162, No. 474, 1896.

Arzheimer, Kai, "The AfD: Finally a Successful Right-Wing Populist Eurosceptic Party for Germany?", *West European Politics*, Vol. 38, No. 3, 2015.

Autor, David, David Dorn and Gordon Hanson, "The China Syndrome: Local Labor Market Effects of Import Competition in the United States", *American Economic Review*, Vol. 103, No. 6, 2013.

Autor, David, David Dorn, Gordon Hanson and Kaveh Majlesi, "Importing Political Polarization? The Electoral Consequences of Rising Trade Exposure", *NBER Working Paper*, No. 22637, 2017.

Aveline, Natacha, "Effects of Globalization on the Spatial Structure and Property Markets of the Paris Region", *Comprehensive Urban Studies*, No. 62, 1999.

Andrew L. Whitehead et al., "Make America Christian again: Christian Nationalism and Voting for Donald Trump in the 2016 Presidential Election", *Sociology of Religion*, Vol. 79, No. 2, 2018.

Baack, Bennettd, "The Political Economy of Tariff Policy: A Case Study of the United States", *Explorations in Economic History*, Vol. 20, No. 1, 1983.

Baccini, Leonardo, Abel Brodeur and Stephen Weymouth, "The COVID-19 Pandemic and the 2020 US Presidential Election", *Journal of Population Economics*, Vol. 34, No. 2, 2021.

Baker, Joseph O., Samuel L. Perry and Andrew L. Whitehead, "Keep America Christian (and White): Christian Nationalism, Fear of Ethnoracial Outsiders, and Intention to Vote for Donald Trump in the 2020 Presidential Election", *Sociology of Religion*, Vol. 81, No. 3, 2020.

Battiau, M., "The Evolution of the French Textile and Clothing Industry in Recent Years", *Journal of the Textile Institute*, Vol. 82, No. 2, 1991.

Bayoumi, Tamim, David T. Coe and Elhanan Helpman, "R&D Spillovers and Global Growth", *Journal of International Economics*, Vol. 47, No. 2, 1999.

Becuwe, Stéphane and Bertrand Blancheton, "French Textile Specialization in Long Run Perspective (1836 – 1938): Trade Policy as Industrial Policy", *Business History*, Vol. 62, No. 6, 2018.

Beirich, Heidi and Dwayne Woods, "Globalization, Workers and the Northern League", *West European Politics*, Vol. 23, No. 1, 2000.

Benelli, Elena, "Migration Discourses in Italy", *Conserveriesmémorielles* [*Enligne*], No. 13, 2013.

Berbuir, Nicole, Marcel Lewandowsky and Jasmin Siri, "The AfD and its Sympathisers: Finally a Right-Wing Populist Movement in Germany?", *German Politics*, Vol. 24, No. 2, 2015.

Berman, Sheri and Maria Snegovaya, "Populism and the Decline of Social Democracy", *Journal of Democracy*, Vol. 30, No. 2, 2019.

Berman, Sheri, "The Causes of Populism in the West", *Annual Review of Political Science*, Vol. 24, No. 1, 2021.

Berning, Carl C., "Alternative für Deutschland (AfD) -Germany's New Radical Right-wing Populist Party", *Ifo DICE Report*, Vol. 15, No. 4, 2017.

Betz, Hans-Georg, "A Distant Mirror: Nineteenth-Century Populism, Nativism, and Contemporary Right-Wing Radical Politics", *Democracy and Security*, Vol. 9, No. 3, 2013.

Biorcio, Roberto, "The Reasons for the Success and Transformations of the 5 Star Movement", *Contemporary Italian Politics*, Vol. 6, No. 1, 2014.

Bombardini, Matilde and Francesco Trebbi, "Competition and Political Organization: Together or Alone in Lobbying for Trade Policy?" *Journal of International Economics*, Vol. 87, No. 1, 2012.

Bonin, Holger, "Wage and Employment Effects of Immigration to Germany: Evidence from a Skill Group Approach", *IZA Discussion Paper*, No. 1875, 2005.

Bordignon, Fabio and Luigi Ceccarini, "The Five-Star Movement: A Hybrid Actor in the Net of State Institutions", *Journal of Modern Italian Studies*, Vol. 20, No. 4, 2015.

Braeuninger, Dieter and Marc Schattenberg, "German Labour Market Policy, Much Remains to be Done!", *Deutsche Bank Research*, Frankfurt: Deutsche Bank AG, 2017.

Braunstein, Ruth, "Muslims as Outsiders, Enemies, and Others: The 2016 Presidential Election and the Politics of Religious Exclusion", *American Journal of Cultural Sociology*, Vol. 5, No. 3, 2017.

Brenke, Karl, "Eastern Germany Still Playing Economic Catch-up", *DIW Economic Bulletin*, Vol. 4, No. 11, 2014.

Broz, J. Lawrence, Jeffry Frieden, and Stephen Weymouth, "Populism in Place: The Economic Geography of the Globalization Backlash", *International Organization*, Vol. 75, No. 2, 2021.

Brubaker, Rogers, "Why Populism?", *Theory and Society*, Vol. 46, No. 5, 2017.

Brunazzo, Marco and Mark Gilbert, "Insurgents against Brussels: Euroscepticism and the Right-wing Populist Turn of the Lega Nord since 2013", *Journal of Modern Italian Studies*, Vol. 22, No. 5, 2017.

Brutel, Chantal, "La Localisation Géographique des Immigrés", *INSEE Premiere*, No. 1591, 2016.

Busch, Marc L. and Eric Reinhardt, "Geography, International Trade, and Political Mobilization in U.S. Industries", *American Journal of Political Science*, Vol. 44, No. 4, 2000.

Busch, Marc L. and Eric Reinhardt, "Industrial Location and Protection: The Political and Economic Geography of U.S. Nontariff Barriers", *American Journal of Political Science*, Vol. 43, No. 4, 1999.

Busch, Marc L. and Eric Reinhardt, "Industrial Location and Voter Participation in Europe", *British Journal of Political Science*, Vol. 35, No. 4, 2005.

Bussi, Michel, Jérôme Fourquet and Céline Colange, "Understanding and Analyzing the Vote in the 2012 Presidential Elections: The Contribution of Electoral Geography", *Revue Française de Science Politique*, Vol. 62, No. 5, 2012.

Ceccarini, Luigi and Fabio Bordignon, "The Five Stars Continue to Shine: The Consolidation of Grillo's 'Movement Party' in Italy", *Contemporary Italian Politics*, Vol. 8, No. 2, 2016.

Chojnicki, Xavier, "The Fiscal Impact of Immigration in France: A Generational Accounting Approach", *The World Economy*, Vol. 36, No. 8, 2013.

Clarke, Harold, Marianne C. Stewart and Karl Ho, "Did Covid-19 Kill Trump Politically? The Pandemic and Voting in the 2020 Presidential Election", *Social Science Quarterly*, May 25, 2021.

Conti, Nicolo and Vincenzo Memoli, "The Emergence of a New Party in the Italian Party System: Rise and Fortunes of the Five Star Movement", *West European Politics*, Vol. 38, No. 3, 2015.

Corvers, Frank and Andries de Grip, "Expaining Trade in Industrialized Countries by Country-specific Human Capital Endowments", *Economic Modelling*, Vol. 14, No. 3, 1997.

Dauth, Wolfgang, Sebastian Findeisen and Jens Suedekum, "Adjusting to Globalization-Evidence from Worker-Establishment Matches in Germany", *DICE Discussion Paper*, No. 205.

Davezies, Laurent, Christophe Guilluy, Jacques Donzelot and Alice Béja, "La France Périphérique et Marginalisée: Les Raisons du Ressentiment", *Esprit*, No. 3, 2013.

Debomy, Daniel et al., "The Italians and Europe, Chronicle of Disenchantment", *Europe Power of Values Policy Paper*, No. 217, 2018.

Dippel, Christian, Robert Gold and Stephan Heblich, "Globalization and its (Dis-) Content: Trade Shocks and Voting Behavior", *NBER Working Paper*, No. w21812, 2015.

Dostal, Jorg Michael, "The Crisis of German Social Democracy Revisited", *The Political Quaterly*, Vol. 88, No. 2, 2017.

Dudášová, Marianna, "Alternative for Germany—More Than a Fleeting Phenomenon", *Society and Economy*, Vol. 39, No. 3, 2017.

Dullien, Sebstian and Ulrike Guérot, "The Long Shadow of Ordoliberalism: Germany's Approach to the Euro Crisis", *European Council on Foreign Relations Policy Brief*, 2012.

Durovic, Anja, "Rising Electoral Fragmentation and Abstention: The French Elections of 2022", *West European Politics*, Vol. 46, No. 3, 2023.

Eichengreen, Barry, "The Political Economy of the Smoot-Hawley Tariff", *NBER Working Paper*, No. 2001, 1986.

Emanuelem Vincenzo, "Introduction to the Special Issue: 'Who's the Winner? An Analysis of the 2018 Italian General Election'", *Italian Political Science*, Vol. 13, No. 1, 2018.

Finnemore, Martha, "Norms, Culture, and World Politics: Insights from Sociology's Institutionalism", *International Organization*, Vol. 50, No. 2, 1996.

Florida, Richard, "The Economic Geography of Talent", *Annals of the Association of American Geographers*, Vol. 92, No. 4, 2002.

Fording, Richard C., Sanford F. Schram, "The Cognitive and Emotional Sources of Trump Support: The Case of Low-information Voters", *New Political Science*, Vol. 39, No. 4, 2017.

Foster, Chase and Jeffery Frieden, "Crisis of Trust: Socio-economic Determinants of Europeans' Confidence in Government", *European Union Politics*, Vol. 18, No. 4, 2017.

Fougère, Denis, Francis Kramarz, Roland Rathelot and Mirna Safi, "Social Housing and Location Choices of Immigrants in France", *International Journal of Manpower*, Vol. 34, No. 1, 2013.

Franzmann, Simon, "Calling the Ghost of Populism: The AfD's Strategic and Tactical Agendas until the EP Election 2014", *German Politics*, Vol. 25, NO. 4, 2016.

Fukuyama, Francis, "America in Decay: The Sources of Political Dysfunction", *Foreign Affairs*, Vol. 93, No. 5, 2014.

Funke, Manuel and Christoph Trebesch, "Financial Crises and the Populist Right", *Ifo DICE Report* 4, Vol. 15, No. 4, 2017.

Goodliffe, Gabriel, "From Political Fringe to Political Mainstream: The Front National and the 2014 Municipal Elections in France", *French Politics, Culture & Society*, Vol. 34, No. 3, 2016.

Guilliain, Rachel, Julie Le Gallo and Celine Boiteux-Orain, "Changes in Spatial and Sectoral Patterns of Employment in Ile-de-France, 1978 – 1997", *Urban Studies*, Vol. 43, No. 11, 2006.

Guiso, Luigi, Helios Herrera, Massimo Morelli and Tommaso Sonno, Demand and Supply of Populism, *CEPR Discussion Paper*, DP11871, 2017.

Habibi, Roojin et al. , "Do not Violate the International Health Regulations during the COVID-19 Outbreak", *The Lancet*, Vol. 395, No. 10225, 2020.

Hainsworth, Paul, "The Extreme Right in France: The Rise and Rise of Jean-Marie Le Pen's Front National", *Representation*, Vol. 40, No. 2, 2004.

Hansen, Michael A. and Jonathan Olsen, "The Alternative for Germany (AfD) as Populist Issue Entrepreneur: Explaining the Party and its Voters in the 2021 German Federal Election", *German Politics*, 2022.

Harley, C. K., "The Antebellum American Tariff: Food Exports and Manufacturing", *Explorations in Economic History*, Vol. 29, No. 4, 1992.

Hassel, Anke, "The Paradox of Liberalization — Understanding Dualism and the Recovery of the German Political Economy", *British Journal of Industrial Relations*, Vol. 52, No. 1, 2014.

Hewlett, Nick and Raymond Kuhn, "Reflections on the 2022 Elections in France", *Modern & Contemporary France*, Vol. 30, No. 4, 2022.

Hiscox, Michael, "The Magic Bullet? The RTAA, Institutional Reform, and Trade Liberalization", *International Organization*, Vol. 53, No. 4, 1999.

Hull, Katy, "Lost and Found: Trump, Biden, and White Working-Class Voters", *Atlantisch Perspectief*, Vol. 44, No. 5, 2020.

Irwin, Douglas A., "Explaining America's Surge in Manufactured Exports, 1880 – 1913", *Review of Economics & Statistics*, Vol. 85, No. 2, 2003.

Irwin, Douglas A., "Tariffs and Growth in Late Nineteenth Century America", *World Economy*, Vol. 24, No. 1, 2010.

Ivaldi, Gilles et al., "Varieties of Populism across a Left-Right Spectrum: The Case of the Front National, the Northern League, Podemos and Five Star Movement", *Swiss Political Science Review*, Vol. 23, No. 4.

Ivaldi, Gilles, "Inequality, Identity and the People: New Patterns of

Right-Wing Competition and Sarkozy's 'Winning Formula' in the 2007 French Presidential Election", *Working Paper on American Political Science Association (APSA) Annual Meeting*, 2008.

Ivaldi, Gilles, "Towards the Median Economic Crisis Voter? The New Leftist Economic Agenda of the Front National in France", *French Politics*, Vol. 13, No. 4, 2015.

Lajevardi, Nazita, Marisa Abrajano, "How Negative Sentiment toward Muslim Americans Predicts Support for Trump in the 2016 Presidential Election", *The Journal of Politics*, Vol. 81, No. 1, 2019.

Lake, David and Scott James, "The Second Face of Hegemony: Britain's Repeal of the Corn Laws and the American Walker Tariff of 1846", *International Organization*, Vol. 43, No. 1, 1989.

Lanzone, Liza and Dwayne Woods, "Riding the Populist Web: Contextualizing the Five Star Movement (M5S) in Italy", *Politics and Governance*, Vol. 3, No. 2, 2015.

Lubbers, Marcel and Peer Scheepers, "French Front National Voting: A Micro and Macro Perspective", *Ethnic and Racial Studies*, Vol. 25, No. 1, 2002.

Madrid, Raúl L., "The Rise of Ethnopopulism in Latin America", *World Politics*, Vol. 60, No. 3, 2008.

Maggini, Nicola, "Understanding the Electoral Rise of the Five Star Movement in Italy", *Czech Journal of Political Science*, No. 1, 2014.

Maggini, Nicola, "Understanding the Electoral Rise of the Five Star Movement in Italy", *Paper Presented to the 7th ECPR General Conference*, Bordeaux, 2013.

Mair, Peter and Richard Katz, "Changing Models of Party Organization and Party Democracy, the Emergence of the Cartel Party", *Party*

Politics, Vol. 1, No. 1, 1995.

Major, Brenda et al., "The Threat of Increasing Diversity: Why Many White Americans Support Trump in the 2016 Presidential Election", *Group Processes & Intergroup Relations*, Vol. 21, No. 6, 2018.

Mayda, Anna Maria and Dani Rodrik, "Why Are Some People (and Countries) more Protectionist than Others?", *European Economic Review*, Vol. 49, No. 6, 2005.

Mayer, Nonna, "Les Hauts et Les Bas du Vote Le Pen 2002", *Revue Française de Science Politique*, Vol. 56, No. 5, 2002.

Meijers, Maurits J., "Radical Right and Radical Left Euroscepticism: A Dynamic Phenomenon", *Jacques Delors Institut Policy Paper*, No. 191, 2017.

Meissner, Doris, "Rethinking U. S. Immigration Policy: New Realities Call for New Answers", *Migration Policy Institute*, Concept Note, 2019.

Mejstrik, Martin, "The Five Star Movement and Its Role in (Post) Crisis Italian Politics", *Paper Presented to the ECPR General Conference*, 2016.

Meunier, Sophie, "Globalization and Europeanization: A Challenge to French Politics", *French Politics*, Vol. 2, No. 2, 2004.

Midford, Paul, "International Trade and Domestic Politics: Improving on Rogowski's Model of Political Alignments", *International Organization*, Vol. 47, No. 4, 1993.

Milanovic, Branko, "Global Income Inequality by the Numbers: in History and Now", *World Bank Policy Research Working Paper* 6259, 2012.

Milner, Susan, "Globalization and Employment in France: Between Flexibility and Protection", *Modern and Contemporary France*,

Vol. 9, No. 3, 2001.

Ministry of Economics and Finance, France, "Globalization Has Forced French Industry to Play to Its Strengths", *Economic Studies*, No. 7, 2017.

Mondon, Aurelien, "Nicolas Sarkozy's Legitimization of the Front National: Background and Perspectives", *Patterns of Prejudice*, Vol. 47, No. 1, 2013.

Monnat, Shannon M., "Deaths of Despair and Support for Trump in the 2016 Presidential Election", *Pennsylvania State University Department of Agricultural Economics Research Brief*, 2016.

Morgan, Stephen L., Jiwon Lee, "Trump Voters and the White Working Class", *Sociological Science*, Vol. 5, No. 10, 2018.

Mudde, Cas and Cristobal Rovira Kaltwasser, "Studying Populism in Comparative Perspective: Reflections on the Contemporary and Future Research Agenda", *Comparative Political Studies*, Vol. 51, No. 13, 2018.

Mudde, Cas, "The Populist Zeitgeist", *Government and Opposition*, Vol. 39, No. 4, 2004.

Muis, Jasper and Tim Immerzeel, "Causes and Consequences of the Rise of Populist Radical Right Parties and Movements in Europe", *Current Sociology Review*, Vol. 65, No. 6, 2017.

Mutz, Diana C., "Status Threat, Not Economic Hardship, Explains the 2016 Presidential Vote", *Proceedings of the National Academy of Sciences of the United States of America*, Vol. 115, No. 19, 2018.

Natale, Paolo, "The Birth, Early History and Explosive Growth of the Five Star Movement", *Contemporary Italian Politics*, Vol. 6, No. 1, 2014.

Nettl, J. P., "The State as a Conceptual Variable", *World Politics*,

Vol. 20, No. 4, 1968.

Nolsøe, Eir and Ella Hollowood, "Emmanuel Macron's Election Victory over Marine Le Pen in Charts", *Financial Times*, April 25, 2022.

Nonna Mayer, "Le Pen's Comeback: The 2002 French Presidential Election", *International Journal of Urban and Regional Research*, Vol. 27, No. 2, 2003.

Ochmann, Richard R., "The Fisrt EU Eastern Enlargement, Impacts on the German Economy and Public Perceptions", *Institute for World Economics, Hungarian Academy of Sciences, Working Paper*, No. 158, 2005.

Olsen, Jonathan, "The Left Party in the 2017 German Federal Election", *German Politics*, Vol. 27, No. 1, 2018.

Passarelli, Gianluca, "The Five Star Movement: Purely a Matter of Protest? The Rise of a New Party between Political Discontent and Reasoned Voting", *Party Politics*, Vol. 24, No. 2, 2018.

Pettigrew, Thomas F., "Social Psychological Perspectives on Trump Supporters", *Journal of Social and Political Psychology*, Vol. 5, No. 1, 2017.

Pevehouse, Jon C. W., "The COVID-19 Pandemic, International Cooperation, and Populism", *International Organization*, Vol. 74 Supplement, 2020.

Pounds, Norman J. G., "Historical Geography of the Iron and Steel Industry of France", *Annuals of the Association of American Geographers*, Vol. 47, No. 1, 1957.

Quirico, Roberto Di, "Italy and the Global Economic Crisis", *Bulletin of Italian Politics*, Vol. 2, No. 2, 2010.

Ratliff, Kate A. et al., "Engendering Support: Hostile Sexism Predicts Voting for Donald Trump over Hillary Clinton in the 2016 US

Presidential Election", *Group Processes & Intergroup Relations*, Vol. 22, No. 4, 2019.

Ravenel, Loïc, Pascal Buleon and Jérôme Fourquet, "Le Grand Péri Urbain, Nouvelles Terres de Progression du Vote Le Pen", *Association Française de Science Politique*, 2004.

Reny, Tyler T. et al., "Vote Switching in the 2016 Election: How Racial and Immigration Attitudes, Not Economics, Explain Shifts in White Voting", *Public Opinion Quarterly*, Vol. 83, No. 1, 2019.

Reynie, Dominique, "'Heritage Populism and France's Front National", *Journal of Democracy*, Vol. 27, No. 4, 2016.

Ridge, Martin, "Populism Revolt: John D. Hicks and The Populist Revolt", *Reviews in American History*, Vol. 13, No. 1, 1985.

Roberts, Brian, Michael Wolf, "High-tech Industries: An Analysis of Employment, Wages, and Output", *Beyond the Numbers: Employment & Unemployment*, Vol. 7, No. 7, 2018.

Rodrik, Dani, "Populism and the Economics of Globalization", *Journal of International Business Policy*, Vol. 1, No. 1, 2018.

Rothwell, Jonathan T., Pablo Diego-Rosell, "Explaining Nationalist Political Views: The Case of Donald Trump", *Social Science Electronic Publishing*, January 2016, 2016.

Ruggie, John G., "International Regimes, Transactions, and Change: Embedded Liberalism in the Postwar Economic Order", *International Organization*, Vol. 36, No. 2, 1982.

"Rural Manufacturing at a Glace, 2017 Edition", *USDA Economic Research Service*, August 2017.

Schaffner, Brian F. et al., "Explaining White Polarization in the 2016 Vote for President: The Sobering Role of Racism and Sexism", *Paper Prepared for Presentation at the Conference on the U.S. Elections of*

2016: *Domestic and International Aspects*, January 8 – 9, 2017.

Schultheis, Emily, "How Italy's Five-Star Movement Is Winning the Youth Vote", *The Atlantic*, March 2, 2018.

Scicluna, Nicole and Stefan Auer, "From the Rule of Law to the Rule of Rules: Technocracy and the Crisis of EU Governance", *West European Politics*, Vol. 42, No. 7, 2019.

Scott, Allen and Agostino Mantegna, "Human Capital Assets and Structures of Work in the US Metropolitan Hierarchy", *International Regional Science Review*, Vol. 32, No. 2, 2009.

Scott, Allen J., "Human Capital Resources and Requirements across the Metropolitan Hierarchy of the USA", *Journal of Economic Geography*, Vol. 9, No. 2, 2009.

Scott, Allen J., "Production and Work in the American Metropolis: A Macroscopic Approach", *The Annals of Regional Science*, Vol. 42, No. 4, 2008, pp. 788 – 790.

Scott, Allen J., "Production System Dynamics and Metropolitan Development", *Annals of the Association of American Geographers*, Vol. 72, No. 2, 2005.

Shields, James, "Marine Le Pen and the 'New' FN: A Change of Style or of Substance", *Parliamentary Affairs*, Vol. 66, No. 1, 2013.

Sinn, Hans-Werner and Timo Wollmershaeuser, "Target Loans, Current Account Balances and Capital Flows: the ECB's Rescue Facility", *International Tax and Public Finance*, Vol. 19, No. 4, 2012.

Smith, David Norman and Eric Hanley, "The Anger Games: Who Voted for Donald Trump in the 2016 Election, and Why?" *Critical Sociology*, Vol. 44, No. 2, 2018.

Nicholas Startin, "Marine Le Pen, the Rassemblement National and

Breaking the 'Glass Ceiling'? The 2022 French Presidential and Parliamentary Elections", *Modern & Contemporary France*, Vol. 30, No. 4.

Stewart, James I., "Free-riding, Collective Action, and Farm Interest Group Membership", *Reed College Working Paper*, 2006.

Stockemer, Daniel and Mauro Barisione, "The 'New' Discourse of the Front National under Marine Le Pen: A Slight Change with a Big Impact", *European Journal of Communication*, Vol. 32, No. 2, 2017.

Stolper, Wolfgang F. and Paul A. Samuelson, "Protection and Real Wages", *Review of Economic Studies*, Vol. 9, No. 1, 1941.

Ströbele, Maarit Felicitas, "How Do People Vote in Suburbia? Political Preference and Suburbanization in Europe", *Urban Research & Practice*, Vol. 5, No. 1, 2012.

Turner, James, "Understanding the Populism", *The Journal of American History*, Vol. 67, No. 9, 1980.

Vabulas, Felicity and Duncan Snidal, "Organization without Delegation: Informal Intergovernmental Organizations (IIGOs) and The Spectrum of Intergovernmental Arrangements", *The Review of International Organizations*, Vol. 8, No. 2, 2013.

Verdugo, Gregory, Henri Fraisse and Guillaume Horny, "Changes in Wage Inequality in France: The Impact of Composition Effects", *Revue Économique*, Vol. 63, No. 6, 2012.

Walley, Christine J., "Trump's Election and the 'White Working Class': What We Missed", *American Ethnologist*, Vol. 44, No. 2, 2017.

Weber, Enzo and Roland Weigand, "Identifying Macroeconomic Effects of Refugee Migration to Germany", *IAB-Discussion Paper*, No. 20, 2016.

Weyland, Kurt, "Clarifying a Contested Concept: Populism in the Study of Latin American Politics", *Comparative Politics*, Vol. 34, No. 1, 2001.

Williams, Michelle Hale, "A New Era for French Far-Right Politics? Comparing the FN under Two Le Pens", *Analise Social*, Vol. 46, No. 201, 2011.

Woolstencroft, R. P., "Electoral Geography: Retrospect and Prospect", *International Political Science Review*, Vol. 1, No. 4, 1980.

# 后　　记

　　《道德经》有云："有无相生，难易相成，长短相形，高下相倾，音声相和，前后相随。"作为我们这个时代最重要的标签之一，全球化在促进国际分工、推动社会生产力极大发展的同时，也加剧了经济不平等和不同文化价值观之间的碰撞。后一种效应近年来折射在政治领域中，进一步催生了发达国家的民粹主义浪潮。英国脱欧、特朗普入主白宫、小勒庞距离爱丽舍宫只有一步之遥、德国极右翼政党"二战"后首次进入联邦议会等一系列"黑天鹅"事件接连发生，使我们原本熟悉的世界政治的面貌发生了重大变化。

　　本书在建立相关理论框架的基础上，对美国、法国、德国、意大利等主要发达国家参与全球化与其国内民粹主义兴起的关系进行了兼顾"全景"和"特写镜头"、统筹"影像"和"快照"的分析，力图从学理上充分揭示这一波民粹主义浪潮的国际根源。对这一问题的探究具有三重意义。一是全面展现经济全球化的政治效应，探寻和预判全球化的发展轨迹。随着民粹主义在发达国家的兴起，此前数十年间不遗余力推进全球化的主要发达国家在不同程度上开始转向逆全球化。如要透彻理解逆全球化思潮的形成与蔓延，就要深入剖析全球化与民粹主义兴起之间的因果机制。二是分析说明近年来发达国家政治变局的深层原因。作为当今世界百年未有之大变局的一个部分，近年来发达国家的政治变局集中体现在民粹主义的兴起上。对民粹主义起因的深入探索，有助于我们确切把握发达国家政治发展的基本脉络。三是为推动新型全球化、改革全球治理体系提供一定的学理基础。面对时代变局，中国要向世界提供解决全球问题的中国方案。深入认识全球化与发达国家民粹主义兴起的逻辑联系，将使我们更充分地认知推动新型全球化的必要性。

本书的研究受益于两个项目的开展。2017 年，笔者申报的北京市宣传文化高层次人才培养资助项目"反建制主义与西方自由主义秩序的新挑战"获得了立项。2018 年，笔者作为首席专家承担了国家社科基金重大研究专项项目"全球化发展趋势与逆全球化思潮应对研究"。无论反建制主义还是逆全球化思潮，在当今发达国家都是民粹主义浪潮的派生物。正是民粹主义者将反建制和反全球化作为其对内和对外的核心诉求。这两个项目均已如期结项，相关项目成果为本书的写作打下了基础。

本书的部分内容曾以论文的形式发表于《世界经济与政治》《欧洲研究》《当代美国评论》《国际政治科学》《教学与研究》《探索与争鸣》等期刊上。感谢论文合作者张倩雨、李存娜、赵莉、刘小雨和卢玫所做的贡献。本书第二章的原型是云谱萱在笔者指导下完成的硕士论文，在纳入书稿时笔者对其进行了大篇幅修改。此外，在书稿写作中，张倩雨、赵莉协助搜集了近期相关选举的数据，安怡宁整理了全书的参考文献。在此也一并致谢！中国社会科学出版社赵丽博士再次为笔者的作品担任责任编辑，一如既往的互信保证了编辑的进度与品质。

田　野

2023 年 4 月 17 日初稿

2023 年 9 月 5 日定稿